全国高等职业院校报关与国际货运专业系列教材
全国职业院校关务技能大赛备赛参考书
全国报关职业教育教学指导委员会推荐教材

进出口税费核算实务

(第五版)

院校主编 ◎ 黄心纯

行业主编 ◎ 田书军　康利欣

中国海关出版社有限公司

中国·北京

图书在版编目（CIP）数据

进出口税费核算实务/黄心纯，田书军，康利欣主编．—5 版．—北京：中国海关出版社，2020.7
ISBN 978-7-5175-0432-0

Ⅰ．①进… Ⅱ．①黄… ②田… ③康… Ⅲ．①进出口贸易—税收会计—中国—高等职业教育—教材 Ⅳ．①F812.42

中国版本图书馆 CIP 数据核字（2020）第 079121 号

进出口税费核算实务（第五版）
JINCHUKOU SHUIFEI HESUAN SHIWU（DI-WU BAN）

责任编辑：刘　婧	
出版发行：中国海关出版社有限公司	
社　　址：北京市朝阳区东四环南路甲 1 号	邮政编码：100023
网　　址：www.hgcbs.com.cn	
编 辑 部：01065194242-7535（电话）	01065194231（传真）
发 行 部：01065194221/4238/4246（电话）	01065194233（传真）
社办书店：01065195616（电话）	01065195127（传真）
www.customskb.com/book（网址）	
印　　刷：北京铭成印刷有限公司	经　　销：新华书店
开　　本：787mm×1092mm　1/16	
印　　张：15.5	字　　数：365 千字
版　　次：2020 年 7 月第 5 版	
印　　次：2020 年 7 月第 1 次印刷	
书　　号：ISBN 978-7-5175-0432-0	
定　　价：52.00 元	

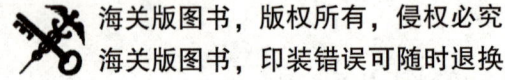

海关版图书，版权所有，侵权必究
海关版图书，印装错误可随时退换

全国高等职业院校报关与国际货运专业系列教材编委会

主任委员：
　　葛连成　中国报关协会

副主任委员：
　　白凤川　中国报关协会
　　郑俊田　全国关务职业教育教学指导委员会
　　武　新　辽宁经济职业技术学院
　　裔大陆　淮安信息职业技术学院

委　员：
　　朱昱铭　中国报关协会
　　严玉康　上海东海职业技术学院
　　王建民　北京劳动保障职业学院
　　黄　蘋　重庆城市管理职业学院
　　王瑞华　辽宁经济管理干部学院
　　赵加平　天津商务职业学院
　　章艳华　淮安信息职业技术学院
　　王燕萍　江西外语外贸职业学院
　　罗银舫　武汉软件工程职业学院
　　李洪运　天津津通报关股份有限公司
　　寇　毅　天津市永诚世佳国际货运代理有限公司
　　张益海　天津中铁青源国际货运代理有限公司
　　张延伟　广州市昊链信息科技股份有限公司

《进出口税费核算实务》编写组

院校主编：
  黄心纯 江西外语外贸职业学院

行业主编：
  田书军 烟台海关
  康利欣 振华物流集团

副主编：
  章　静 江西外语外贸职业学院
  周洋凤 江西外语外贸职业学院
  李　琼 江西外语外贸职业学院
  王　磐 江西制造职业技术学院

参　编：
  张援越 天津商务职业学院
  刘庆珠 天津商务职业学院
  崔景华 对外经济贸易大学
  揭　伟 南昌海关
  邓小蕾 九江长江船务代理有限公司
  汪秀成 江西佳禾国际货运代理有限公司
  郑　欢 江西外语外贸职业学院
  史艳萍 江西应用科技学院
  黄　蕴 南昌师范高等专科学校
  谢兴伟 江西旅游商贸职业学院
  赖　玮 江西现代职业技术学院

序

"全国高等职业院校报关与国际货运专业系列教材"由中国报关企业的业务专家和报关职业院校长期从事关务教学与科研的骨干教师联合编写，从内容到形式上，既贴近行业实际，又符合教学规律。本套教材作为"全国职业院校关务技能大赛备赛参考书"，结合大赛实际，不断吸取各方意见，不断优化，将大赛成果融入书中。同时，本套教材也是"报关与国际货运"专业教学资源库的配套用书。教材包含大量由一线业务高手提供的具有代表性的、贴近业务和实际的真实案例，同时还提供了丰富的习题训练以辅助老师教学，帮助学生学习。

本次编委会组织专家在2017版基础上进行了修订，结合最新行业动态，更新了相关知识点。将高等职业教育与现代报关职业的最新要求紧密结合，将"互联网+"的思维全程融入教材，使教材内容兼备了系统性、专业性和可操作性。

高职院校是报关后备人才的重要培养基地。抓好后备人才培养，有利于行业的发展。在此，也希望参与系列教材建设的各方专家，再接再厉，把握行业发展新动态，对接报关职业新标准，体现教材编写新形态，把本次再版工作做好，为职业院校提供更好的精品教材。

中国报关协会副会长

2020年6月

前　言

对进出口货物征收关税和其他税费是海关的职责之一，相应地，进出口税费核算也就成为外贸企业、报关企业工作的重要环节。进出口税费核算是外贸、报关等相关行业从业人员必须掌握的核心技能之一。

本教材在谷儒堂、陈鸣鸣主编的《进出口税费核算实务》的基础上进行了改编。经 2017 年、2020 年两次修订，调整了章节结构，结合海关实施的新政，增加了一些新的知识点与案例，力图做到从纳税义务人的角度去阐述进出口税费核算这项系统工作的主要知识、具体依据及操作技术。注重培养读者了解海关的相关规定，应用相关方法分析并解决进出口税费核算领域实际问题的能力，使其具备从事报关等行业相关岗位的职业技术、职业能力及职业素养，为其成为高级关务人才奠定基础。

本教材由黄心纯、田书军、康利欣担任主编，章静、周洋凤、李琼、王磬担任副主编，并邀请张援越、刘庆珠、崔景华、郑欢、揭伟、邓小蕾、汪秀成等院校、海关、企业专家参编。

本教材吸收了近年来进出口税费的研究成果，参考了有关教材和专著及文章。在撰写过程中，中国报关协会、烟台海关、南昌海关有关领导予以大力支持和帮助，在此表示感谢。

由于学识所限，书中还存在不足之处，敬请专家、同仁和广大读者提出宝贵的意见或建议。

编　者

2020 年 6 月

目 录

第一章 进出口税费概述 ... 1
第一节 关税概述 ... 3
一、关税的概念及特征 ... 3
二、关税的要素 ... 5
三、关税的分类 ... 7
四、关税的作用 ... 12
第二节 其他进出口税费概述 ... 13
一、进口环节海关代征税 ... 13
二、船舶吨税 ... 15
三、滞纳金 ... 15
四、滞报金 ... 15
五、担保资金 ... 15

第二章 进出口货物完税价格的确定 ... 17
第一节 进出口货物完税价格概述 ... 19
一、完税价格和成交价格的公式 ... 19
二、成交价格与发票价格的关系 ... 19
三、完税价格与成交价格的关系 ... 20
第二节 进口货物完税价格的确定 ... 20
一、一般进口货物完税价格的确定 ... 20
二、内销保税货物完税价格的确定 ... 32
三、其他特殊进口货物完税价格的确定 ... 35
第三节 出口货物完税价格的确定 ... 37
一、出口货物完税价格概述 ... 37
二、出口货物完税价格的确定 ... 37
第四节 进出口货物完税价格的海关审查 ... 40
一、"自报自缴"模式下，企业申报工作 ... 40
二、海关审查的环节 ... 42
三、海关审查的具体操作 ... 42
四、纳税义务人的权利及义务 ... 50

第三章 进出口商品归类 ... 55

第一节 商品归类概述 ... 57
一、进出口商品归类 ... 57
二、《协调制度》简介 ... 57
三、《进出口税则》简介 ... 58
四、商品归类依据 ... 59
五、归类要素 ... 59

第二节 归类总规则 ... 60
一、规则一 ... 61
二、规则二 ... 61
三、规则三 ... 63
四、规则四 ... 64
五、规则五 ... 64
六、规则六 ... 65

第三节 商品归类作业实施 ... 66
一、归类准备 ... 66
二、归类操作 ... 66

第四章 原产地的确定 ... 71

第一节 原产地规则概述 ... 73
一、原产地规则的概念 ... 73
二、原产地规则的分类 ... 73

第二节 非优惠原产地规则 ... 74
一、非优惠原产地规则概述 ... 74
二、我国非优惠原产地规则的主要内容 ... 74

第三节 优惠原产地规则 ... 77
一、优惠原产地规则概述 ... 77
二、我国优惠原产地规则的主要内容 ... 77
三、我国已实施的优惠贸易协定简介 ... 80

第五章 税率的确定 ... 123

第一节 进出口货物关税税率设置 ... 125
一、进口关税税率 ... 125
二、出口关税税率 ... 127

第二节 进出口货物税率及汇率的适用 ... 128
一、税率适用的规则 ... 128
二、税率适用的时间 ... 130

  三、汇率的适用 ··· 132

第六章　关税与进口环节海关代征税的征纳规定 ················ 135
第一节　税款的征纳 ··· 137
  一、海关进行税款征收的法律依据 ··· 137
  二、关税征纳方式 ·· 137
  三、税款缴纳的期限 ·· 138
第二节　特殊进出口货物税款的征纳 ··· 139
  一、无代价抵偿货物 ·· 139
  二、租赁进口货物 ·· 140
  三、暂时进出境货物 ·· 141
  四、进出境修理货物和出境加工货物 ··· 142
  五、退运货物 ··· 144
第三节　退还与补征 ··· 144
  一、税款退还 ··· 144
  二、税款退还的程序 ·· 147
  三、税款补征与追征 ·· 147
第四节　减征与免征 ··· 148
  一、减征与免征的概念 ·· 148
  二、法定减免 ··· 149
  三、特定减免 ··· 150
  四、临时减免 ··· 155
  五、海关减免税管理 ·· 155
  六、企业办理减免税的申请手续 ·· 156
第五节　纳税争议 ··· 159
  一、纳税争议的定义 ·· 159
  二、纳税争议的范围 ·· 159
  三、纳税争议适用复议前置程序 ·· 160
第六节　税款的担保 ··· 160
  一、税款担保的定义 ·· 160
  二、税款担保的范围 ·· 160
  三、税款担保的期限 ·· 162
  四、担保人的资格 ·· 162
  五、担保人的责任 ·· 163
  六、担保的形式 ··· 163
  七、关税担保的具体实施 ··· 163
第七节　关税税收保全与强制措施 ··· 164
  一、关税保全的法律依据 ··· 164

二、海关实施税收保全措施的条件 ……………………………………………… 164
三、海关税收保全措施的具体方式 ……………………………………………… 164
四、海关税收保全后续处理 ……………………………………………………… 164
五、海关税收强制措施 …………………………………………………………… 165
六、无法实施海关税收保全与强制措施的处置 ………………………………… 165

第七章 进出口税费的计算 …………………………………………………… 169
第一节 进口关税的计算 ……………………………………………………… 171
一、一般进口货物关税的计算 …………………………………………………… 171
二、无代价抵偿货物进口关税的计算 …………………………………………… 172
三、加工贸易料件及成品进口关税的计算 ……………………………………… 173
四、出境修理复运进境货物进口关税的计算 …………………………………… 174
五、租赁进口货物进口关税的计算 ……………………………………………… 175
六、其他特殊方式进口关税的计算 ……………………………………………… 176
第二节 进口环节海关代征税的计算 ………………………………………… 179
一、进口环节消费税的计算 ……………………………………………………… 179
二、进口环节增值税的计算 ……………………………………………………… 180
三、跨境电子商务零售进口商品税费的计算 …………………………………… 180
第三节 出口关税的计算 ……………………………………………………… 181
第四节 滞报金的计算 ………………………………………………………… 182
一、滞报金征收的基本规定 ……………………………………………………… 182
二、滞报金的计算举例 …………………………………………………………… 183
第五节 滞纳金的计算 ………………………………………………………… 183
一、滞纳金征收的基本规定 ……………………………………………………… 183
二、滞纳金的计算举例 …………………………………………………………… 185
第六节 担保资金的计算 ……………………………………………………… 185
一、海关事务担保的基本规定 …………………………………………………… 185
二、担保资金的计算举例 ………………………………………………………… 186

附 录 …………………………………………………………………………… 187
中华人民共和国进出口关税条例 ………………………………………………… 189
中华人民共和国海关审定进出口货物完税价格办法 …………………………… 197
中华人民共和国海关审定内销保税货物完税价格办法 ………………………… 208
中华人民共和国进出口货物原产地条例 ………………………………………… 211
中华人民共和国海关进出口货物优惠原产地管理规定 ………………………… 214
中华人民共和国海关进出口货物征税管理办法 ………………………………… 218

参考文献 ………………………………………………………………………… 231

第一章·进出口税费概述
DI-YI ZHANG JINCHUKOU SHUIFEI GAISHU

◇ **职业要求**

　　国际关务人员及其他进出口税费相关岗位人员应掌握进出口税费相关的基本知识。

◇ **学习目标**

　　知识目标：通过本章的学习，了解进出口税费的含义，掌握关税的概念及分类等基础知识，掌握进口环节海关代征税的概念等基础知识，了解滞报金、船舶吨税等的相关内容。

　　能力目标：通过本章的学习，能够区分关税与进口环节海关代征税，能够理解新闻报道中有关进出口税费的不同用语，能够掌握进出口税费的分类、作用，为进一步学习奠定良好的基础。

◇ **学习内容**

　　本章的主要学习内容包括：进出口税费的含义、分类，关税的含义、特点、分类、作用等，进口环节海关代征税的含义、征税范围等，其他进出口税费的含义。

进出口税费核算是进出口业务中的一项重要工作。实际上，企业在进出口前就必须准确核算相关税费，否则收益难以保障。在进出口报关环节，海关也正在实行进出口税费由企业"自报自缴"，这预示着进出口税费核算工作将成为企业的一项重要的日常工作。进出口税费核算技术是由多项技能及内容复合构成，属于综合能力很强的技术。其涉及确定完税价格、确定商品归类、确定原产地、适用税率、运用计算公式、资料分析、常识判断等多个部分。其中，完税价格、商品归类、原产地、税率、汇率都是进出口税费核算的核心要素。本书第二章、第三章、第四章、第五章将对以上核心要素如何确定进行详细阐述。

根据《关于简化和协调海关制度的国际公约（京都公约）总附约和专项附约指南》（以下简称《京都公约指南》），"税费"是指进口税费和/或出口税费。所谓进口税费，是指货物进口时所征收的或与货物进口有关而征收的关税和其他税费，但不包括数额仅与所提供的劳务成本相当的任何费用，也不包括海关代其他国家机构收取的费用。所谓出口税费，是指货物出口时所征收的或与货物出口有关而征收的关税和其他税费，但不包括数额仅与所提供的劳务成本相当的任何费用，也不包括海关代其他国家机构收取的费用。

《中华人民共和国海关法》（以下简称《海关法》）规定："海关依照本法和其他有关法律、行政法规，监管进出境的运输工具、货物、行李物品、邮递物品和其他物品，征收关税和其他税、费，查缉走私，并编制海关统计和办理其他海关业务。"上述规定不仅明确了征收关税和其他税费是海关四大任务之一，而且也为海关征收关税和其他税费提供了法律依据。目前，我国征收的进出口税费包括进出口关税、进口环节海关代征税、船舶吨税、滞报金、担保资金等。其中，船舶吨税是海关对进出中国港口的国际航行船舶征收的一种税，因其征收体制独立于其他税费，本教材在此仅简要介绍。

第一节 关税概述

一、关税的概念及特征

（一）关税的定义

关税是国家税收的重要组成部分，是由海关代表国家按照国家制定的关税政策和有关法律、行政法规的规定，对准许进出关境的货物和物品向纳税义务人征收的一种流转税[①]。

关税是税收的一种，这是其基本属性。任何税种的征收主体都是国家，但国家并不直接行使征税权，而是把这种权力授权给其政府机关，由政府机关代表国家征税。

---

① 海关总署报关员资格考试教材编写委员会：《报关员资格全国统一考试教材》，中国海关出版社，2009年6月第1版，第265页。

这就是说，关税由谁征收，取决于国家授权。关税的基本属性，也不因征税机关的变化而变化。

关税的征税对象是进出境的货物和物品（简称为货品），这是关税与其他税种的主要区别。它有两层含义。一是进出境货物和物品指有形货品。无形货品一般不能成为关税征税对象。无形货物，如专利、商标等知识产权，虽然具有价值，也是国际交易对象，但海关不能对无形货物征收关税。只在无形货物的价值凝结在有形货物中，构成有形货物交易的一项条件时，才能成为完税价格的一部分，海关予以征税。例如，计算机软件，价格可能很昂贵，但其进口通常是不征税的。二是关税的征税对象必须是进出境的货品。对在一个国家（地区）的境内或境外自由流通的货品征收的税不属于关税。

（二）关境

关税定义中的"境"，根据不同国家的具体情况可以是指国境，也可以指关境，但《海关法》中的"境"都应理解为关境[①]。

关境指缔约方海关法适用的地域，各国都在其海关法或关税法中明确规定各自关境的范围。例如，《欧洲共同体海关法典》第三条对关境以内和关境以外地区作出明确规定。

世界上许多国家设有自由港区、自由区、外贸区等特殊区域。这些特殊区域属于关境以内，还是关境以外，一国海关法或关税法都有明确规定。如，美国《联邦法规汇编》规定："关境一词系指美国关税法适用的领土，但不包括任何对外贸易区。"因此，这些特殊区域是否属于关境以外地区，取决于各国立法。凡该国法律未明确规定为关境以外的自由区，应认为是关境以内地区。我国的特殊监管区域，应理解为属于我国关境以内地区。

在缔结关税同盟的国家之间，相互不征收进出境货物的关税，关境包括了几个缔约方的领土，所包括的这一地区被称为"关境以内的外国领土"，关境则大于国境。所谓关税同盟，是指两个或两个以上国家缔结协定，建立统一的关境，在统一关境内缔约方相互间减让或取消关税，对从关境以外的国家或地区的商品进口则实行共同的关税税率和外贸政策。关税同盟从欧洲开始，是经济一体化的组织形式之一。对内实行减免关税和贸易限制，商品自由流动；对外实行统一的关税和对外贸易政策。

与关境相关的另一个概念是单独关税区。所谓单独关税区是指虽不是一个独立主权国家，但其有自己的单独税则和单独的贸易管理规章的区域，如中国香港、澳门和台湾地区。单独关税区是相对于某个对其负有政治和外交责任的主权国家而言的。因此，《关税与贸易总协定》等都规定，只有经过其所归属的主权国家的同意，"单独关税区"才能成为该协定的缔约方。

（三）关税的特点

与国内税相比，关税有以下几个特点：

1. 征收的对象是进出境的货物和物品。关税是对进出境的货品征税，在境内和境外流通的货物，不进出关境的不征收关税。货物和物品只有在进出关境时，才能被征

---

① 海关总署海关法修改工作小组：《〈中华人民共和国海关法〉释义》，第50页。

收关税。

2. 有较强的涉外性。关税只对进出境的货物和物品征收。因此，关税税则的制定、税率的高低，会直接影响到国际贸易的开展。随着经济全球化的发展，世界各国的经济联系越来越密切，贸易关系不仅反映简单经济关系，而且成为一种政治关系。一国关税制度不仅与本国的经济直接相关，而且也会影响他国经济，因此，关税政策和关税制度经常涉及国际政治、外交和经济等方面的关系。关税是国际经济政策斗争的一种手段。时至今日，关税战时有发生。

◇ **拓展阅读**

历史上的关税战

关税战往往伴随着相互之间的贸易战，或者是贸易战中的一种手段。它是资本主义国际市场激烈竞争的产物，历史上曾多次出现。例如，1893年1月1日至1895年6月25日，法国与瑞士发生关税纠纷，相互提高关税，致使由法国输出到瑞士的商品减少了43%，瑞士输出到法国的商品减少了27%。1893年，俄国要求德国对由俄国输入的谷物给予与由奥匈帝国进口谷物同样的关税优惠，德国不同意，俄国便对由德国输入的货物征收高关税，而德国则对由俄国输入的货物加征50%的附加税。关税战持续了一年，最后由于双方均遭受损失而言和。20世纪30年代的资本主义世界经济大危机中，各国为了转嫁危机，相继提高关税壁垒，大大阻碍了世界经济贸易的发展。进入21世纪，特别是2008年金融危机以来，贸易摩擦不断，关税战时有发生。

二、关税的要素

（一）纳税义务人

关税纳税义务人是关税纳税义务的具体承担者。关税纳税义务人与关税征收主体相对应，是承担关税纳税义务主体，又称为关税纳税主体。《中华人民共和国进出口关税条例》（以下简称《关税条例》）第五条对纳税义务人作出了明确规定："进口货物的收货人、出口货物的发货人、进境物品的所有人，是关税的纳税义务人。"这一规定实际上是把关税纳税义务人分为两大类，一是进出口货物的纳税义务人，二是进境物品的纳税义务人。

1. 纳税义务人的含义

进出口货物的收发货人是依照《中华人民共和国对外贸易法》（以下简称《对外贸易法》），经对外贸易主管部门批准从事对外贸易经营活动，进口或者出口有关货物的中华人民共和国关境内法人或者其他组织。没有取得对外贸易经营权的单位不得进口或者出口货物。从法律与实践相结合的角度看，下列3个标准，可作为判断进出口货物收发货人的参考：首先，符合《对外贸易法》的规定，取得对外贸易经营权，可以自身名义对外签约，从事对外贸易经营活动；其次，企业获取对外经营权后，须在海关进行备案登记获取海关编码，才有可能在实际上成为关税的纳税义务人。满足上述两个条件，在法律上即已获得关税的纳税义务人的资格，但若欲成为关税的纳税义务人，仍应向海关申报，这是确定进出口货物收发货人范围的行为条件。

2. 特殊情况下纳税责任的承担人

《海关法》规定，对海关监管货物负有保管义务的人，在一定条件下也可以成为关税的纳税义务人。所谓一定条件，是指除不可抗力外，经营海关监管货物仓储业务的企业，未在海关办理收存、交付手续，或者未经海关同意在海关监管区外存放海关监管货物，或者在保管监管货物期间造成海关监管货物损毁或灭失的情况下，对海关监管货物负有保管义务的人承担纳税义务。

报关企业接受纳税义务人的委托，以纳税义务人的名义办理报关纳税手续的，因报关企业违反规定而造成海关少征、漏征税款的，报关企业对少征或者漏征的税款、滞纳金，与纳税义务人一并承担纳税的连带责任。

报关企业接受纳税义务人的委托，以报关企业自己的名义为委托人办理报关纳税手续的，视同报关企业自己向海关申报。因此，报关企业应当承担纳税义务人自己报关时所应当承担的相同的法律责任。

欠税的纳税义务人合并时未缴清税款的，尽管纳税义务人在合并过程中丧失主体资格，失去行使债权和履行债务的能力，但纳税义务人的纳税义务并不因合并而消灭，而是由合并后的法人或者其他组织继续履行未履行的纳税义务。同样，纳税义务人分立时未缴清税款的，分立后的法人或者其他组织对未履行的纳税义务承担纳税责任。

纳税义务人在减免税货物、保税货物监管期间，有合并、分立或者其他资产重组情形，按照规定需要缴税的，应当依法缴清税款；按照规定可以继续享受减免税、保税待遇的，应当到海关办理变更纳税义务人的手续。

纳税义务人欠税或者在减免税、保税货物监管期间，有撤销、解散、破产或者其他依法终止经营情形的，应当依法缴清应纳税款。

（二）征税对象

征税对象，是税法规定的征税的标的物。我国关税的征税对象是准许进出口的货物和准许进境的物品。国家对进出口货物、物品有禁止性和限制性规定，没有许可证件的，除法律另有规定外，不得进入或运出我国关境，也就不能成为关税的征税对象。以下重点分析进出口货物。

关税的征税对象是有形货物。首先，一般来说，无形货品（如专利、商标等）并不是关税的征税对象，只有在其含有有形货物（如专利）或成为购买有形货物的一项交易条件时，才能成为征税对象。其次，进口货物必须原产于境外，原产于境内货物不能成为关税的征税对象，但作为一个例外，包括我国在内的一些国家，将原产于本国的复进口货物也规定为征税对象。同样，出口货物必须原产于境内，原产于境外的，不可能成为关税征税对象。再次，进口货物是否成为关税征税对象，取决于收货人对通关制度的选择。如果他选择了保税通关制度，那么进口货物就不是关税的征税对象；如果他选择了一般贸易货物通关制度，那么进口货物就成为关税的征税对象。

（三）征税标准

关税的征税标准主要有以下几种：

1. 从量方式计征，以货物的计量单位作为征收标准加以计征。由于对每一物量单位尤其是标准化的商品所征的税是固定的，在计征时较为简便，并能抑制低价货物进口。但缺点是与商品的价格质量无直接关系，关税的保护作用与商品价格呈负相关关系。

2. 从价方式计征，以货物的价格作为征税标准加以计征，其税率即为货物价格的百分比。该种方法的优点是税负较为合理，关税的保护作用与货物价格呈正相关关系。其缺点是海关据以计征的完税价格不易确定。"二战"后世界性通胀使得各国普遍采用从价税计征方法。

3. 复合方式计征，是对某种进口货物混合使用从价税和从量税的计征标准。复合税的现行方法有：①对货物同时征收一定数额的从价税和从量税；②对低于某价格的进口货物只按从价征税，高于这一价格则混合使用从价税与从量税。复合税的优点在于既可以发挥从量税抑制低价进口货物的作用，又能发挥从价税税负合理的作用。

4. 滑准方式计征，是关税税率随进口货物价格由高至低而由低至高设置的计征标准。简单地说，就是进口价格越高则适用税率越低，进口货物价格越低则适用税率越高。使用滑准税的目的是保证国内市场价格相对稳定，不受国际市场价格波动的影响。目前，我国对关税配额外进口的棉花实行滑准税。

（四）税率

关税税率是根据课税标准计算关税税额的比率。从量税的税率表现为每单位数量的课税对象应纳税额，即定额税率；从价税的税率表现为应纳税额与课税对象的价格或价值的百分比的定率税率。税率的高低直接体现着国家的关税政策，是关税政策中最重要的内容。

为方便查找和计征，国家根据关税政策对不同的进出境货品制定不同的税率，并按一定的次序排列，这种按照进出境货品的不同类别排列的关税税率表，称为关税税则或海关税则。

三、关税的分类

（一）以货品的流向为标准进行划分

按照进出口商品的流向，关税可分为进口税、出口税和过境税。

1. 进口税

进口税是对进口货物和物品所征收的关税。进口税有正税与附加税之分，正税是按《中华人民共和国进出口税则》（以下简称《进出口税则》）征收的关税；进口附加税是指在正常关税外，额外征收的税，具有临时性的特点，它通常包括报复性关税、反倾销税、反补贴税及保障措施关税。

2. 出口税

出口税是对出口货物和物品所征收的关税。征收出口税的主要目的是为了限制、调控某些商品的出口，特别是为了防止本国重要的自然资源外流。目前，我国仅对一小部分关系到国计民生的重要出口物资及属于高耗能、高污染和资源性商品征收出口税。

我国出口税主要包括正常关税和临时关税两种，有时，还会根据国内外经济形势对某些出口商品征收附加税。

3. 过境税

过境税是对经过本国国境或关境运往另一国的外国货物所征收的关税。由于过境货物对本国市场和生产没有影响，而且外国货物过境时，可以使铁路、港口、仓储等方面从中获得一些益处，因此目前世界上大多数国家不征收过境税，仅在外国货物通过本国国境或关境时，征收少量准许费、印花税、签证费、统计费等。

（二）以进口货物国别（地区）来源或征税性质为标准进行划分

以进口货物国别（地区）来源或征税性质为标准，进口关税可分为普通关税、优惠关税和差别关税。

1. 普通关税

普通关税又称一般关税，是指一国政府对与本国没有签署友好协定、经济互助协定的国家和地区按普通税率征收的关税。普通关税的税率一般由进口国自主制定，只要国内外的条件不发生变化，则长期使用，税率较高。普通税率是最高税率，一般比优惠税率高 1~5 倍，少数商品甚至更高。目前，仅有个别国家对极少数（一般是非建交）国家的出口商品实行这种税率，大多数只是将其作为其他优惠税率减税的基础。因此，普通税率并不是普遍实施的税率。

2. 优惠关税

优惠关税（Preferential Duty），是指对来自特定受惠国的进口货物征收的低于普通税率的优惠税率关税。使用优惠关税的目的是为了增进与受惠国之间的友好贸易往来。优惠关税一般是互惠的，通过国际间的贸易或关税协定，协定双方相互给予优惠关税待遇。但也有单方面的，给惠国给予受惠国单向的优惠关税待遇，不要求反向优惠，如普惠制下的优惠关税。优惠税率又可分为以下几种：

（1）特定优惠关税（特惠关税）

特定优惠关税（特惠关税），是指某一国家对另一国家或某些国家对另外一些国家的进口商品给予特定优惠关税待遇，其他国家不得享受的一种关税制度。特惠关税的优惠对象不受最惠国待遇原则的制约，其他国家不得根据最惠国待遇原则要求享受这种优惠待遇。目前，国际上最著名的特惠关税是"洛美协定"国家间的关税，它是欧盟向参加"洛美协定"的 90 多个发展中国家单方面提供的特惠关税，也是"南北"合作范例。目前，我国单方面给予最不发达国家的优惠关税属于特惠关税。

（2）普遍优惠关税（普惠关税）

普遍优惠关税（普惠关税），是指发达国家对从发展中国家或地区输入的商品，特别是制成品和半制成品，普遍给予优惠的关税制度。普惠关税有普遍性、非歧视性和非互惠性这 3 项基本原则。

（3）最惠国待遇关税

最惠国待遇关税（The Most-favoured-nation Rate of Duty），是指适用于世界贸易组织成员方之间（"互不适用"者除外）以及与该方签订最惠国待遇条款的贸易协定的国家或地区所进口商品的关税。最惠国待遇是指缔约方相互给予的不低于现在和将来所给予任何第三方在贸易上的优惠、豁免和特权，体现在关税上，即为最惠国待遇关税。最惠国待遇既存在于两个国家之间，也通过多边贸易协定在缔约方之间实施。

最惠国税率比普通税率低，二者税率的差幅往往很大，但高于特惠关税税率。目前，大多数国家和地区加入世界贸易组织，其他国家也大部分签订了双边贸易条约，相互提供最惠国待遇，享受最惠国税率。因此，最惠国待遇关税通常称为正常关税。

（4）协定关税

协定关税是指一个国家（地区）与另一个国家（地区）之间通过协商相互给予对方优惠待遇的关税制度。如果一方遭受对方的胁迫，非自愿地给予对方优惠待遇又不能享受对方给予对等的优惠，就是片面的协定关税。

3. 差别关税

差别关税是指针对不同国家（地区）的同种进口商品征收不同税率的关税。差别关税税率由正常关税税率和特设关税税率组成。

差别关税有广义和狭义之分，广义的差别关税，就是实行复式税则的关税；狭义的差别关税是对一部分进口商品，视其国家、价格或进口方式的不同，课以不同的税率的关税。差别关税的种类很多，有多重关税、反倾销关税、反补贴关税、报复关税、平衡关税等。

（1）反倾销税

倾销是指在贸易过程中以低于正常价值的价格出口到一国（地区）市场的行为，是一种不正当的竞争手段。进口产品以倾销方式进入中国市场，并对已经建立的国内产业造成实质损害或者产生实质损害威胁，或者对建立国内产业造成实质阻碍的，依照《中华人民共和国反倾销条例》的规定进行调查，采取反倾销措施。反倾销税是反倾销措施之一，是在正常关税的基础上额外征收的一种附加税。反倾销税由海关征收，其税额应小于或等于倾销幅度或倾销差额（出口价格低于正常价值的数额）。目前，我国征收的附加税主要是反倾销税。

◇ **拓展阅读**

中国第一个反倾销案

1995年，原产于美国、加拿大、韩国的新闻纸大量、低价向中国出口倾销，使中国的新闻纸产业受到严重的冲击。由于中国当时未出台反倾销条例，所以不便采取法律行动。为维护对外贸易秩序和公平竞争，保护国内相关产业，1997年3月实施《中华人民共和国反倾销和反补贴条例》。当年11月10日，吉林造纸（集团）有限公司等中国九大新闻纸厂家代表中国新闻纸产业向对外贸易经济合作部提出申请，要求对原产于美国、加拿大、韩国的新闻纸进行反倾销调查。

1998年7月9日，外经贸部和国家经贸委作出初裁决定，认定原产于美国、加拿大、韩国的进口新闻纸存在倾销，国内相关产业受到实质损害，且倾销与损害之间存在因果关系，决定自当年7月10日起，对原产于上述3国的进口新闻纸实施临时反倾销措施。进口经营者在进口原产于上述3国的新闻纸时，需向海关提供与确定的倾销幅度（17.11%~78.93%）相当的保证金。

1999年6月1日,海关总署根据国务院关税税则委员会《关于对原产于加拿大、韩国和美国的进口新闻纸征收反倾销税的决定》发布公告,自1998年7月10日至2003年7月9日,对进口原产于上述3国的新闻纸征收反倾销税(见表1-1)。反倾销税以海关审定的成交价格为基础的到岸价格作为完税价格从价计征;进口环节增值税以关税完税价格加上关税和反倾销税作为组成计税价格从价计征;在初裁中收取的保证金按反倾销税率计征转为反倾销税,对其与应纳反倾销税之间的差额部分,按多退少补的原则办理。

表1-1 进口新闻纸征收反倾销税税率表

(1998年7月10日至2003年7月9日)

原产国	供货商名称	反倾销税率(%)
加拿大	豪森纸浆纸业有限公司	61
	雄师集团	59
	太平洋纸业公司(原MB/出口销售有限公司)	57
	阿维纳公司	78
	芬利森林工业公司	78
	其他加拿大公司	78
韩国	韩松纸业有限公司	9
	其他韩国公司	55
美国	所有美国公司	78

(2)反补贴税

反补贴税是指进口国家对于直接或间接接受奖金或贴补的外国商品进口时所征收的一种进口附加税。进口商品在出口国家生产、制造、加工、买卖、输入过程中接受了直接的奖金或贴补,并使进口国家生产的同类产品遭受重大损害是构成征收反补贴税的重要条件。反补贴税的税额一般相当于"贴补数额",其目的在于增加进口商品的成本,抵消出口国对该项商品所做的补贴的鼓励作用。

(3)保障措施关税

保障措施关税是指在公平贸易条件下,由于关税减让等承诺的存在,可能导致某种产品对某一世界贸易组织成员方绝对或相对的进口激增,从而对该成员方相似或直接竞争的国内产业造成严重损害或严重损害威胁。在此情况下,该成员方可以对这种产品的进口采取数量限制、提高关税等措施,以便国内受到影响的产业进行调整,适应新竞争。数量限制或增加关税的措施,可以单独使用,也可两者并用。

(4)报复性关税

报复性关税是指为报复他国对本国出口货物的关税歧视,而对相关国家的进口货物征收的一种进口附加税。《关税条例》规定,任何国家或者地区对其进口的原产于我国的货物征收歧视性关税或者给予其他歧视性待遇的,我国对原产于该国家或者地区的进口货物征收报复性关税。

◇ 拓展阅读

中美贸易战

中美贸易争端一直不断。2003年至2005年末，由美国单方面挑起的一系列贸易摩擦给中美贸易关系蒙上了浓重的阴影，贸易大战似乎一触即发，中美两国进入前所未有的贸易摩擦期。中美贸易摩擦作为中美经贸关系的一部分，随中美政治关系的发展和国际局势的变化而发生变化。2018年，特朗普政府不顾中方的劝阻，执意发动贸易战，掀起了又一轮的中美贸易争端。

2018年3月8日，美国开始对钢铝产品加征关税，不仅是对中国，对其他国家也开始征收。4月16日，美国宣布禁止向中兴通讯销售软件及零部件，开始对中兴实施制裁。

6月15日，美国政府宣布，7月6日对中国340亿美元产品加征25%的关税，接着是160亿美元；与此同时，6月16日针对美国6月15日的决定，中国国务院关税税则委员会发布公告，对原产于美国的659项约500亿美元进口商品加征25%的关税。对美农产品、汽车、水产品等545项商品，自当年7月6日起实施加征关税；对美化工品、医疗设备、能源产品等114项商品加征关税，实施时间另行公告。这宣告中美贸易战正式打响。

2018年9月18日，美国政府宣布实施对从中国进口的约2000亿美元商品加征关税的措施，自2018年9月24日起加征关税税率为10%。2019年1月1日起加征关税税率提高到25%。在美方公布拟对中方2000亿美元进口商品加征关税之后，8月3日，针对美方措施中方被迫采取反制措施。根据《对外贸易法》《关税条例》等法律、法规和国际法基本原则，经国务院批准，国务院关税税则委员会决定对原产于美国的5207个税目约600亿美元商品，加征25%、20%、10%、5%不等的关税。如果美方一意孤行，将其加征关税措施付诸实施，中方即施行上述加征关税措施。

2019年8月15日，美国政府宣布，对自华进口的约3000亿美元商品加征10%关税，分两批自2019年9月1日、12月15日起实施。针对美方上述措施，中方被迫采取反制措施。根据《海关法》《对外贸易法》《关税条例》等法律、法规和国际法基本原则，经国务院批准，国务院关税税则委员会决定，对原产于美国的5078个税目约750亿美元商品，加征10%、5%不等的关税，分两批自2019年9月1日12时01分、12月15日12时01分起实施。国务院关税税则委员会将继续开展对美加征关税商品排除工作。750亿美元商品清单中，经审核确定的排除商品，按排除办法，不加征中方为反制美301措施所加征的关税；未纳入前两批可申请排除范围的商品，将纳入第三批可申请排除的范围，接受申请办法将另行公布。

四、关税的作用

(一) 进口关税的作用

1. 筹集国家财政收入

关税是一种税收，组织财政收入是关税的最基本属性，也是关税最基本的职能。自关税产生以来，它就负担着为国家筹集财政资金的职责。我国关税收入是财政收入的重要组成部分，中华人民共和国成立以来，关税为经济建设提供了可观的财政资金。

2. 保护和促进本国工农业生产的发展

征收关税后，进口商品在进口国国内市场上价格有所提高，根据市场充分竞争的法则，进口国国内生产的同类同质产品也可以以相同的价格出售。国内生产者因国内市场价格提高而增加产品供给数量替代进口品，从而达到扶植和促进本国产业发展目的。

一个国家的经济保护措施有多种，但关税是一种普遍采用的手段，也是世界贸易组织所承认的合法保护手段。21世纪以来，虽然大多数国家的关税大幅度降低并成为约束性关税，但关税的保护作用并未因此而退出历史舞台，只是具体做法更为间接、隐蔽和多样化。受国际金融危机及全球经济增长放缓的冲击与影响，全球经济增长乏力和国际贸易大幅减少，世界各国把关税政策调整作为贸易保护的重要手段。通过保护关税或设置关税壁垒等手段，一方面促进本国对外贸易增长，另一方面保护本国产业或产品的利益。关税成为国际金融危机以来重要的贸易保护政策。

3. 调节国民经济和对外贸易活动

在生产领域，对不同的进口商品设置不同的税率，可以调节社会再生产的合理布局；对国家鼓励发展的产业实行保护关税政策，可以促使该行业的发展。在流通领域，对不同的进口商品设置不同的税率，如临时税率、关税配额等，可以调节进口流量。在分配领域，一方面对进口国国内生产者与消费者之间的利益进行再分配，另一方面参与国民收入的再分配并调节社会上的贫富不均。在消费领域，可以引导消费倾向或生活习俗，限制对非必需品或奢侈品的高消费。

4. 维护国家主权和经济利益

对进口货物征收关税，表面上看似乎只是一个与对外贸易相联系的税收问题，其实一国采取什么样的关税政策，直接关系到国与国之间的主权和经济利益。我国根据平等互利和对等原则，通过关税复式税则的运用等方式，争取国际间的关税互惠并反对他国对我国进行关税歧视，从而促进对外经济技术交往，扩大对外经济合作。

(二) 出口关税的作用

对出口商品征收出口关税，从经济角度看，增加了出口商品的成本，不利于其在国外市场上的竞争，因此征收出口关税会对出口商品形成一种负保护，阻碍本国商品的出口。但在某些情况下，它依然存在，甚至具有正保护作用。

1. 增加本国财政收入

对一些资源丰富、出口量较大的商品，尤其是对在世界市场上有独占性的出口商品征税，只要不会过多地影响它在国外的销售数量，出口税仍成为国家财政收入的一项稳定可靠的税源。

2. 保护本国资源环境

对本国需求数量比较大的工业原料、初级产品及自然资源征收出口税可以限制其盲目出口，防止资源耗竭。例如，我国进入 21 世纪后，继续开征出口关税，从而提高出口价格以控制部分高耗能、高污染、资源性产品的出口。同时，对出口的原料征税，有利于保障国内生产的需要和增加国外商品的生产成本，从而加强本国产业的竞争能力。

3. 保证本国市场供应

一方面，有些国家对本国虽有生产，但本国需求很大、供应不足的商品，征收出口税以限制其盲目出口，稳定国内市场价格。另一方面，利用出口税调节出口流量，以稳定其在国际市场上的价格或争取该商品的有利售价。

4. 满足其他政治或经济方面的需要

对世界上有独占性的产品征收出口关税，除了可以增加财政收入或改善本国贸易条件外，有时还附有政治性和其他经济方面的目的。如 1973 年，海湾地区产油国家对石油征收出口税；1974 年，巴拿马对香蕉征收出口关税等。这些措施当时都在政治上和经济上产生过一定的影响。

第二节　其他进出口税费概述

一、进口环节海关代征税

以是否代征为标准，进出口税费可以分为海关征收的税费和海关代征的税费，关税、船舶吨税等属于海关征收的税费。进口环节海关代征税指进口货物、物品由海关放行后，进入国内流通领域，对其应征的国内税，包括进口环节增值税和消费税。

进口货物和物品在办理海关手续放行后，允许在国内流通，应该与国内货物同等对待，缴纳应征的国内税费。为了节省征税人力，简化征税手续，严密管理，进口货物和物品的国内税由海关代征，即我国海关在对进口货物和物品征收关税的同时，还负责代其他机关征收若干种类的进口环节税。

（一）进口环节增值税

1. 增值税

增值税是以商品（含应税劳务）在流转过程中产生的增值额作为计税依据而征收的一种流转税。从计税原理上说，增值税是对商品生产、流通、劳务服务中多个环节的新增价值或商品的附加值征收的一种流转税。增值税实行价外税，由消费者承担。

增值税已经成为中国主要的税种之一，是最大的税种。增值税由国家税务局负责征收，进口环节增值税由海关负责征收。

2. 纳税义务人

进口货物的单位和个人，为进口环节增值税的纳税人。上述"单位"，是指企业、行政单位、事业单位、军事单位、社会团体及其他单位；上述"个人"，是指个体工商户和其他个人。但从操作实务来看，"单位"和"个人"成为进口货物增值税的纳税义务人，必须拥有对外贸易经营权并在海关注册，同时还要向海关报关。当然，进境物品消费税的纳税义务人不在此列。

3. 征税范围和税率

为了正确确定进口产品的海关税则号列及其相对应的增值税、消费税的税率，统一全国海关代征税的范围和标准，根据《关税条例》《中华人民共和国增值税暂行条例》和《中华人民共和国消费税暂行条例》（以下简称《消费税暂行条例》）等有关法规规定，海关总署和国家税务总局编制了《海关进口关税与增值税及消费税对照表》（以下简称《对照表》）。《对照表》具有法律效力，全国海关必须严格按该表征收增值税和消费税。如税目、税率发生变动，以海关总署通知为准。

（二）进口环节消费税

1. 消费税

消费税是以消费品和消费行为的流转额作为课税对象的各种税收的统称。它不仅是国家财政收入的一项来源，也是贯彻国家产业政策、调节消费的一种手段。消费税实行价内税，只在应税消费品的生产、委托加工和进口环节缴纳，在以后的批发、零售等环节，因为价款中已包含消费税，因此不用再缴纳消费税，税款最终由消费者承担。

《消费税暂行条例》规定，消费税的征收范围为：在中华人民共和国境内生产、委托加工和进口《消费税暂行条例》规定的消费品。具体而言，应税消费品大体可分为以下4种类型：

（1）一些过度消费会对人的身体健康、社会秩序、生态环境等方面造成危害的特殊消费品，如烟、酒、酒精、鞭炮、焰火等；

（2）非生活必需品中的一些高档、奢侈的消费品，如贵重首饰及珠宝玉石、化妆品等；

（3）高耗能、高污染的高档消费品，如小轿车、摩托车、汽车轮胎等；

（4）不可再生和不可替代的资源类消费品，如汽油、柴油等。

随着我国分配结构的调整，从趋势看，消费税征税范围会扩大，部分过度消耗资源、严重污染环境的产品和部分高档消费品将会纳入消费税的征税范围。

2. 纳税义务人

根据《消费税暂行条例》，进口该条例规定的消费品的单位和个人，以及国务院确定的销售该条例规定的消费品的其他单位和个人，为消费税的纳税人。根据《中华人民共和国消费税暂行条例实施细则》，上述"单位"，是指企业、行政单位、事业单位、军事单位、社会团体及其他单位；上述"个人"，是指个体工商户及其他个人。但从操作实务来看，"单位"和"个人"成为进口货物消费税的纳税义务人，必须拥有对外贸易经营权并在海关注册，同时还要向海关报关。当然，进境物品消费税的纳税义务人不在此列。

3. 征税范围和税率

理论上，进口环节消费税的征税范围和税率与国内货物消费税的征税范围和税率完全相同，即海关按照《消费税暂行条例》所附《消费税税目税率表》征收进口环节消费税。但在实务上，海关是按照《海关进口关税与增值税及消费税对照表》来征收的，并且具有法律效力。

二、船舶吨税

船舶吨税（简称吨税）是由海关在设关口岸对自中华人民共和国境外港口进入境内港口的船舶（简称应税船舶）征收的一种使用税，是对船舶使用港口助航设施征收的税款，用于航道设施的建设。

三、滞纳金

征收滞纳金是税收管理中的一种行政强制措施。在海关监督管理中，滞纳金是指应纳税的单位或个人因逾期向海关缴纳税款而依法应缴纳的款项。按照规定，关税、进口环节增值税、进口环节消费税的纳税义务人或其代理人，应当自海关填发税款缴款书之日起 15 日内向指定银行缴纳税款，逾期缴纳的，海关依法在原应纳税款的基础上，按日加收滞纳税款 0.5‰的滞纳金。征收滞纳金，目的在于使纳税义务人承担增加的经济制裁责任，促使其尽早履行纳税义务。

四、滞报金

根据《海关法》的有关规定，进口货物自运输工具申报进境之日起 14 日内，应当向海关申报。如进口货物收货人未按规定期限向海关申报产生滞报的，由海关按规定征收滞报金。滞报金是由于进口货物收货人或其代理人超过法定期限向海关报关而产生的一种行政罚款。

五、担保资金

根据《中华人民共和国海关事务担保条例》（以下简称《海关事务担保条例》）的规定，在进出口通关环节，进出口单位申请提前放行货物及申请办理特定海关业务时可办理担保手续。涉及范围主要有：海关尚未确定商品归类、完税价格、原产地、进口货物或物品数量等征税要件的；正在海关办理减免税审批手续的；申请延期缴纳税款的；暂时进出境的；进境修理和出境加工的；因残损、品质不良或规格不符，纳税义务人申报进口或者出口无代价抵偿货物时，原进口货物尚未退运出境或者尚未放弃交由海关处理的，或者原出口货物尚未退运进境的等。上述海关事务担保可采取担保资金或保证函的形式，其金额不超过可能承担的最高税款总额。税款担保一般不超过 6 个月，特殊情况下经直属海关关长或授权的隶属海关关长批准可酌情延长。

知识考查与技能训练

一、多项选择题

1. 按照进出口商品的流向，关税可分为（   ）。
   A. 进口税   B. 出口税
   C. 过境税   D. 优惠关税

2. 在下列选项中，属于差别关税的有（   ）。
   A. 反倾销税   B. 报复性关税
   C. 保障措施关税   D. 临时关税

二、判断题

1. 关税是对进出口货物所征收的一种税。
2. 我国关境小于国境。

三、案例分析题

2004年12月31日，《WTO纺织品与服装协议》执行期满。在纺织配额取消、全球纺织贸易一体化的背景下，中国政府为适当控制低端纺织品出口，减少贸易摩擦，决定自2005年1月1日起，对部分出口服装主动开征出口关税，涉及各种纺织材料制成的大衣、防风衣、西服套装、便服套装、长裤、工装裤、衬衫、裙子、内衣、睡衣、运动服、滑雪服等148个税号项下的敏感性商品。出口税从量计征，税率分为每数量单位0.2元、0.3元和0.5元。

2005年4月4日，美国宣布对中国棉织衬衫等3类产品展开调查，5月13日，对上述3类中国产品重新实行配额限制，5月18日追加对中国合成纤维裤子等4类纺织品设限。5月20日，国务院关税税则委员会（以下简称税委会）决定，自6月1日起，对2005年1月1日起征收出口关税的部分纺织服装产品调整关税税率，其中对2种产品停止征收关税，对3种产品调低出口关税，对74种产品调高出口关税，新增1种征税产品。2005年5月30日上午，税委会宣布，自6月1日起，对2005年1月1日开始征收出口关税的148项纺织品中的78项产品停止征收出口关税，原定于6月1日提高或降低出口关税的相关产品同时取消。

2005年6月4日，中国商务部部长在京与美国新任商务部部长古铁雷斯进行会谈，但未取得成果。8月1日起，中国对17种8位税号项下的纺织品停止征收出口关税。9月16日，商务部第15次部务会议审议通过《纺织品出口临时管理办法（暂行）》，自9月22日起实施纺织品临时出口许可证件管理制度。11月8日，中国商务部部长和美国贸易代表在伦敦签署《中华人民共和国政府与美利坚合众国政府关于纺织品和服装贸易的谅解备忘录》。12月13日，税委会宣布，2006年1月1日起，中国停止对全部纺织品征收出口关税。

问题：上述案例说明了什么问题？

第二章·进出口货物完税价格的确定

DI-ER ZHANG JINCHUKOU HUOWU WANSHUI JIAGE DE QUEDING

◇ **职业要求**

国际关务人员及其他进出口税费相关岗位人员应掌握进出口货物完税价格确定的相关知识和技术。

◇ **学习目标**

知识目标：通过本章的学习，理解完税价格的概念，掌握确定完税价格的6种方法的基本内容，掌握一般进出口货物与特殊进出口货物完税价格确定中的区别。

能力目标：通过本章的学习，能够运用成交价格法和相同或类似货物成交价格法确定进出口货物的完税价格，能够运用所学知识应对海关价格质疑，与海关进行价格磋商。

◇ **学习内容**

本章的主要学习内容包括：进出口货物完税价格概述，一般进口货物完税价格确定的6种方法，特殊进口货物完税价格的确定，出口货物完税价格的确定，进出口货物完税价格的海关审查。

第二章 进出口货物完税价格的确定

DI-ER ZHANG JINCHUKOU HUOWU WANSHUI JIAGE DE QUEDING

进出口货物完税价格是凭以计征进出口货物关税及进口环节代征税税额的基础。我国多数货物的进出口税费都是从价计征，故完税价格的确定是进出口税费核算的重点难点所在。

根据中国加入世界贸易组织工作组报告书海关估价部分，中国承诺自加入世界贸易组织之日起，将全面实施《WTO估价协定》（以下简称《估价协定》）。为了履行入世承诺，中国对于原有的估价法律法规体系进行了梳理及修订。目前，中国海关对于完税价格审定的法律依据分别体现在《海关法》和《关税条例》等法律、法规，以及海关总署颁布施行的《中华人民共和国海关审定进出口货物完税价格办法》（以下简称《审价办法》，海关总署令第213号）和《中华人民共和国海关审定内销保税货物完税价格办法》（以下简称《内销保税货物审价办法》，海关总署令第211号）等部门规章中。

本章主要以《审价办法》和《内销保税货物审价办法》为基础，从进口货物完税价格的确定、出口货物完税价格的确定、进出口货物完税价格的海关审查3个方面介绍进出口货物完税价格的确定。其中，进口货物完税价格的确定包括：一般进口货物完税价格的确定、内销保税货物完税价格的确定以及特殊进口货物完税价格的确定。

第一节 进出口货物完税价格概述

一、完税价格和成交价格的公式

《审价办法》第五条规定："进口货物的完税价格，由海关以该货物的成交价格为基础审查确定，并且应当包括货物运抵中华人民共和国境内输入地点起卸前的运输及其相关费用、保险费。"这里涉及"完税价格""成交价格"两个概念，在实际工作中还会用到"发票价格"或"申报价格"等，如何正确厘清它们的关系是首先要解决的问题。

根据《审价办法》的规定，我们可以用以下公式来表示成交价格法：

完税价格＝成交价格+运保费＝实付、应付价格±调整因素+运保费

我们可以单列出成交价格的公式：

成交价格＝实付、应付价格±调整因素

二、成交价格与发票价格的关系

《审价办法》第七条规定："进口货物的成交价格，是指卖方向中华人民共和国境内销售该货物时买方为进口该货物向卖方实付、应付的，并且按照本章第三节的规定调整后的价款总额，包括直接支付的价款和间接支付的价款。"这就是说，成交价格由实付、应付价格和调整因素两项构成。

通过以上定义可知，成交价格与在实际工作中接触到的"发票价格"不完全等同。

· 19 ·

发票、合同或者报关单中申报的价格往往只包含直接支付价款，如果存在间接支付情况，那么发票价格不能直接被认定为成交价格。

成交价格如何确定，将在本章第二节"进口货物完税价格的确定"中详细阐述。

三、完税价格与成交价格的关系

从《审价办法》对于进口完税价格的描述中可以看出，完税价格是以成交价格为基础来审定的。成交价格一经确定，再须审核是否已包含运保费。如已包含，完税价格就能确定下来了。

但《审价办法》第六条还规定了进口货物的成交价格不符合相关规定的，或者成交价格不能确定的，海关经了解有关情况，并且与纳税义务人进行价格磋商后，需要依次以下列方法审查确定该货物的完税价格：①相同货物成交价格估价方法；②类似货物成交价格估价方法；③倒扣价格估价方法；④计算价格估价方法；⑤合理方法。其中，倒扣价格法、计算价格法可以颠倒次序。由此可知，海关审定完税价格的方法共有 6 种，最常用的是成交价格方法。

下节将依次介绍这 6 种方法，其中相同货物成交价格法、类似货物成交价格方法的规定大致相同，故合并介绍。

第二节　进口货物完税价格的确定

一、一般进口货物完税价格的确定

（一）成交价格方法

前文提到成交价格、完税价格及"发票价格"的关系，那么在工作中，我们如何从"发票价格"入手，最后确定完税价格呢？这就是成交价格法要解决的问题。首先需要从成交价格的定义及适用条件两个角度对发票价格进行评估。

1. 成交价格定义角度

前文提到了成交价格定义，评估的要点应包括：销售的概念，买方、卖方的规定，实付及应付（含直接支付及间接支付）等方面。

①销售的概念。《审价办法》要求："销售"必须同时符合货物实际进入中华人民共和国境内、货物的所有权和风险由卖方转移给买方、买方为此向卖方支付价款 3 个要件。

②买方、卖方的规定。《审价办法》规定：进口货物的买方是指向中华人民共和国境内购入进口货物的自然人、法人或者其他组织；卖方是指向中华人民共和国境内销售进口货物的自然人、法人或者其他组织。判断"买方""卖方"不应简单地以进口单证上出现的名称为标准，而应以其在交易中承担的功能确定。

③实付及应付。《审价办法》要求：成交价格不仅应包括实付价格，还应包括应付价格，即作为卖方销售进口货物的条件，由买方向卖方或者为履行卖方义务向第三方

已经支付或者将要支付的全部款项。实付或应付价格是买方为购买进口货物直接支付和间接支付的价款总额。直接支付是指买方直接向卖方支付的款项，通常表现为发票价格。间接支付则是指"买方根据卖方的要求，将货款全部或者部分支付给第三方，或者冲抵买卖双方之间的其他资金往来的付款方式"。

例1 设在中国的施密斯公司，向设在美国的皮埃尔玩具制造厂支付了一票货物的价款，共1850美元。实际上，皮埃尔玩具制造厂应向施密斯公司收取2200美元，但由于皮埃尔公司欠施密斯公司350美元，因此，皮埃尔公司只向施密斯公司收取1850美元。在该案中，350美元属于间接支付，应计入完税价格，即该票货物的海关估价的基础应是2200美元。

例2 设在中国的施密斯公司，向设在法国巴黎的皮埃尔公司支付了一票玩具货款，共3500美元。在此以前，皮埃尔公司向中国的一家新客户约特公司出售了一批玩具，但在运输过程中货物受到了损失。基于长期的合作关系，皮埃尔公司诚请施密斯公司先向约特公司赔偿，然后皮埃尔公司从发票中冲减500美元。被估货物的价格3500美元是减去500美元以后的价格。在该案中，500美元属于间接支付，海关估价的基础应是4000美元。

通过以上案例可知，"发票价格"首先要确认是否已经包含且仅包含实付、应付价格，如果是，才有可能作为成交价格。接下来根据《审价办法》的规定，还需要对这个价格从适用条件进行评估。

2. 成交价格适用条件角度

值得注意的是，成交价格法是最常用的审价办法，却不是唯一的。所以，在使用成交价格法之前，我们还需确认成交价格法的适用条件。

《审价办法》第八条规定了成交价格适用的4项条件，换言之，这4项条件也反映了不适用成交价格的情形：对价格有实质性影响的各项限制存在时，价格或价值无法确定的条件或因素存在时，回归卖方的收益无法确定时及买卖双方关系影响价格时。

（1）对价格有实质性影响的各项限制存在

对由买方处分或使用的货物不得施加限制。在交易中如果卖方对买方有关进口货物的处分或使用做了某些限制，那么，这种交易就不属于自由销售，价格就会受到影响，因而就不能适用成交价格。根据《审价办法》，有下列情形之一的，应当视为对买方处置或者使用进口货物进行了限制：① 进口货物只能用于展示或者免费赠送的；② 进口货物只能销售给指定第三方的；③ 进口货物加工为成品后只能销售给卖方或者指定第三方的；④ 其他经海关审查，认定买方对进口货物的处置或者使用受到限制的。

根据《审价办法》，下列3种限制不属于对买方对进口货物处分或使用的限制：① 法律、行政法规规定实施的限制；② 对货物销售地域的限制；③ 对货物价格无实质性影响的限制。

例3 某一制造蓄电池的生产商向汽车制造商出口蓄电池，双方达成协议：在只作为全新汽车的零件的前提下，该蓄电池才能在进口国国内转售。显然，这只是对货物在进口国国内转售的限制。在这种条件下，如果买卖双方之间交易符合成交价格的其他条件和要求，就可以采用进口货物成交价格对进口的蓄电池进行估价。

（2）价格或价值无法确定的条件或者因素存在

由于某些条件或者因素存在导致进口货物的价格和价值无法确定，从而导致成交价格不能适用。根据《审价办法》的第十条，有下列情形之一的，应当视为进口货物的价格受到了使该货物成交价格无法确定的条件或者因素的影响：① 进口货物的价格是以买方向卖方购买一定数量的其他货物为条件而确定的；② 进口货物的价格是以买方向卖方销售其他货物为条件而确定的；③ 其他经海关审查，认定货物的价格受到使该货物成交价格无法确定的条件或者因素影响的。

（3）回归卖方的收益无法确定

在某些情况下，货物进口后，经转售、处分或使用而获得的收入，按照合同的规定，其一部分会直接或间接地返还给出口商。这就是说，卖方能从这些转售等活动中获得一部分收入。对于这种性质的收入，一般来说，应作为实付或应付价格的一部分，计入完税价格。但是，作为价格调整因素的收入必须满足两项前提：第一，这部分收入必须与进口货物有关；第二，这部分收入必须能够具体确定。这两项前提条件缺一不可。第一项，如果它与进口货物无关，那么就不可能计入完税价格，这是很清楚的。而第二项却是必须注意的问题。

在估价实践中，由于国际贸易的复杂性或海关掌握的资料有限，回归卖方的收入常常不能具体确定。这就会引起矛盾，一方面，这种收入与进口货物有关，必须计入完税价格；另一方面，由于某些原因，这种收入又不能具体确定。为了解决这一矛盾，《估价协定》从一项进口货物成交价格应满足的条件出发，作出规定：如果卖方直接或间接地从有关货物进口后的转售、处分或使用等活动中获得一部分收入，在这部分收入不能合理确定的条件下，有关货物的成交价格就不能成立。

例 4 国内某公司为筹建一个彩色照片冲扩部，进口一台自动冲扩设备，销售合同规定，在该彩照冲扩部正式开业后一年内，该公司应将冲扩部营业利润的 10% 按月汇给卖方。在这种情况下，货物进口时不可能预计开业后利润，故买方返还给卖方的利润无法合理确定，无法适用成交价格法。

（4）买卖双方的关系影响价格

① 特殊经济关系的含义

有下列情形之一的，应当认为买卖双方存在特殊关系：买卖双方为同一家族成员的；买卖双方互为商业上的高级职员或者董事的；一方直接或者间接地受另一方控制的；买卖双方都直接或者间接地受第三方控制的；买卖双方共同直接或者间接地控制第三方的；一方直接或者间接地拥有、控制或者持有对方 5% 以上（含 5%）公开发行的有表决权的股票或者股份的；一方是另一方的雇员、高级职员或者董事的；买卖双方是同一合伙的成员的。

买卖双方在经营上相互有联系，一方是另一方的独家代理、独家经销或者独家受让人，如果符合前款的规定，也应当视为存在特殊关系。

② 特殊经济关系对价格有无影响的认定标准

如何判断特殊经济关系对成交价格有无实质性影响呢？对此，《审价办法》提供了一种简易方法，即测试价格法。只要进口商能证明其成交价格与同时或大约同时发生的下列任一价格相近，就应当视为特殊关系未对进口货物的成交价格产生影响：向境内无特殊关系的买方出售的相同或者类似进口货物的成交价格；按倒扣价格法所确定的相同或者类似进口货物的完税价格；按计算价格法所确定的相同或者类似进口货物的完税价格。在使用上述价格进行比较时，应当考虑商业水平和进口数量的不同，以及买卖双方有无特殊关系造成的费用差异。

例5 某年3月1日，某国供货公司对售给某进口国进口商的亚麻籽油开具发票，价格为每吨FOB800美元。另外，该外国供货公司拥有进口商25%的股份。进口商将亚麻籽油转售给进口国某零售商，其价格是在原FOB价格的基础上另加40%，即每千克1.12美元。货物进口时，该进口商向海关提供证据证明，那家外国供货公司同时或大约同时也向本国的其他批发商（与其无特殊关系）出售过亚麻籽油，其价格为每吨FOB790～830美元不等，该等价格已被海关接受为完税价格。由于进口商证明其成交价格非常接近相同货物的成交价格，因此，该进口商进口的货物应按第一条估价，即每吨FOB800美元的成交价格应予以接受。

例6 某出口商向某进口商出售3台视频观测仪，每台售价为100万美元。进口商是出口商的子公司。由于买卖双方有特殊关系，所以便出现了其成交价格是否可以接受的问题。进口商向海关提供了相同货物的完税价格作为测试价格，其情形如下：出口商曾租给进口国某医院两台视频观测仪，海关将每台完税价格确定为98万美元。由于进口商已经证明其100万美元的成交价格非常接近于相同货物的确定的完税价格，所以视频观测仪应按第一条规定确定完税价格，即每台100万美元。

如果"发票价格"既满足了成交价格的定义，又符合适用条件，接下来就需要判断若以该价格作为成交价格，是否涉及调整项目，以及调整项目是否可以量化的问题。

3. 价格调整项目

从前面公式可以看出，实付或应付的价格只是完税价格的基础，还必须按规定进行调整，调整后的价格才能成为完税价格。价格调整项目包括计入项目和不计入项目两项内容。

（1）计入项目

根据《审价办法》第十一条的规定，以成交价格为基础审查确定进口货物的完税价格时，未包括在该货物实付、应付价格中的下列费用或者价值应当计入完税价格。

①除购货佣金以外的佣金和经纪费

佣金一般分为销货佣金和购货佣金。销货佣金，是指佣金商为卖方销售货物而得到的报酬，属于卖方的销售成本，如果由卖方支付，自然要将其计入货价，若由买方支付，则属于间接支付，海关应将其计入完税价格。购货佣金，是指买方为购买进口货物向自己的采购代理人支付的劳务费用，它属于采购成本，与进口货物的价格无关，因此不应计入完税价格。

经纪费，是指买方为购买进口货物向代表买卖双方利益的经纪人支付的劳务费用。经纪费通常按交易价格的百分比表示，买卖双方各承担一半。卖方支付的那部分经纪费会作为成本计入货价中，无须将其再行计入，而由买方支付的那部分经纪费尚未含在货价中，应将其计入完税价格。

②容器费用和包装费用

根据《关税条例》的规定，由买方负担的在审查确定完税价格时与该货物视为一体的容器的费用、包装材料费用和包装劳务费用，应计入完税价格。

从估价征税角度，将包装分为容器及一般包装。容器是指与该货物视为一体的容器。一般包装是指容器以外的包装物。包装费用主要是指进口货物在包装的过程中发生的成本和费用，包括包装材料成本和包装劳务费用。

容器费和包装费一般包括在货价中，不需要在合同中另行列明。如果进口商要求出口商使用特制包装，也可以采取包装费或容器费由买方负担的方式，并在合同中加以明确规定。就完税价格核估而言，如果容器成本或包装成本已包括在货价中，则不应另行加入；如果该等费用未包括在货价中，则应计入完税价格。

③协助费用

协助费用是指与该货物的生产和向境内销售有关的，由买方以免费或者以低于成本的方式提供并可以按适当比例分摊的料件、工具、模具、消耗材料及类似货物的价款，以及在境外开发、设计等相关服务的费用。

由于买方以免费或以低于成本价的方式提供了这些货物或者服务，卖方在定价的时候肯定会考虑到这方面的因素，这些货物或服务的价值一般情况下没有完全包含在卖方的发票价格之中。因此，其价值自然就应当计入进口货物的实付或应付价格。

例7 国内企业甲（买方）从国外厂商（卖方）处订购一批衬衣和西裤，合同规定，生产衬衣和西裤用的剪刀、纽扣、设计图纸和漂白剂由买方免费提供，在衬衣和西裤进口的时候，国外卖方开立的发票价格只包括在国外的原料成本、加工制造成本和利润。在这种情况下，甲方免费提供的剪刀、纽扣、设计图纸和漂白剂等料件均属于协助材料，其价值应计入完税价格。

例8 国内企业向出口商提供了5套设计图纸。经过选择，出口商只采纳并使用了其中1套。在这种情况下，加入完税价格的因素只能是该套图纸的成本，而其他4套图纸虽然与进口货物有关，但不是生产进口货物所必需的，因此，其成本不能计入完税价格。

④特许权使用费

特许权使用费，是指进口货物的买方为获得使用专利、商标、专有技术、享有著作权的作品和其他权利的许可而支付的费用，包括专利权使用费、商标权使用费、著作权使用费、专有技术使用费、分销或转售权费、其他类似费用。同时符合以下两个条件的特许权使用费应当计入进口货物的完税价格：一是与进口货物有关；二是费用的支付作为卖方出口销售该货物到进口方境内的条件。

例9 国内某数据处理公司是一家以数据输入、处理为经营范围的中日合资企业，该公司在国外经销商的授权下通过互联网将所需软件下载在其计算机上，并为此向国外支付计算机软件使用费和价款。

进口关税的课税对象是进境货品，即在一般情况下，海关只能对有形货品课税，而不能对无形货品课税。只有在无形货品的价值物化在某种有形货品中或符合一定条件时，其价值才能成为完税价格的一部分。在上述案例中，无相关的货物或载体，权利费的支付既谈不上与进口货物有关，又谈不上构成进口货物的一项销售条件，因而不能计入完税价格。从实务来看，这种贸易方式海关难以监管，大多数国家均不征收进口关税。

例 10 外国生产商在进口国拥有一项商标权。进口商使用该商标销售其 6 种化妆品。按合同规定，进口商需每年向生产商支付化妆品销售总价的 5%作为商标费。进口商生产化妆品的配方由生产商提供，并且进口商为了生产的需要常常向生产商购买基本原料。在这种情况下，当该基本原料进口时，商标费不能成为完税价格的一部分。这是因为，该商标费的支付并不是购买该基本原料的一项交易条件，不论进口商是否购买该生产商的基本原料，都得支付该商标费。

例 11 国内某邮电管理局从美国某电信公司进口移动通信设备，同时和外方签订了软件使用许可合同，根据合同的约定向外方支付计算机软件使用费，其中部分软件"固化"在设备的控制盘中，没有单独的载体，其价格在进口设备的发票中单独列明。在该案例中，由于计算机软件是用于或装载于该移动通信设备的，因而与该进口货物有关，同时它也是出口销售的条件，所以该软件使用费应计入完税价格。

例 12 国内某客户向巴黎的服装设计师购买了一件可以转售但不可复制的某款式睡衣，其价格为 1000 美元。另一位国内服装制造商向该设计师购买了一件同样款式的睡衣，其价格为 25000 美元，其中包括在美国独家生产该睡衣的复制费。由于买卖双方未对该睡衣的价格单独确认，所以它没有成交价格。如果其他条件均得到满足，服装制造商购买的睡衣的成交价格应为 1000 美元，而对睡衣复制费的支付则不能成为睡衣完税价格的一部分。

⑤回归卖方的收益

《审价办法》规定，卖方直接或者间接从买方对该货物进口后销售、处置或者使用所得中获得的收益，应当计入完税价格。上述情况通常是指利润分享合同，即合同规定，进口货物进口后在境内销售或使用所得收益的一部分再返还给卖方。这实际上等于货款分多次支付。因此，回归卖方的收益应当计入完税价格。

例 13 某西班牙出口商向国内企业销售一架钢琴，价格为 10 万元。除此之外，国内企业还得按合同规定把转售钢琴所得收入的 50%返还给出口商。为了确定转售收入，首先就得确定钢琴在国内的售价。如果售价能确定，那么回归卖方的收入就能确定，从而成为完税价格的一部分。如果其售价不能在合理时间内确定，那么钢琴的完税价格就不能按成交价格法核估。

（2）不计入项目

《估价协定》第一条注释规定，凡发生在进口国内的成本和费用，只要能与实付或应付价格相区分，则不能成为完税价格的一部分，即货物进口后附加上去的价值不能加计在实付或应付价格中。《审价办法》中也详细地说明了这一点，进口货物的价款中单独列明的下列税收、费用，不计入该货物的完税价格。

①建造/维修费

厂房、机械或者设备等货物进口后发生的建设、安装、装配、维修或者技术援助费用，称为建造/维修费。这些成本或费用，并不构成货物本身的价值，它们的产生是为确保进口货物正确、有效地使用，并发挥其最大价值，因此不应计入完税价格。但这一规定仅限于建造/维修中发生的劳务费用，而对建造/维修中所需要的材料，如从国外进口，则应作为一般进口货物估价征税。

根据《审价办法》，保修费用不同于建造/维修费，不能作为法定扣减因素。保修费用是指对保修期间和保修范围内所发生的维修、返工等各项费用支出。从国际贸易实务角度看，保修费用属于保证成本。一般情况下，保证成本已包括在实付或应付的价格中，海关估价时不予扣除，但保证成本发生后也不再估价征税。例如，在采购机器时，买卖双方约定在某一时间内，该机器部件如果损坏，出口商保证免费更换。这样，买卖双方议定的价格就包括了这一保证成本（一般是按预计替换部件所估算的平均成本）。被替换的部件进口时，进口商向海关提供了有关证明文件。这时，海关处理这类案件的基本原则是无须纳税，因为该部件的关税已付。

②货物进口后发生的运输费用

进口货物的完税价格应包括，该货物运抵我国境内输入地点起卸前发生的运输及其相关费用、保险费。因此，实付或应付的价格中包括的起卸后发生的上述费用不应计入完税价格，但纳税义务人须提供客观可量化的资料，否则这部分费用也不能予以扣除。

③进口关税、进口环节海关代征税及其他国内税

通常情况下，进口关税和国内税应由买方承担，但在一些合同价格条款中，这部分费用却由卖方承担。如果这部分费用由卖方承担，他会将其计入货价中。这部分费用与进口货物无关，不能成为完税价格的一部分。例如，在DDP（完税后交货）价格条件下，实付或应付的价格已包括进口关税和国内税，如果再对其征税，则存在重复征税问题。因此，《关税条例》规定，进口关税和国内税如包括在实付或应付的价格中，应予以扣除。

④为在境内复制进口货物而支付的费用

《审价办法》规定，为在境内复制进口货物而支付的费用不能成为完税价格的一部分。这一规定是与《估价协定》一致的。这是因为，对货物的复制权的支付与进口货物无关，而只是与尚未存在的货物有关。前述例12属于此类情况。

⑤境内外技术培训及境外考察费用

境内外技术培训及境外考察费用，指基于卖方或者与卖方有关的第三方对买方派出的技术人员进行与进口货物有关的技术指导，进口货物的买方支付的培训师资及人员的教学、食宿、交通、医疗保险等其他费用。该费用是对服务的支付，不是对进口货物的支付，因此不能成为完税价格的一部分，条件是必须在进口货物的价款中单独列明。

⑥符合条件的利息费用

同样，买方为购买进口货物而融资所产生的利息，也不能成为完税价格的一部分。这是因为利息是对金融服务的支付，不是对进口货物的支付。根据《审价办法》，同时符合下列条件的利息费用不计入完税价格：利息费用是买方为购买进口货物而融资所产生的；有书面的融资协议的；利息费用单独列明的；纳税义务人可以证明有关利率不高于在融资当时当地此类交易通常应当具有的利率水平，且没有融资安排的相同或者类似进口货物的价格与进口货物的实付、应付价格非常接近的。

例14 延期付款是成套设备和大宗商品交易常用的一种支付方式。基本做法同分期付款类似，买方通常都在签订合同后支付一小部分货款作为定金，其余大部分货款则分为若干期支付。延期付款支付方式项下产生了利息。

国内某运输公司申报进口 80 辆日产的汽车底盘，申报价格为每辆 CIF USD56000，根据合同的规定，该公司需预付外方 10%的货款，剩余款项在到货之日起分 6 次付清，付款期为 3 年，每半年支付一次，每次除支付货款外还向卖方支付利息，利率按 LIBOR（伦敦银行同业拆放利率）加 0.5%的浮动利率计算。此案例中单独列明的利息费用不应计入完税价格。

综上所述，"发票价格"首先满足了成交价格的定义及适用条件，然后确认包含实付、应付价格，再经过"计入项目""不计入项目"的量化调整，才能成为成交价格。如果遇到成交价格不能确定，或者成交价格不符合相关规定及调整项目无法量化等情况，则成交价格法不能使用，需要使用以下估价办法。

（二）相同或类似货物成交价格方法

1. 相同或类似货物成交价格方法的含义

相同或类似货物的成交价格，是在对进口货物（也称被估货物）进行估价时，进口货物成交价格不能成立的条件下，依次采用的第二种和第三种估价方法。依照这两种方法，被估货物完税价格的基础就是与被估货物在同一时间或大约同时（指海关接受货物申报之日前后 45 天内），出口销售至我国境内的相同货物或类似货物的成交价格。从定义可以看到，这两种方法与成交价格法相比都有一个共同点，即以成交价格为基础。最主要的区别则是，成交价格方法是建立在被估货物本身基础之上的，而相同或类似货物的成交价格则是建立在相同货物或类似货物基础之上的。也就是说，相同或类似货物的成交价格是符合第一种方法的要求、曾为海关所接受的某一项进口货物的成交价格。由此可见，在采用这两种方法进行估价时，问题的关键是找到相同货物或类似货物。采用相同或类似货物成交价格方法寻求被估货物的完税价格，可以用下列公式来表示：

被估货物完税价格＝相同（或类似）货物的成交价格＋运保费

2. 相同货物和类似货物的含义

相同货物是指与进口货物在同一国家或者地区生产的，在物理性质、质量和信誉等所有方面都相同的货物，但是表面的微小差异允许存在。

类似货物是指与进口货物在同一国家或者地区生产的，虽然不是在所有方面都相同，但是却具有相似的特征、相似的组成材料、相同的功能，并且在商业中可以互换的货物。

3. 适用相同或类似货物成交价格法的基本要求

按照相同或者类似货物成交价格估价方法审定进口货物的完税价格时，应当使用与该货物具有相同商业水平且进口数量基本一致的相同或者类似货物的成交价格。如果没有相同商业水平和大致相同的数量，可以采用以不同商业水平和不同数量销售的相同或类似进口货物，但必须对因商业水平和数量、运输距离和方式的不同所产生的价格方面的差异作出调整。调整必须以客观量化的数据资料为基础。

按照相同或者类似货物成交价格估价方法审查确定进口货物的完税价格时，应当首先使用同一生产商生产的相同或者类似货物的成交价格。上述价格不存在时，可以使用同一生产国或者地区其他生产商生产的相同或者类似货物的成交价格。如果有多个相同或者类似货物的成交价格，应当以最低的成交价格为基础审查确定进口货物的完税价格。

例15 同一商业水平但不同数量——应作调整

供应商从国外购进一批货物，其成交价格因故未被接受，情况如下：

供应商	数量	单位价格	进口商	商业水平
E	1700	4美元（CIF）	I	批发商

海关或进口商找到下列一笔相同或类似货物：

供应商	数量	单位价格	进口商	商业水平
F	2300	4.75美元（CIF）	R	批发商

经海关调查确认，供应商F是按列表价格销售其货物的。凡购买2000单位以下者，单位价格均为5美元；凡购买2000单位以上者，单位价格均为4.75美元。

从上述列表可以看出，不同的成交量具有不同的单位价格，划分界线是2000单位。相同货物或类似货物成交数量为2300单位，被估货物成交数量为1700单位。很明显，数量上的差别对单位价格产生了影响。前者的销售价格不能作为完税价格的基础。因此，应当对数量水平进行调整，价格的差额为0.25美元。这样，5美元的销售价格就是被估货物完税价格的基础。

（三）倒扣价格方法

1. 倒扣价格估价方法的含义

倒扣价格估价方法，是指海关按照公认的会计原则以进口货物、相同或类似进口货物（上述3种货物简称有关货物）在境内的销售价格为基础，扣除境内发生的有关费用后，审查确定进口货物完税价格的估价方法。这一方法可用下列公式表示：

完税价格＝有关货物境内销售价格－境内发生的有关费用

2. 销售价格的基本要求

根据《审价办法》第二十三条的规定，销售价格应符合下列条件：

（1）销售价格是有关货物按进口时的状态在境内销售的价格。有关货物按进口时原状转售，不允许外观和内容方面的改变，这是转售价格的基本要求。不符合这一要求的有关货物的销售价格，不得作为倒扣价格的基础。

（2）销售价格是指在该货物进口的同时或者大约同时，该货物、相同或者类似进口货物在境内销售的价格。"大约同时"，是指在海关接受被估的进口货物申报进口之日的前后各45天以内。如果找不到有关货物同时或大约同时的转售价格，可以采用被估货物进口后90天内的价格作为倒扣价格的基础。

（3）销售价格是在境内第一环节销售的价格。所谓"境内第一环节"，是指有关货物进口后的第一商业环节销售形态。在通常情况下，有关货物是分批次转售出去的，且价格可能各不相同，但它们都必须是在境内第一环节的销售价格。当然，如果有关货物一次全部转手，其价格就是境内第一环节的销售价格。

（4）销售价格是向境内无特殊关系方销售的价格。这一要件表明，有关货物的买卖双方不能有特殊关系存在，如果双方存在特殊关系（不论是否影响价格），则转售价格不得适用。所谓特殊关系，是指《审价办法》附则中所规定的关系。

（5）按照该价格销售的货物合计销售总量最大。这一要件有两层含义：一是销售价格是有关货物的单位价格；二是有关货物单位价格的求得方法。

例16 如何求得有关货物的单位价格

下面是一份出售某种货物的价格清单。根据这份价格清单，对购买数量较大的购买者给予价格优惠。购买的数量越大，单位价格越低；购买的数量越小，单位价格越高。

销售量	单位价格	销售次数	各单位价格销售总量
1~10个单位	100	5个单位的销售10次 3个单位的销售5次	65
11~25个单位	95	11个单位的销售5次	55
25个单位以上	90	30个单位的销售1次 50个单位的销售1次	80

从价格清单中可以看出，以某一种价格销售的最大数量是80，与这个数量相对的单位价格是90，那么这种货物最大销售总量的单位价格便是90。

3. 销售价格的扣减因素

销售价格并不是完税价格，它只是海关审定完税价格的起点或基础，只有将其扣除若干法定因素后才能作为完税价格。根据《审价办法》的规定，下列因素应予以扣除：

（1）该货物的同等级或者同种类货物在境内第一销售环节销售时，通常的利润和一般费用及通常支付的佣金；

（2）货物运抵境内输入地点起卸后的运输及其相关费用、保险费；

（3）进口关税、进口环节海关代征税及其他国内税。

如果有关货物不存在按进口原状转售的情况，可以使用经进一步加工的货物的销售价格为基础，求得被估货物的完税价格，即该货物的销售价格扣除上述3项税费后再扣除加工增值额的价格即为完税价格。

（四）计算价格方法

1. 计算价格法的构成要素

计算价格方法，有时称为估算价格方法或结构价格方法，是第5种估价方法。所谓计算价格法，是指海关根据生产商提供的价格资料，采用与生产国公认的会计准则相一致的原则和方法，将被估货物的生产成本及其他成本相加，从而求得完税价格的方法。进口货物的完税价格由下列各项总和构成：

（1）生产该货物所使用的料件成本和加工费用。

该项成本或费用，是指国外厂商生产被估货物实际发生的原材料成本和制造或加工成本。这两项成本或费用应根据境外厂商提供的有关资料确定。

（2）向境内销售同等级或者同种类货物通常的利润和一般费用。

这里，"同等级或者同种类货物"的范围仅限于源于与被估货物同一国家向我国境内出口销售的货物。"利润和一般费用"应当根据境外生产商提供的资料来确定。如果该资料所反映的数据与其他生产商向境内出口销售的同等级或同种类货物的数据不一致时，海关可以使用其他资料来确定。其中，"一般费用"包括有关货物的生产和销售的直接费用及间接费用。

（3）货物运抵境内输入地点起卸前的运输及其相关费用、保险费。

2. 价格资料

计算价格方法和前4种估价方法有很大的区别，它既不是以成交价格，也不是以在境内的转售价格作为基础，它是以发生在生产国的生产成本作为基础。也就是说，使用这种方法必须依据境外的生产商提供的成本方面的资料，而有关资料的获取通常会受到方方面面的限制。因此，这种方法的使用有相当大的局限性。从国外的情况来看，这种方法也是使用率最低的一种方法。

此外，海关在核实有关价格资料时，应征得厂商的同意并通知其政府。

（五）合理方法

成交价格法、相同货物成交价格法、类似货物成交价格法、倒扣价格法及计算价格法，是海关估价的5种具体方法。在一般情况下，这5种具体方法就能解决进口货物估价问题。但也存在这5种具体方法均无法适用的情况，这时，海关可以根据《审价办法》的原则，适当放宽条件灵活适用5种具体方法核估，即为合理方法，又叫重复使用法。在适用合理方法时应当遵循5种具体方法的使用顺序。

在使用合理估价方法仍不能解决估价问题时，《审价办法》第二十七条对估价方法的使用进行了限制，即允许灵活适用5种具体的估价方法，但禁止使用以下5种价格。

1. 国产货物在境内的销售价格。

境内生产的货物在境内的销售价格，也就是将在我国境内生产的货物的销售价格作为同类进口货物的完税价格。这种方法之所以被禁止，就是因为理论上，国内价格等于进口货物价格加关税，如果将内销价格作为完税价格的基础，等于对进口关税也征税了。

2. 可供选择的价格中较高的价格。

禁止使用这种估价方法是建立在"精明买者"基础之上的，同样的货物如果存在多种价格，作为一个精明的买者，自然要选择较低的价格。在适用相同或类似货物成交价格时，海关或进口商可能会找到多种符合要求的相同或类似货物，从而存在着多种价格供选择。在这种情况下，海关应选择较低的价格作为完税价格，而不应选择较高的价格作为完税价格。

3. 出口到第三国（地区）货物的销售价格和货物在出口地市场的销售价格。

出口商通常根据不同的情况制定不同的销售战略，对销往不同国家（地区）的同样货物制定不同的价格。例如，日本制造商对同样的货物销往我国香港的价格可能较高而销往我国内地的价格可能较低。在这种情况下，我们不能因其销往香港的价格高而拒绝接受给予内地进口商的较低价格。这是因为香港与内地是两个相互独立的市场，输入香港的价格不能成为支配内地市场的完税价格。同理，货物在出口地市场的销售价格，也可能就是较高的价格，因此，也不能将出口国国内的市场价格（内销价格）作为海关估价的基础。

4. 以计算价格规定之外的价值或者费用计算的相同或者类似货物的价格。

这就是说，在使用计算价格方法时，有关价值或费用只能按计算价格所列明的3个项目来计算，不能超出上述范围。

5. 最低限价或武断、虚构的价格。

最低限价是一国实行贸易壁垒增加财政收入的工具，而武断或虚构的价格则是不依据市场事实而确定完税价格。我国过去曾实行过这种估价制度，如参考价格，绝大部分不是真正意义上的相同或类似货物的成交价格，而是根据国际市场的行情价格综合平衡的一种价格，属于正常价格范畴。我国将这两种估价方法作为禁止性规范写入《审价办法》，是我国海关估价制度的进步，有利于发展对外贸易。

（七）运输及其相关费用、保险费

1951年，我国制定实施的《中华人民共和国暂行海关法》采用到岸价格（CIF价格[①]），作为海关估价的价格基础。此后，这一惯常做法一直延续下来。虽然在不同的进口贸易中会采用不同的价格术语，如FOB价格[②]、CFR价格[③]等，但最后都要换算成CIF价格。由此可知，货物运抵中国境内输入地点起卸前的运输及其相关费用、保险费，必须计入完税价格。在前述估价办法中涉及的运保费，统一在此处阐述。

1. 运保费的含义

本教材中的运保费是指货物运抵中国境内输入地点起卸前的运输及其相关费用、保险费。

（1）运输费用

运输费用是指进口货物从交货地点运输至进口港口或者进口地点的运输费用，它不仅包括从出口国（地区）到进口国（地区）的运费，而且应当包括由买方负担的在出口国（地区）发生的运费。例如，在工厂交货（EXW）条件下，运费就应当包括从卖方交货点（工厂或仓库）至货物输入我国境内起卸前发生的全部运费。

[①] 根据《Incoterms® 2020》（《国际贸易术语解释通则2020》），CIF 术语为"Cost, Insurance and Freight"，指卖方在约定的装运港船上交货，代办运输和保险。在此术语下约定的价格为 CIF 价格，包含运输费用和保险费。

[②] 根据《Incoterms® 2020》（《国际贸易术语解释通则2020》），FOB 术语为"Free On Board"，指卖方在约定的装运港船上交货。在此术语下约定的价格为 FOB 价格，不包含运输费用和保险费。

[③] 根据《Incoterms® 2020》（《国际贸易术语解释通则2020》），CFR 术语为"Cost and Freight"，指卖方在约定的装运港船上交货，代办运输。在此术语下约定的价格为 CFR 价格，包含运输费用，不包含保险费。

（2）与运输相关的费用、保险费

与运输相关的费用，是指与货物运输有关的费用，即被估货物输入我国境内起卸前发生的装卸、处理费用，如在运输过程中发生的货物的搬运费、临时仓储费、冷藏费、动物饲养费，以及破损货物的分拣费用、运输代理佣金、集装箱清洗费、机场费、港口费等，这些都属于广义的运费的范畴。值得注意的是，滞期费、速遣费作为与运输相关的费用，如经海关审核能够认定的，应对完税价格作相应的增或减。

与运输相关的保险费，是指在被估货物运往进口港或进口地的过程中，为防止货物受损或丢失而所投保险的费用，但不包括为可能获得的商业利润所投的保险费用。

明确"输入地点"这一概念，是为了准确、合理地界定应计入进口货物完税价格的运保费的标准。根据相关规定，"输入地点"是指在承载进口货物的国际航行运输工具进入我国关境后，进口货物首次离开该运输工具的地点。

例 17 买卖双方签订了一份销售协议，协议规定的成交价格条款为 FOB 美国主港，单价为 80USD/个，货物经上海口岸进口，但并没有发生卸货行为，而是根据收货人的授意，用原运输工具直接运往南京港并完成最终卸货。在这种情况下，运保费应计算至南京港。

2. 运保费的计算

（1）运费的计算

进口货物的运费，应当按照实际支付的费用计算。进口货物的运费无法确定的，海关应当按照该货物的实际运输成本或者该货物进口同期运输行业公布的运费率（额）计算运费。进口货物的运费无法确定的情形主要有：卖方或第三方免费提供运输，或者买方用自有运输工具运入。无论上述哪种情况，运输成本都是客观存在的。如果其运输成本能够客观量化，则以实际发生的运输成本计入完税价格；如果不能客观量化，则海关应当按照该货物的实际运输成本或者该货物进口同期运输行业公布的运费率（额）计算运费。

运输工具作为进口货物，利用自身动力进境的，海关在审查确定完税价格时，不再另行计入运费。例如，从陆地口岸进境的汽车、飞机等。

（2）保险费的计算

进口货物的保险费，应当按照实际支付的费用计算。进口货物的保险费无法确定的或者未实际发生的，海关应当按照货价和运费总额的3‰计算保险费，其计算公式如下：

保险费 =（货价+运费）×3‰

邮运进口的货物，应当以邮费作为运输及其相关费用、保险费。以境外边境口岸价格条件成交的铁路或者公路运输进口货物，海关应当按照境外边境口岸价格的1%计算运输及其相关费用、保险费。

二、内销保税货物完税价格的确定

海关审定内销保税货物完税价格的做法与审定一般进口货物完税价格的做法有所

区别。关于内销保税货物完税价格的确定方法，《内销保税货物审价办法》中有详细的说明。但涉嫌走私的内销保税货物计税价格的核定不适用该办法。在《内销保税货物审价办法》中涉及规定保税货物从货物监管方式角度可分为保税加工货物，保税物流货物，研发、检测、展示货物3种；从货物类型角度可分为料件、制成品、边角料、废品、残次品和副产品等多种类型；从保税货物存放场所角度可分为特殊监管区外、保税区内、除保税区以外的其他特殊监管区内3种。具体分类情况如表2-1所示。

表 2-1　内销保税货物的分类

特殊监管区外	特殊监管区内	
	保税区	其他特殊监管区
保税加工进口料件、制成品，包括残次品	保税加工进口料件、制成品	保税加工进口料件、制成品
保税加工边角料和副产品	保税加工边角料、废品、残次品和副产品	
—	保税物流货物	
—	研发、检测、展示货物	

（一）海关特殊监管区域外保税加工货物内销估价方法

1. 进料加工进口料件或者制成品（包括残次品）内销完税价格的确定

进料加工进口料件或者其制成品（包括残次品）内销时，海关以料件原进口成交价格为基础审查确定完税价格。

属于料件分批进口，并且内销时不能确定料件原进口对应批次的，海关可按照同项号、同品名和同税号的原则，以其合同有效期内或电子账册核销周期内已进口料件的成交价格计算所得的加权平均价为基础审查确定完税价格。

合同有效期内或电子账册核销周期内已进口料件的成交价格加权平均价难以计算或者难以确定的，海关以客观可量化的当期进口料件成交价格的加权平均价为基础审查确定完税价格。

2. 来料加工进口料件或其制成品（包括残次品）内销完税价格的确定

来料加工进口料件或者其制成品（包括残次品）内销时，海关以接受内销申报的同时或者大约同时进口的与料件相同或者类似的保税货物的进口成交价格为基础审查确定完税价格。

3. 保税加工的边角料或副产品内销完税价格的确定

加工企业内销的加工过程中产生的边角料或者副产品，以其内销价格为基础审查确定完税价格。

副产品并非全部使用保税料件生产所得的，海关以保税料件在投入成本核算中所占比重计算结果为基础审查确定完税价格。

按照规定需要以残留价值征税的受灾保税货物，海关以其内销价格为基础审查确定完税价格。按照规定应折算成料件征税的，海关以各项保税料件占构成制成品（包括残次品）全部料件的价值比重计算结果为基础审查确定完税价格。

边角料、副产品和按照规定需要以残留价值征税的受灾保税货物经海关允许采用拍卖方式内销时，海关以其拍卖价格为基础审查确定完税价格。

4. 深加工结转货物内销完税价格的确定

深加工结转货物内销时，海关以该结转货物的结转价格为基础审查确定完税价格。

（二）保税区内保税加工企业内销进口料件或者其制成品内销估价方法

保税区内企业内销的保税加工进口料件或者其制成品，海关以其内销价格为基础审查确定完税价格。

保税区内企业内销的保税加工制成品中，如果含有从境内采购的料件，海关以制成品所含从境外购入料件的原进口成交价格为基础审查确定完税价格。

保税区内企业内销的保税加工进口料件或者其制成品的完税价格依据本条前两款规定不能确定的，海关以接受内销申报的同时或者大约同时内销的相同或者类似的保税货物的内销价格为基础审查确定完税价格。

（三）海关特殊监管区内（保税区除外）保税加工企业内销进口料件或者其制成品内销估价方法

除保税区以外的海关特殊监管区域内企业内销的保税加工料件或者其制成品，以其内销价格为基础审查确定完税价格。

除保税区以外的海关特殊监管区域内企业内销的保税加工料件或者其制成品的内销价格不能确定的，海关以接受内销申报的同时或者大约同时内销的相同或者类似的保税货物的内销价格为基础审查确定完税价格。

除保税区以外的海关特殊监管区域内企业内销的保税加工制成品、相同或者类似的保税货物的内销价格不能确定的，海关以生产该货物的成本、利润和一般费用计算所得的价格为基础审查确定完税价格。

（四）海关特殊监管区域内保税加工企业内销边角料、废品、残次品和副产品内销估价方法

海关特殊监管区域内企业内销的保税加工过程中产生的边角料、废品、残次品和副产品，以其内销价格为基础审查确定完税价格。海关特殊监管区域内企业经海关允许采用拍卖方式内销的边角料、废品、残次品和副产品，海关以其拍卖价格为基础审查确定完税价格。

（五）海关特殊监管区域、保税监管场所内保税物流货物内销估价方法

海关特殊监管区域、保税监管场所内企业内销的保税物流货物，海关以该货物运出海关特殊监管区域、保税监管场所时的内销价格为基础审查确定完税价格。该内销价格包含的能够单独列明的海关特殊监管区域、保税监管场所内发生的保险费、仓储费和运输及其相关费用，不计入完税价格。

（六）海关特殊监管区域内企业内销的研发货物，检测、展示货物估价方法

海关特殊监管区域内企业内销的研发货物，海关依据《内销保税货物审价办法》第八条、第九条、第十条的规定审查确定完税价格。海关特殊监管区域内企业内销的检测、展示货物，海关依据《内销保税货物审价办法》第十一条的规定审查确定完税价格。

内销保税货物的完税价格不能依据上述方法确定时，海关将依次适用相同货物成交价格方法、类似货物成交价格方法、倒扣价格方法、计算价格方法、合理方法予以确定，具体做法与一般进口货物完税价格的确定相似，其中倒扣价格方法与计算价格方法可以颠倒顺序。

三、其他特殊进口货物完税价格的确定

（一）出境修理复进境货物的估价方法

由于出境修理货物通常是从境外购买的，当初进口时，海关已对该货物估价征税，因此，当该货物受损后出境修理复进口时，海关只能根据修理该货物所发生的修理费和料件费来估定其完税价格。至于复进口发生的运保费，则很难分摊到修理费和料件费中。如果将运保费全部计入完税价格，就会发生重复征税现象，因为该货物当初进口时，其完税价格已包含了运保费。基于此种考虑，《关税条例》规定，运往境外修理的机械器具、运输工具或者其他货物，出境时已向海关报明并在海关规定的期限内复运进境的，应当以境外修理费和料件费来审查确定完税价格。

出境修理货物的情况比较复杂。通常情况下，原进口时买卖双方会签订免费保修协议，且保修费已含在货价中，因此，在免费保修期间，货物受损出境修理复进口时，海关是不征税的。

（二）出境加工复进境货物的估价方法

运往境外加工的货物，出境时已向海关报明并在海关规定的期限内复运进境的，应当以境外加工费、料件费、复运进境的运输及其相关费用和保险费来审查确定完税价格。这一原则所体现的估价方法实际上就是合理方法，它是计算价格方法的合理运用。

（三）暂时进境货物的估价方法

我国将暂时进出境的货物分为两类，实行不同的管理。一类是免税暂时进境货物，一类是征税暂时进境货物。对于前者，其免税待遇是有条件的，即按规定期限复运出境，否则应依法纳税。

由于该货物的所有权仍归属出口方，不存在销售，因此，不适用成交价格法，只能适用替代性估价方法。对于在海关规定期限不复运出境而由国内用户留购的，则以海关审定的留购价格为完税价格。

（四）租赁进口货物的估价方法

以租赁方式进口的货物，按照下列方法核估完税价格：

1. 以租金方式对外支付的租赁货物，在租赁期间以海关审查确定的租金作为完税价格，利息应当予以计入。这是因为，放行前一次性缴纳关税是海关监管的一项基本原则。为促进租赁贸易的发展，我国在关税立法中对该原则进行了变通，允许承租人分期纳税，这实际上是延长了其纳税期限。基于权利与义务平衡的原则，《审价办法》规定，如果纳税人希望根据租金的支付期分别缴纳的，则应计入期间发生的利息。

2. 留购的租赁货物以海关审查确定的留购价格作为完税价格。承租人为了获得租赁物的所有权，通常会在协议中约定一个形式上的留购价格。经海关审查后，如果有证据证明，承租人前期支付的租金已经包含了租赁物的所有价格，而留购行为只起到转移所有权的作用，则无须对该留购价格进行调整。否则，海关将根据留购时被估货物的实际状态另行估价。

3. 纳税义务人申请一次性缴纳税款的，可以选择替代性核估方法核估完税价格，或者以租金总额作为完税价格。这一规定意味着，纳税义务人申请一次性缴纳税款的，有两种选择权：按替代性估价方法确定完税价格；以租金总额作为完税价格。

（五）减免税货物的估价方法

减税或者免税进口的货物应当补税时，应以海关审查确定的该货物原进口时的价格为基础，扣除折旧部分价值作为完税价格，其计算公式如下：

完税价格＝海关审查确定的货物原进口时的价格×［1－补税时实际已进口的时间（月）÷（监管年限×12）］

上述计算公式中，"补税时实际已进口的时间"按月计算，不足1个月但是超过15日的，按照1个月计算；不超过15日的，不予计算。

（六）不存在成交价格的进口货物估价方法

易货贸易、寄售、捐赠、赠送等不存在成交价格的进口货物，海关与纳税义务人进行价格磋商后，依次以下列方法审查确定该货物的完税价格：① 相同货物成交价格估价方法；② 类似货物成交价格估价方法；③ 倒扣价格估价方法；④ 计算价格估价方法；⑤ 合理方法。其中，倒扣价格法和计算价格法可以颠倒次序。

（七）进口载有专供数据处理设备用软件的介质估价方法

根据中国加入世界贸易组织的承诺，中国在"入世"后两年内实施《估价协定》、估价委员会决定3.1和4.1。其中，决定4.1是关于对供数据处理设备用载有软件的介质的估价方法。《审价办法》第三十四条是由决定4.1转化而来的。该条规定，进口载有专供数据处理设备用软件的介质，具有下列情形之一的，应当以介质本身的价值或者成本为基础审查确定完税价格：①介质本身的价值或者成本与所载软件的价值分列；②介质本身的价值或者成本与所载软件的价值虽未分列，但是纳税义务人能够提供介质本身的价值或者成本的证明文件,或者能提供所载软件价值的证明文件。但含有美术、摄影、声音、图像、影视、游戏、电子出版物的介质不适用上述规定。

上述"介质",指《进出口税则》中税目85.23项下的商品,即已灌(录)音或录制其他信息的唱片、磁带及其他媒体,包括供复制用的母片及母带,但不包括《进出口税则》第三十七章的感光胶片、胶卷、感光纸等产品。因此,集成电路、计算机芯片等,不属于税目85.23项下的商品,即使在集成电路、计算机芯片中已经固化了电子数据、指令、信息等类似内容的,海关仍需以其总价值确定完税价格。

(八)跨境电商零售进口货物的估价方法

根据《财政部、海关总署、国家税务总局关于跨境电子商务零售进口税收政策的通知》(以下简称《关于跨境电子商务零售进口税收政策的通知》,财关税〔2016〕18号)的有关规定,跨境电子商务零售进口商品按照货物征收关税和进口环节增值税、消费税,完税价格为实际交易价格,包括商品零售价格、运费和保险费。

第三节 出口货物完税价格的确定

一、出口货物完税价格概述

对于出口货物,同样存在完税价格的审定问题。由于世界各国对出口一般不征税或对很小部分的商品征税,所以对出口商品完税价格确定的方法较为简单。其与进口货物完税价格的确定方法基本一致,包括成交价格方法、相同或类似货物成交价格方法、计算价格方法、合理方法。值得注意的是,进口完税价格审定以 CIF 价为基础,而出口则以 FOB 价为审价基础。

二、出口货物完税价格的确定

(一)成交价格方法

根据《审价办法》第三十八条的规定,出口货物的完税价格由海关以该货物的成交价格为基础审查确定,并且应当包括货物运至中华人民共和国境内输出地点装载前的运输及其相关费用、保险费。上述规定是关于出口货物价格准则的规定,也是原则性估价方法,即成交价格法。根据这一规定,出口货物完税价格计算公式如下:

出口货物的完税价格=成交价格-调整因素+运保费

1. 成交价格的定义

出口货物的成交价格,是指该货物出口销售时,卖方为出口该货物应当向买方直接收取和间接收取的价款总额。

出口货物成交价格的定义是从进口货物成交价格的定义引申而来的。根据我国的"入世"承诺,我国海关在估价时应首先使用成交价格原则,但是《估价协定》规定的成交价格仅针对进口行为，我国海关在立法过程中，为了保持对于进出口货物估价管理的一致性原则，对于出口货物同样采用了成交价格原则。出口货物的成交价格包括两个核心内容，分别是出口销售、直接收取和间接收取的价款总额。

（1）出口销售

出口销售是确定出口货物是否存在成交价格的前提条件。本教材在进口货物成交价格中已解释了销售的概念，这里不再重复。但应注意的是，在出口货物的估价过程中，销售货物的卖方为我国企业，而买方为境外企业。这里所述的我国企业和境外企业不能简单地视为地理上的概念，而应以销售合同的交易双方作为审查的重点。

例如，国内 A 企业将货物销售给国内 B 企业，而国内 B 企业在境外设立了非独立法人的分支机构。虽然销售合同上买卖双方分别为国内 A 企业和国内 B 企业，但是根据交易安排，卖方 A 企业需要将该货物出口至国内 B 企业设立在境外的分支机构。因此，虽然买方 B 企业也为国内企业，但是国内 A 企业与国内 B 企业之间的交易构成了出口销售行为。如果销售价格符合其他条件的，应以该价格作为出口货物完税价格的基础。同理，如果交易双方均为境外企业，但是只要有证据表明，正是该交易导致了货物将发生从我国境内运往境外的行为的，同样应视为符合出口销售的规定。

（2）"为出口该货物"

海关估价针对的是有形货品。在国际贸易中，除了涉及实体货物的货物贸易以外，还存在多种形式的服务贸易、与贸易有关的知识产权等交易，被交易的对象既包括有形货品，也包括服务、知识、技术等无形货品。如果买卖双方因交易服务、知识、技术等无形货品而发生了款项支付，则该类款项就不属于海关估价的管辖范围，除非有证据表明这些服务、知识、技术等无形货品是随附于有形货品同时交易的。增加了"为出口该货物"的定语，澄清了海关估价的管理对象，海关估价只针对有形货品的价款，买方因服务贸易或者购买无形货品而向我国卖方支付的款项不属于海关估价的管辖范围，而应由国内税务部门依法征管。

（3）直接收取和间接收取

出口货物的成交价格应包括我国卖方向国外买方直接收取和间接收取的款项总额。其中，直接收取是我国卖方直接向国外买方收取的款项，而间接收取是指国外买方根据我国卖方的要求，将货款全部或部分支付给第三方，或冲抵买卖双方之间的其他资金往来。虽然前述款项可能并未直接进入卖方的账户，但是相关的权益已经通过间接方式得到体现，例如，抵偿了所欠的债务等。

通常情况下，我国卖方会要求国外买方直接向其支付款项。但是，如果卖方出于某种考虑，要求买方将全部或部分款项支付给第三方，只要所述支付义务是买方为了购买被估的出口货物而必须承担的，则无论买方根据我国卖方的要求将货款支付给谁，并不改变最终的估价结论，均以买方应支付的全部款项确定完税价格。

如果卖方销售的货物为专利产品、含有版权的产品或含有其他无形资产的产品，且买卖双方在交易时，卖方要求买方将部分款项直接支付给权利所有人，作为卖方销售被估货物的前提条件。此时，买方根据卖方的要求直接支付给权利所有人的款项，也属于应计入出口货物完税价格的间接支付。

2. 成交价格调整项目

根据《审价办法》第四十条的规定，下列税收、费用不计入出口货物的完税价格。

（1）出口关税

根据《国际贸易术语解释通则》，对于出口货物，除工厂交货以外，通常情况下，价格条件都是由卖方办理缴纳出口关税的手续。因此，应税出口货物的成交价格中，一般包含了出口关税。如果不予以扣除，将会出现重复征税的情况。所以，出口货物价格中包含的出口关税应予以扣除。此外，由于出口关税是出口货物的价内税，如果在出口货物的价格中内含了该部分税款，则该出口货物的完税价格计算公式为：

出口货物的完税价格=（CIF-国际运保费）÷（1+出口关税税率）

当然，如果出口货物的价格中未含有出口关税，则不予扣除。

（2）在货物价款中单独列明的货物运至我国境内输出地点装载后的运输及其相关费用、保险费

出口货物完税价格的计征标准为：该货物的成交价格及货物运至我国境内输出地点装载前的运输及相关费用、保险费。如果出口货物的销售价格中包含了国际段运输及保险费用，该费用不应计入被估货物的完税价格。例如，成交方式为CIF进口港贸易方式，国际段运输及保险费由我国出口商承担。如果国际段运输及保险费与货物的价款是分列的，则应将国际段运输及保险费从销售价格中进行扣除；如果国际段运输及保险费用与销售价格没有分列，且没有国际段运输及保险费用的客观、可量化数据的，则所述运保费用不得从销售价格中进行扣除。

（3）在货物价款中单独列明由卖方承担的佣金

通常情况下，佣金协议及佣金的支付与货物销售行为是分列的，即卖方向买方出具销售发票，收取货款，随后自代理人处收取发票，支付佣金。在这种情况下，卖方承担的佣金与出口货物的完税价格无关，在确定完税价格时也无须考虑卖方支付佣金的情况，而是以卖方向买方直接收取或间接收取的总金额确定完税价格。但是，如果卖方要求买方代为支付佣金，虽然销售发票中约定了交易的总金额，但卖方要求买方将部分款项直接支付给卖方的代理人，此时，应以销售总价扣除佣金部分的净额后，确定被估货物的完税价格。本条同时规定了可以扣除的佣金应是在货物价款中单独列明的，如果货物价款中未予列明，则所述佣金部分不得扣除。

（二）除成交价格之外的估价方法

当出口货物的成交价格不能确定的，海关经了解有关情况，并且与纳税义务人进行价格磋商后，依次以下列价格审查确定该货物的完税价格。

1. 相同或类似货物成交价格方法

可以使用同时或者大约同时向同一国家或者地区出口的相同或类似货物的成交价格作为确定完税价格的基础。具体规定参见进口货物完税价格确定的相关内容。

2. 计算价格方法

计算价格法是指根据境内生产相同或者类似货物的成本、利润和一般费用（包括直接费用和间接费用）、境内发生的运输及其相关费用、保险费计算所得的价格，并以

此作为出口货物完税价格的审定基础。

3. 合理方法

若以上方法均不适用，则选择适用合理方法。合理方法是指适当放宽条件灵活适用4种具体方法（成交价格法、相同货物成交价格法、类似货物成交价格法、计算价格法）。

（三）运保费

根据《审价办法》第三十八条的规定，出口货物的完税价格中应当包括"货物运至中华人民共和国境内输出地点装载前的运输及其相关费用、保险费"。值得注意的是，这里运保费的规定与进口货物完税价格中包含的"货物运抵中华人民共和国境内输入地点起卸前的运输及其相关费用、保险费"不同。我们可以简略理解为进口货物完税价格中包含的运保费为"国际段运保费"，而出口货物完税价格中包含的应是"国内段运保费"。在前面出口货物成交价格调整项目的阐述中，也已明确了出口货物完税价格不包含"国际段运保费"。

因此，在使用以上出口货物完税价格审定方法时，需要计入"国内段运保费"，若已包含"国际段运保费"，需要进行扣减。

第四节　进出口货物完税价格的海关审查

完税价格的审查确定，又称海关审价，是指海关根据价格准则，确定进出口货物完税价格的行为。所谓审查，是指海关根据价格准则对纳税义务人的申报价格所进行的审查；所谓确定，是指对完税价格的确定。凡符合价格准则的，可以使用成交价格法来确定完税价格，确定的申报价格就是被估货物的完税价格，或是对申报价格进行调整，以调整的价格作为被估货物的完税价格；不符合这一价格准则的，改用替代性估价方法估定被估货物的完税价格。实际上，完税价格的审定过程，是海关与纳税义务人的互动过程。

自海关总署2016年第62号公告发布以来，企业自主申报、自行缴税（以下简称"自报自缴"）的新模式逐步试点并推广，这是海关在税收征管方式改革中的重大举措，对进出口货物完税价格的海关审查作业影响深远。本节将围绕这一变化，介绍企业角度申报操作的变化，阐述海关审查的环节与具体操作，以及纳税义务人的权利及义务。

一、"自报自缴"模式下，企业申报工作

海关总署2016年第62号公告规定：进出口企业、单位在办理海关预录入时，应当如实、规范填报报关单各项目，利用预录入系统的海关计税（费）服务工具计算应缴纳的相关税费，并对系统显示的税费计算结果进行确认，连同报关单预录入内容一并提交海关。

（一）报关单申报

在海关总署2016年第62号公告中明确规定，企业应当：①如实规范填报报关单各项目；②利用计税（费）服务工具计算、确认应缴税费，并连同报关单一并提交。

1. 报关单项目如实规范申报

企业向海关提交报关单应先确认：报关单证是否相符，是否存在逻辑错误；电子数据报关单与随附单证中的相关内容是否相符，是否存在逻辑错误。并对申报单证的以下内容进行重点审核：

（1）进口合同

合同标的物条款：商品名称、质量等级、规格型号、单价、总价、成交数量、计量单位和包装条款等。合同价格条款：贸易术语、价格构成、计价币种等；合同运输条款：运输方式、运输责任、装运时间、装运港、目的港等；合同支付条款：支付方式、支付时间、支付币种等；合同保险条款：投保人、保险种类、投保金额等；合同其他条款：检验条款、免责条款、索赔条款、法律适用条款、仲裁条款等。合同各项条款是否符合商业和国际贸易惯例，是否存在《审价办法》第十一条规定的相关加项费用或价值。

（2）商业单据

发票所列内容是否与合同相符；转口贸易进口货物须提供原厂发票；结付汇凭证金额是否与合同、发票及申报价格相符；结算方式是否与合同、发票、申报情况一致；申请人和受益人（L/C项下）是否与合同、发票、申报情况相符；其他结算方式下，收款人和付款人是否与合同、发票、申报情况相符；运输单据内容是否与合同、发票、保险单、结付汇凭证和申报内容相符；运费是否合理；保险条款、投保金额是否与合同、发票相符。

（3）报关单相关项目

进口货物的商品名称、规格型号、质量等级、品牌、成交数量、计量单位、包装、原产国（地区）、贸易国（地区）、贸易方式、成交价格、成交方式和运保杂费等是否合理规范。

2. 税费信息的计算与提交

企业可以利用预录入系统的海关计税（费）服务工具计算应缴纳的相关税费，并对系统显示的税费计算结果进行确认，连同报关单预录入内容一并提交海关。

（二）企业主动补充申报

补充申报是指进出口货物的收发货人、受委托的报关企业依照有关行政法规和海关规章的要求，在海关进（出）口货物报关单之外，采用补充申报单的形式，向海关进一步申报为确定货物完税价格、商品归类、原产地等所需的信息的行为。

企业在申报时如遇以下情形，可以进行补充申报：

①进口货物，需要说明买卖双方之间关系的，企业应当如实提供相关证明材料。

②进口货物，需要说明交易条件的，企业应当如实提供与货物买卖有关的支付凭证，以及证明申报价格真实、准确的其他商业单证、书面资料和电子数据。

③进口货物，需要说明各项费用情况的，应如实申报价格调整项目或运输及其相关费用；如果需要分摊计算的，纳税义务人应当根据客观量化的标准进行分摊，并且向海关提供分摊的依据。

进出口货物的收发货人、受委托的报关企业主动向海关进行补充申报的，应在向海关申报电子数据报关单时，一并通过系统申报电子数据补充申报单。

收发货人、报关企业应按要求如实、完整地填写补充申报单，并对补充申报内容的真实性、准确性承担相应的法律责任。补充申报的内容是对报关单申报内容的有效补充，不得与报关单填报的内容相抵触。

报关单申报以后，如果未被各种税收风险参数捕捉到的，进出口企业、单位在收到海关通关系统发送的回执后，自行办理相关税费缴纳手续。如不涉及查验货物的，报关单将自动放行。

二、海关审查的环节

海关总署2016年第62号公告规定：货物放行后，海关对进出口企业、单位申报的价格、归类、原产地等税收要素进行抽查审核；特殊情况下，海关实施放行前的税收要素审核。相关进出口企业、单位应当根据海关要求，配合海关做好税收征管工作。以上表明海关审查会发生在两个环节：一是报关单放行后，即税收要素审核后置；二是报关单申报后、放行前，即放行前的税收要素审核。

（一）税收要素审核后置

在报关单放行后，海关税管局会按比例复核单据，将有价格疑点的报关单转给现场验估岗位。现场验估岗位与企业联系，按照《审价办法》第六章的作业要求，主要分3种情况：①人工审核后确定申报价格无误；②人工审核后进入价格质疑程序；③人工审核后不进入价格质疑程序或价格磋商程序。

（二）放行前的税收要素审核

报关单申报后放行前被各种税收风险参数捕捉到的，也会转到现场验估岗位。由现场验估岗位审核报关价格数据，并与企业取得联系，具体情况同上。

以上两种由海关人工审核涉税要素的情况，在实际操作中的比例很小。如果企业在能够保证如实、规范申报，并做到必要时主动进行补充申报，可以进一步降低人工审核概率，减少不必要的风险。

三、海关审查的具体操作

通过前文的阐述，我们可以了解到海关对进出口货物完税价格的审查工作包括审查报关单证及相关信息，价格质疑和价格磋商。

（一）审查报关单证及相关信息

1. 审查报关单证

海关审查的报关单证主要包括进口合同、商业单证、报关单等。前文详细阐述了企业申报的具体内容与规范，海关审查内容与企业的申报内容和规范相似，在此不再赘述。

2. 审查交易情况

买卖双方交易（销售）事实的存在，是成交价格得以成立的前提。另外，交易双方是否符合《审价办法》的规定也是海关审查的重要内容。货物的交易是否符合向我国境内出口销售要求，交易双方是否符合买方卖方的定义尤为重要，如果交易的实际情况不能满足以上要求，成交价格法也就无法适用。

3. 申报价格是否包括全部实付或应付金额

进口货物的成交价格，不仅要符合向我国境内销售这一要件，还要符合实付或应付的价格的要求，即不论直接支付的价款还是间接支付的价款，都必须计入货价中。

4. 申报价格是否满足货物价格成立的条件

对申报价格进行审查，如存在下列事实，则申报价格不符合价格定义，须按替代性估价方法估价：对买方处置或者使用进口货物有实质影响的限制存在时；价格无法确定的条件或者因素存在时；回归卖方收益无法确定时；买卖双方之间的特殊关系影响价格时。

例18 ZJCD公司是我国境内一家从事电钢板加工的企业，长期以来，均以一般贸易方式从日本JFE公司进口日本产电磁钢卷。经审核发现，申报价格明显低于同时或大约同时国际、国内市场行情价格。根据企业提供的相关资料显示，日本JFE公司与ZJCD公司实质上是母子公司关系，JFE公司出资额占ZJCD公司注册资金的95%，是ZJCD公司进口材料的供应商。上述案情属于《审价办法》所规定的"一方直接或者间接地受另一方控制"的情形，因此，海关认定日本JFE公司和ZJCD公司之间存在特殊关系。

由于电磁钢卷的规格型号众多，各种规格型号的电磁钢卷差别很大，影响其价格的因素很多，影响程度也不一，海关获得该种商品知识的渠道非常狭窄。而且日本JFE公司在国内的加工中心众多，出口到中国的电磁钢卷几乎全部销售给自己的关联企业，规格型号标识与其他日资公司生产的商品标识不同。海关很难找到相同或类似货物的成交价格，开展"价格测试"的难度很大。基于上述事实，海关对买卖双方特殊关系是否影响成交价格无法认定。

5. 申报价格是否存在价格调整项规定的情形

实付或应付的价格还不是成交价格，它还需要根据海关估价法规的相关规定进行调整。按规定调整后的实付或应付的价格，一般来说才是成交价格。因此，审价时，应审核申报价格是否包括全部实付或应付价格；是否有应计入完税价格的协助费用、特许权使用费和预付款、后付款等费用；有关费用的调整是否合理有据；是否有需要合理调整的其他项目。

6. 进口货物的申报价格是否已包括运保费

审查进口货物的申报价格是否已包括货物运抵我国境内输入地点起卸前的运输及其相关费用、保险费。

7. 海关要求企业补充申报

海关在审核申报价格过程中发现有以下情形之一的，可以要求补充申报：①进口货物，需要说明买卖双方之间关系的；②进口货物，需要说明交易条件的；③进口货物，需要说明各项费用情况的。

海关要求收发货人、报关企业进行补充申报的，可通过补充申报管理系统，发送电子指令通知收发货人、报关企业向海关申报电子数据补充申报单。

收发货人、报关企业应当在收到海关补充申报电子指令之日起 5 个工作日内，通过系统向海关申报电子数据补充申报单。

电子数据补充申报单经海关审核通过后，收发货人、报关企业应当打印纸质补充申报单（一式两份）签名盖章后递交现场海关。

例 18（续） 由于本案的买卖双方是母子公司关系，海关从国税部门了解到 ZJCD 公司自成立以来连年亏损，根本没有利润，但企业的经营状况却没受到丝毫影响。海关审价人员转变工作思路，从跨国公司转移定价的角度再次对 ZJCD 公司进口商品的申报价格进行审核，并向企业提出合作要求，要求其如实向海关提供有关转移定价的财务安排、内部协议、备忘录等书面资料。

海关关税部门进一步扩大了价格审核的广度和深度，再度对 ZJCD 公司成立的章程和进口电磁钢卷的合同进行认真仔细的全面审核，终于从中发现了突破点：合同约定，该公司进口的电磁钢卷经加工后大部分应指定销售给境内的日资关联企业，如松下、日立等。鉴于上述证据，根据《审价办法》，海关认定存在指定销售行为，即日本 JFE 公司对 ZJCD 公司进口货物的处置或者使用进行了限制，该成交价格不成立，海关对其另行估价。

（二）价格质疑

海关对申报价格的真实性、准确性有疑问，或者认为买卖双方之间的特殊关系影响成交价格时，一般应当进入价格质疑程序。

1. 提出怀疑理由

海关针对进出口货物申报价格的真实性、准确性或者认为买卖双方之间的特殊关系影响成交价格等方面提出质疑。海关审查申报价格时，一般有下列情形之一的，启动价格质疑程序：货物的申报价格与海关掌握的价格存在差异；买卖双方存在特殊关系，并且可能对成交价格有影响；单证之间与价格有关的项目存在矛盾或者疑问。价格质疑程序启动的标志是海关制发"中华人民共和国海关价格质疑通知书"（以下简称"价格质疑通知书"）。该通知书样本见图 2-1。

中华人民共和国
_____**海关价格质疑通知书**

　　　　　　　　　　　　　　　　　　　　　　__关编号：

　　贵公司/单位于____年__月__日向海关申报的_____(报关单号_____)，因有下列原因：

[ ]　货物的申报价格与海关掌握的价格存在差异；

[ ]　买卖双方存在特殊关系，并且可能对成交价格有影响；

[ ]　单证之间与价格有关的项目存在矛盾或者疑问；

[ ]　其他怀疑申报价格真实性或者准确性的理由。

详细
说明

　　按照《中华人民共和国进出口关税条例》第三十四条规定，海关需对成交情况进行核实。请自收到本通知之日起5个工作日内提供下列单证资料，并且协助我关进一步了解与进/出口货物成交价格相关的信息。若明确不能提供、逾期不提供资料、所提供的资料不足以证明申报价格的真实性或者准确性以及不足以证明买卖双方间的特殊关系对成交价格没有造成影响的，海关将依法另行估价。

□有关成交的书面情况说明(如提供价格偏低的理由、价格构成情况、交易各方作用)
□中华人民共和国海关进口货物价格申报单
□合同、协议或者订单　　　　　　　　□业务函电
□厂商发票　　　　　　　　　　　　　□运费发票
□保险单　　　　　　　　　　　　　　□信用证
□进口付汇核销单(付汇备案表)　　　　□结付汇凭证
□会计账册　　　　　　　　　　　　　□国内销售单据
□商检证　　　　　　　　　　　　　　□货物说明书
□其他有关单证：

　　　　关(处)盖章　　经办人(签字)：　　　　　__年_月_日

受送达人(签字)：　　　　　　　　　　　　　　_年_月_日

第一联：企业留存

图2-1　中华人民共和国海关价格质疑通知书（样本）

2. 告知

海关以书面形式的价格质疑通知书，将质疑的理由告知纳税义务人。价格质疑通知书一式两联，一联交纳税义务人留存，一联海关留存，详细列明海关质疑的理由，要求纳税义务人或者其代理人对这些怀疑理由作出详细的书面说明。海关及纳税义务人或者其代理人均要在价格质疑通知书上签字、盖章，并注明日期。

3. 信息反馈

（1）规定期限内提供资料

纳税义务人或者其代理人应当自收到价格质疑通知书之日起5个工作日内，以书面形式提供相关资料或者其他证据，证明其申报价格真实、准确或者双方之间的特殊关系未影响成交价格。纳税义务人或者其代理人确有正当理由无法在规定时间内提供资料或证据的，可以在规定期限届满前以书面形式向海关申请延期。除特殊情况外，

延期不得超过 10 个工作日。

纳税义务人或其代理人在规定期限内无法进一步提供资料或证据的,海关一般在留存的价格质疑通知书注明"到期未提供资料或证据",并记录日期,要求纳税义务人或其代理人签字确认。

在规定期限内,纳税义务人或其代理人明确表示放弃或拒绝提供进一步证据资料的,海关一般在价格质疑通知书上签注,并要求纳税义务人或其代理人签字确认。

（2）确保证据资料齐全有效

务必保证在规定期限内提交可证明申报价格真实性及准确性或者与特殊关系相关的证据资料,按照价格质疑通知书上列明的单证项目,逐一核对,避免遗漏。提交的单证之间能够相互印证,不发生矛盾。

4. 处理

海关对纳税义务人或者其代理人所提供的信息进行审核,借以判断申报价格是否符合成交价格的有关规定,并继而确定完税价格是否需要加减调整。如果纳税义务人或者其代理人在规定的期限内无法提供进一步的说明,或提供的说明不足以消除海关的怀疑的,海关将依次使用替代性估价方法并出具"中华人民共和国海关估价告知书"（样本见图 2-2）告知纳税义务人。

中华人民共和国
_____海关估价告知书(样式)

经营单位： _____关估价告知书编号：

进出口岸		海关编号		申报日期	
商品名称		商品编号		贸易方式	
规格型号			原产国（地区）		
申报单价		成交方式		数量及单位	
收（发）货单位			合同协议号		

海关根据《中华人民共和国海关审定进出口货物完税价格办法》以下简称《审价办法》_____的规定,不接受进/出口货物的申报价格;同时根据《审价办法》_____的规定,对所进/出口货物按照_____进行估价。

年　月　日(盖章)

图 2-2　中华人民共和国_____海关估价告知书（样本）

海关启动价格质疑程序后，纳税义务人或者其代理人在海关规定期限内，未能提供进一步说明的；提供有关资料、证据后，海关经审核其所提供的资料、证据，仍然有理由怀疑申报价格的真实性、准确性的，或者仍然有理由认为买卖双方之间的特殊关系影响成交价格的。海关会进入价格磋商程序。

（三）价格磋商

根据《审价办法》及释义，价格磋商是指海关在使用除成交价格以外的估价方法时，在保守商业秘密的基础上，与纳税义务人交换彼此掌握的用于确定完税价格的数据资料的行为。通过磋商，双方相互理解，达成共识，从而实现货物的快速通关。当然，价格磋商并不等于双方相互"讨价还价，议价征税"，更不能因照顾地方利益或企业利益而牺牲国家利益。

海关启动价格质疑程序后有可能会进入价格磋商环节，但海关经过审查发现进出口货物无成交价格的，不需经过价格质疑，直接进行价格磋商。

价格磋商是一种十分灵活的行政管理方式，具有重大的现实意义。一方面，价格磋商改变了传统意义上海关单方面决定的管理方式，反映了相对人的意志，有利于激发相对人的积极性；另一方面，价格磋商制度保留了海关的优益权，海关对价格的磋商有监督及单方决定权，保证了海关管理目标的实现，从而能够尽可能地避免因海关估价而影响货物的通关速度。此外，价格磋商也有利于保护纳税义务人的合法权益，防止海关武断估价，从而尽可能地避免估价争议的发生。

价格磋商的一般程序如下。

1. 程序启动

海关在使用除成交价格法以外的估价方法确定完税价格时，一般应启动价格磋商程序，即填制"中华人民共和国海关价格磋商通知书"（以下简称"价格磋商通知书"），样本见图2-3。

中华人民共和国

_____海关价格磋商通知书

              _____关编号：

_____公司/单位：

  经审核，海关不接受你公司/单位于_____年__月__日向海关申报的_____(报关单号_____)的申报价格，拟重新估价。为保障进出口货物纳税义务人的合法权益，根据《中华人民共和国进出口关税条例》第二十一条、第二十七条规定，海关依法与你公司/单位进行价格磋商，请自收到本通知书之日起5个工作日内至_____与海关进行磋商，磋商内容将成为海关的估价依据。如在规定期限内不与海关进行磋商的，海关将根据海关掌握的资料审查确定进出口货物的完税价格。

                _____海关

受送达人(签字)：   年 月 日

第一联：企业留存

图 2-3　中华人民共和国_____海关价格磋商通知书（样本）

2. 告知

海关以书面形式的价格磋商通知书告知纳税义务人进行价格磋商。价格磋商通知书一式两联，一联交纳税义务人留存，一联由海关留存，以直接送达为主，无法直接送达的，可以采用法律认可的其他方式送达。受送达人需在价格磋商通知书中签字确认，并注明日期。

3. 交流信息

在价格磋商中海关与进出口纳税义务人主要就以下内容进行交流：

（1）双方各自掌握的与被估货物有关的各种价格资料、产品信息和市场情况；

（2）双方各自掌握的相同或类似进口货物、相同或类似出口货物（仅适用于出口审价）的各种价格资料、产品信息和市场情况；

（3）双方各自掌握的与被估货物相同或类似进口货物、相同或类似出口货物（仅适用于出口审价）成交价格有关的所有交易背景资料，包括成交数量、商业水平、运输方式和运输距离等；

（4）其他与进出口货物价格相关的信息。

纳税义务人未在送达价格磋商通知书之日起5个工作日内与海关进行磋商的，视为其放弃价格磋商的权利。

4. 填写价格磋商记录

海关在与纳税义务人进行价格磋商时，应清楚、完整地填写"中华人民共和国海关价格磋商记录表"（以下简称"价格磋商记录表"，样本见图2-4），并由磋商双方共同签字确认。该表内相关的磋商内容将成为海关使用替代性估价方法的依据。如果纳税义务人在价格磋商程序以后再另行补充提供资料，海关将不予受理。

中华人民共和国

_____海关价格磋商记录表

_____关编号：

经审核，海关不接受申报价格，拟重新估价。为充分获取信息，依法审定货物的完税价格，保障进出口货物纳税义务人的合法权益，根据《中华人民共和国进出口关税条例》第二十一条、第二十七条规定，海关依法与你公司/单位进行价格磋商。磋商内容将成为海关的估价依据。如你公司/单位提供不实资料，将承担相应法律责任。

磋商地点		磋商时间	
报关单编号		进/出口日期	
商品名称			
纳税义务人情况			
姓名		性别		职务	
身份证号码		联系电话	
纳税义务人地址			
相同或者类似货物成交价格估价方法	纳税义务人能否提供该进/出口货物的相同或者类似货物的成交价格 能□　　否□
倒扣价格估价方法	纳税义务人能否提供该进口货物或者相同类似货物在境内第一销售环节销售的价格 能□　　否□ 纳税义务人能否提供与该进口货物同等级或者同种类货物在境内销售时通常的利润和一般费用 能□　　否□
计算价格估价方法	纳税义务人能否提供该进/出口货物的生产成本 能□　　否□ 纳税义务人能否提供向境内销售与该进口货物同等级或者同种类货物通常的利润和一般费用或者在境内生产该出口货物的相同或者类似货物的利润和一般费用 能□　　否□
合理方法	纳税义务人能否提供进一步的信息 能□　　否□
纳税义务人提供的价格信息资料：	
海关所掌握的价格信息资料：	
价格磋商结果：	
	海关经办人：(签名)	年 月 日
	纳税义务人授权人：(签名)	年 月 日

第一联：企业留存

图2-4　中华人民共和国_____海关价格磋商记录表（样本）

5. 处理

（1）磋商结果

①经过磋商，海关认为纳税义务人提供的价格信息真实、可信，并符合相关估价方法使用要求的，可以其提供的信息为基础审查确定进出口货物完税价格。

②经过磋商，海关认为纳税义务人提供的信息不真实、不可信或不能满足相关估价方法使用要求的，应当按照海关掌握的价格资料审查确定进出口货物完税价格。

③纳税义务人放弃价格磋商权利的，海关可根据掌握的资料审查确定进出口货物完税价格。

（2）免磋商情况

《审价办法》还规定了符合一定的条件，经纳税义务人书面申请，海关可以不进行价格质疑及价格磋商，直接按照除成交价格法以外的其他估价办法审查确定进出口货物的完税价格。需满足的条件如下：

①同一合同项下分批进出口的货物，海关对其中一批货物已经实施估价的；

②进出口货物的完税价格在人民币 10 万元以下或者关税及进口环节海关代征税总额在人民币 2 万元以下的；

③进出口货物属于危险品、鲜活品、易腐品、易失效品、废品、旧品等的。

（3）进一步处理解决办法

在双方磋商达不成共识时，海关可以行使估价决定权，采用适当的方法确定进出口货物的完税价格。当然，纳税义务人也可以行使诉讼权，对海关的估价决定提起行政复议或行政诉讼。

四、纳税义务人的权利及义务

（一）纳税义务人的权利

1. 知情权

《关税条例》第三十五条规定："海关审查确定进出口货物的完税价格后，纳税义务人可以以书面形式要求海关就如何确定其进出口货物的完税价格作出书面说明，海关应当向纳税义务人作出书面说明。"

知情权是纳税义务人的一项重要权利，也是其行使申诉权的基础。从内容来看，知情权表现为纳税义务人对海关估价方法的适用、估价依据等方面的了解；从形式来看，可以是口头的也可以是书面的，但进口商如要求以书面形式告知，则海关应以书面形式告知。海关的书面说明，往往构成纳税义务人行使诉权的初步证据。

2. 申诉权

纳税义务人的知情权与申诉权是密切联系在一起的，没有知情权便谈不上申诉权，知情权是纳税义务人行使申诉权的前提，而申诉权则是纳税义务人合法权益的保障。

在海关估价中，纳税义务人的申诉权不仅仅限于价格复议和诉讼权，还往往表现为了解情况、表达意见的权利，如在价格质疑和价格磋商程序中都要求海关给纳税义务人一适当机会进行申辩。凡此种种，其目的就是为了尽可能地防止海关在估价过程中发生专横擅断损害当事人权益的情事。给予纳税义务人申辩的机会，在一定程度上避免此类情事的发生。

3. 估价方法的选择权

《审价办法》第六条规定，纳税义务人向海关提供有关资料后，可以提出申请，颠倒倒扣价格法和计算价格法的适用次序。

4. 具保放行权

《审价办法》第四十九条规定，海关审查确定进出口货物的完税价格期间，纳税义务人可以在依法向海关提供担保后，先行提取货物。

5. 磋商权

根据《关税条例》，海关使用替代性估价方法时，应与纳税义务人进行价格磋商，以便相互交流信息，公平合理地按替代性估价方法确定完税价格。显然，这不仅是实体条款，而且也是程序条款。

6. 举证权

纳税义务人有权针对海关价格质疑，以书面形式向海关提供相关资料或者其他证据，证明其申报价格真实、准确或者双方之间的特殊关系未影响成交价格。

7. 要求保密权

《审价办法》第四条规定，纳税义务人可以书面形式向海关提出为其保守商业秘密的要求，并具体列名需要保密的内容，但是不得以商业秘密为理由拒绝向海关提供有关资料。

（三）纳税义务人的义务

根据现行海关估价的有关法律、行政法规和规章，纳税义务人有配合海关审定完税价格的广泛义务。这些义务主要包括：

1. 如实申报

如实申报有三层含义：一是按填制报关单规范的要求，如实填写反映进出口货物价格的相关栏目；二是如实提供与货物买卖有关的支付凭证，以及证明申报价格真实、准确的其他商业单证、书面资料和电子数据；三是如涉及价格调整项目、运输及其相关费用的，如实申报，并提供依据。

2. 协助海关价格核查，提供有关资料

《审价办法》规定，海关在行使价格核查职权时，纳税义务人及有关公民、法人或者其他组织应当如实反映情况，积极配合，提供有关书面资料和电子数据，不得拒绝、拖延和隐瞒。

3. 配合海关完成价格质疑程序

纳税义务人或者其代理人收到价格质疑通知书后，应在规定时间内，以书面形式提供相关资料或者其他证据，证明其申报价格真实、准确或者双方之间的特殊关系未影响成交价格。若确有正当理由无法在规定时间内提供前款资料的，需在规定期限届满前以书面形式向海关申请延期。

◇ **拓展阅读**

某地海关对进口精炼铜估价案例分析

（一）案情简介

2006年7月，某地S公司以一般贸易方式向某地经济技术开发区海关申报进口智利产精炼铜，出口国为日本，申报单价为6160美元/吨。关税职能部门在监控时发现，

该票货物的申报价格和同期其他口岸进口精炼铜的价格相差较大，后来从该公司提供的相关资料中了解到，买卖双方存在特殊经济关系，通过价格核查，海关发现其特殊经济关系影响了货物的成交价格，并根据同期进口的相同货物的成交价格对该公司2006年所有进口精炼铜实施了估价，共追补税款167万元。

（二）估价过程

1. 贸易关系和贸易流程

S公司是一家专业生产洗衣机马达的大型跨国企业。该公司每年从日本进口大量精炼铜，用作制造马达的主要原材料。4月份，S公司根据当时国际市场精炼铜的价格行情，与日本S商社签订了一份长期的大合同，从2006年5月至2007年3月向日本S商社购买5000吨精炼铜，价格为6000~6100美元/吨不等，价格条款CIF，支付方式为T/T。每次实际交易时，S公司根据生产情况不定期地向日本S商社发出供货需求，但是S商社并不是精炼铜的生产企业，也不是专门做精炼铜的贸易公司，因此S商社收到指令后，需向日本专门做精炼铜国际贸易的M商社采购精炼铜，采购到精炼铜后，S商社再将精炼铜销售给中国的S公司，其中每次实际交易的时间、数量、价格随当时行情、产生费用等因素会和合同签订时有所出入，约定为上下浮动10%，货款是由S公司直接向S商社支付。在整个交易过程中，S商社充当着中间商的角色，实际上是由它负责采购精炼铜，再发货给S公司（见图2-5），按照正常的贸易惯例，中间商应该赚取货物的差价，即S商社销售给S公司的价格应该比从M商社购买的价格高。但是，审价人员在进一步的核查中发现，S商社并不是普通的中间商，它实际是S跨国集团的一个全球采购中心，S商社销售精炼铜给S公司并不是以盈利为目的，而是实现跨国公司之间价格转移，达到利益的最大化。

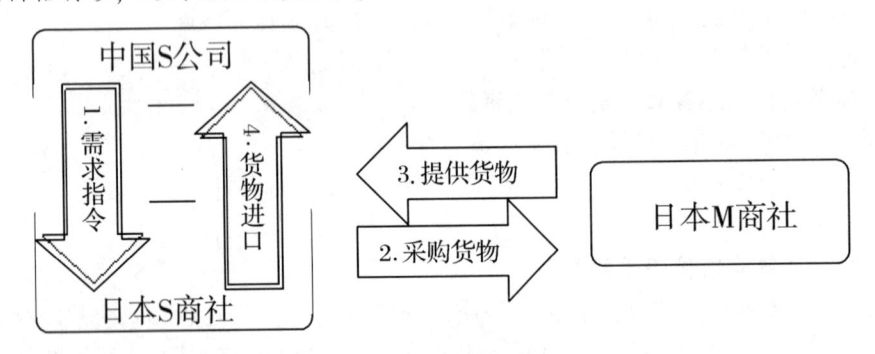

图 2-5 贸易流程图

2. 买卖双方的特殊经济关系

审价人员在审核单证和磋商中发现以下几个疑点：

（1）国际市场行情变化起伏巨大，S公司申报进口价格始终在6000~6450美元/吨低价区间，这不符合一般市场规律，且申报价格一直低于同期海关掌握的相同货物成交价格，其中9月份S公司进口申报价格甚至低于当时国际市场价格行情30%以上，这令审价人员产生较大的怀疑。

（2）买卖双方在4月11日、4月12日短短的两天时间签订了两份金额高达5233万美元的大合同，有悖于正常的商业行为惯例。仔细核对其合同内容，两个合同的购货计划是每月400吨，实际上从4月份开始，S公司总共从S商社只进口了3批共760吨，即S公司不按照合同内容执行，如取消某个月份的进口计划，并不会产生违约金，这是内部交易的一个特征。

（3）审核其他单证发现：S商社提供的发票上均未注明合同号，无法从单证层面印证货物与合同的对应关系。另外，审价人员也曾怀疑过企业存在倒签合同的风险。

（4）S公司无法向海关提供原厂商发票，即S商社向日本M商社购买精炼铜的真实价格，海关无法从货主方面取得，向海关申报的价格和向原厂商采购的价格并无关联，这也可以证明S商社销售给S公司的价格并非市场价格，而是内部调拨价格。同时，海关了解到，S商社在国内的销售对象（如厦门S公司、珠海S公司）均是关联企业。

为了更好地了解买卖双方的关系，审价人员在价格核查过程中，重点审核货主提供的企业成立合同、章程等文件，发现该企业的外商投资企业批准证书体现的投资一方为S国际集团，显然收货单位中国的S公司和卖方日本S商社都属于S国际集团下的子公司，货主也承认了买卖双方属同一集团下的子公司这一特殊经济关系。S商社负责全球采购大宗原材料，再销售给S国际集团下所有的子公司。

鉴于以上情况，海关认为S公司的精炼铜申报价格属于内部调拨价格，其双方交易不受市场力量的影响，是一种转让价格行为，买卖双方的特殊经济关系影响了成交价格，不符合成交价格条件，海关根据《审价办法》第六条、第八条、第十六条的规定，依法审定其完税价格。

3. 多渠道搜集价格资料，合理使用估价方法

在双方进行价格磋商的过程中，审价人员首先通过多渠道搜集价格资料，翻阅近期相关企业进口精炼铜价格记录500多条，全面掌握"精炼铜"这一大宗原材料的国际市场交易过程、期货交易特征、市场行情等信息，查看伦敦LME官方精炼铜现货每日报价。其次，审价人员调阅S公司2006年所有进口记录，进行分析，找到了与进口精炼铜商业水平相当的相同货物价格。同时，审价人员积极耐心地多次向企业宣传海关审价的法律法规，使企业从不理解海关估价行为到了解海关估价规定，主动配合海关解决问题。最终，企业参照相同货物7630美元/吨的价格进行估价补税。

◇ 知识考查与技能训练

一、单项选择题

1. 某企业从德国进口放映设备一台，发票分别列明：交易价格CIF上海10万美元，境外考察费2500美元，销售佣金1500美元。合同另规定，该设备投入使用后买方应从票房收益中支付卖方10000美元，该批货物应向海关申报的成交价格为（   ）。

A. 114000美元　　　　　　　　B. 112500美元
C. 111500美元　　　　　　　　D. 104000美元

2. 《审价办法》规定，经海关同意进口商可以颠倒使用下列（   ）估价方法的顺序。

A. 相同货物成交价格法和类似货物成交价格法

B. 倒扣价格法和计算价格法
C. 相同货物成交价格法和倒扣价格法
D. 类似货物成交价格法和计算价格法

3. 国内某企业A与美国某厂商B签订购买一台机器的合同。该合同规定：A需要向B免费提供生产该机器的特制零件10个，价值500美元；B负责机器进口后的安装调试，并向A收取1000美元的劳务费。该机器是根据日本某企业的专利生产的，因此，A除向B支付50万美元的机器价款外，还得支付10万美元的专利费。

根据上述情况，关于海关估价下列正确的是（　　）。

A. 50万美元　　　　　　　　　　B. 50万美元+10万美元
C. 50万美元+10万美元+1000美元　　D. 50万美元+10万美元+500美元

二、多项选择题

1. 关于海关估价方法，下列叙述错误的是（　　）。
A. 海关在审定进口货物完税价格时，应优先采用成交价格法
B. 当进口货物的成交价格经海关审查未能确定时，才能依次使用其他估价方法
C. 在使用其他估价方法时，海关可优先使用合理方法
D. 相同货物的估价方法，是指在所有方面都相同的货物，即使包装上也不能有任何微小差别

2. 关于特殊进口货物的完税价格，下列说法正确的是（　　）。
A. 需要征税的进料加工进口料件，以该料件申报进口时价格审定
B. 货物从保税区进入非保税区，其完税价格以内销价格为基础审定
C. 出境修理复进口货物的完税价格，海关根据境外修理费和该货物复运进境的运输及相关费用、保险费审定
D. 租赁进口货物，以海关审定的租金作为完税价格

三、判断题

1.《审价办法》中"成交价格"的含义与商业上的成交价格是完全一致的。

2. 根据《审价办法》，当进口货物的完税价格不能按照成交价格方法的规定确定时，海关一般应当依次使用下列方法估定完税价格：

（1）相同货物成交价格方法；
（2）类似货物成交价格方法；
（3）倒扣价格方法；
（4）计算价格方法；
（5）合理方法。

第三章 · 进出口商品归类

DI-SAN ZHANG JINCHUKOU SHANGPIN GUILEI

◇ 职业要求

国际关务人员及其他进出口税费相关岗位人员应掌握进出口货物商品归类确定的相关知识和技术。

◇ 学习目标

知识目标：通过本章的学习，理解确定商品归类的意义，掌握商品归类的依据，熟悉《协调制度》的基本内容，掌握商品归类的方法。

能力目标：通过本章的学习，能够正确运用商品归类依据，使用工具书查出准确的税则号列，获取相关税费信息。

◇ 学习内容

本章的主要学习内容包括：商品归类概述、《协调制度》总规则、商品归类作业。

第一节 商品归类概述

《进出口税则》是对进出口商品进行分类管理的重要依据。在《进出口税则》的使用过程中，必须先确定商品的税则号列，才能查询到商品的税率等相关信息。故想要确定商品的税率，先要确定商品的归类。

一、进出口商品归类

进出口商品归类，是指在《商品名称及编码协调制度公约》（以下简称《协调制度公约》）商品分类目录体系下，以《进出口税则》为基础，按照《进出口税则商品及品目注释》（以下简称《品目注释》）、《中华人民共和国进出口税则本国子目注释》（以下简称《本国子目注释》）及海关总署发布的关于商品归类的行政裁定、商品归类决定的要求，确定进出口货物商品编码的活动。

二、《协调制度》简介

为便利国际贸易及相关统计资料的收集、对比与分析，减少国际贸易往来中因分类制度不同而引起的转换费用，以及便利数据的传输和贸易单证的统一，海关合作理事会（1995年更名为世界海关组织）主持制定了《协调制度公约》。

《商品名称及编码协调制度》（简称《协调制度》，英文简称为HS），作为《协调制度公约》的附件，是以《海关合作理事会商品分类目录》为基础，同时采用《国际贸易标准分类目录》及欧共体、美国、日本等使用的分类目录的一些内容，经过协调和整合而形成的。

1988年《协调制度》正式生效，成为全球通用的国际贸易商品分类目录。截至目前，已有200多个国家、地区和国际组织采用《协调制度》分类目录。

《协调制度》是一部多用途的国际贸易商品目录。1992年1月1日，我国正式采用以《协调制度》为基础编制《进出口税则》和《中华人民共和国海关统计商品目录》（以下简称《海关统计商品目录》），实现了《进出口税则》和《海关统计商品目录》及进出口贸易管制条件的统一，便利了国际贸易，避免了各工作环节的重新分类和重新编号。

《协调制度》主要由三部分组成：按系统顺序排列的商品编码表，类注释、章注释及子目注释，归类总规则。注释及总规则在后文中将作详细阐述，在此先简单介绍商品编码表。

商品编码表由商品编码和商品名称组成。《协调制度》将国际贸易商品分为21大类97章，其中第七十七章是空章。《协调制度》商品编码表的主要内容是品目和子目。

商品编码表中的前4位编码（品目）货品名称，称为"品目条文"，主要限定了4位编码所包括商品的名称、规格、成分、用途、加工程度或方式等，是《协调制度》具有法律效力的归类依据。

编码表中的第5、6位数级货品名称，称为"子目条文"，主要限定了品目条文项下子目所包括的具体的商品名称、规格、成分等，也是具有法律效力的归类依据。

《进出口税则》在《协调制度》6位编码的基础上增设了第7、8位编码，即我国的本国子目。对一些有特殊规定的商品，我国海关又增设了第9、10位编码。

编码不是简单的顺序号，而是具有一定的含义的。

第1、2位表示商品所在的章。

第3、4位表示商品在该章中的税目[①]。

第5位是一级子目，称第5位数级编码。

第6位是二级子目，称第6位数级编码。

同理，第7位、第8位是三、四级子目，分别称第7位、第8位数级编码。

第5~8位上出现数字"9"，则通常情况下代表未具体列名的商品，即在"9"的前面一般留有空序号，以便修订时增添新商品。

例1 "0301.1100 --淡水鱼"的编码含义

编码	03	01	1	1	0	0	--淡水鱼
位数含义	第三章	品目	一级子目	二级子目	三级子目	四级子目	

三、《进出口税则》简介

商品归类是外贸进出口业务中必不可少的环节，也是进出口货物收发货人必须履行的义务，《关税条例》第三十一条明确规定，纳税义务人应当按照《进出口税则》规定的目录条文和归类总规则、类注、章注、子目注释以及其他归类注释，对其申报的进出口货物进行商品归类。故在实际进出口税费核算工作中，商品归类作业使用的工具书一般是《进出口税则》。

在进出口货物通关过程中，准确确定商品的税则号列是十分重要的工作。因为它是海关征税、海关监管和外贸统计的基础，商品归类正确与否直接关系到进出口商的利益。《海关法》和《关税条例》均规定，纳税人必须按照《进出口税则》对其申报的进出口货物进行商品归类，并归入相应的税则号列。

（一）关税税则的概念

关税税则，又称进出口税则，是指一国制定和公布的按进出境商品的不同类别排列的关税税率表。关税税则主要由两部分构成：关税税率表和适用关税税率表的说明及规则。关税税率表是海关税则的主要内容，分为商品分类目录和税率栏目两部分。关税税则是一国的关税政策的具体体现。

（二）税率栏目

税率栏目是根据商品分类目录逐项订出的相应的关税税率，体现一国的关税政策。

[①] 《进出口税则》基于"税"的因素，将4位编码与8位编码分别称为"税目"和"税则号列"，其对应的编码与《协调制度》实质上是一样的。本书统一采用《协调制度》的表述方式，即前4位编码统称"品目"，第5位及以后编码统称"子目"。

税率栏目中每一子目项下的商品最初只有一个税率。后来,由于国际政治、经济关系日趋复杂,为对不同国家或地区实施的不同的国际贸易政策,适用不同的关税税率,税率栏目开始细分。每一子目项下商品有几个税率供适用,税率栏目就细分为几栏。

(三) 税则的种类

按货品流向,税则分为进口税则和出口税则。对不征收出口税的国家,只有进口税则。有些国家仅对数种商品征收出口税,则分别制定进口税则和出口税则,或把出口税则附在进口税则之后。中华人民共和国成立后,由于征收出口税的商品不多,实行进出口税则合一制,即每一子目中同时列出进口税率和出口税率,称为《进出口税则》。

以税率栏目多少为标准可分为单式税则和复式税则。单式税则又称一栏税则,指每一税目项下只有一个税率,适用于来自任何国家同类商品的进口,没有差别待遇。复式税则又称多栏税则,即每一税目项下有两栏或两栏以上的税率。各国(地区)复式税则不尽相同,但一般设有普通税率、最惠国税率、协定税率、特惠税率等。一般是普通税率最高,特惠税率最低。

四、商品归类依据

根据商品归类的定义,可以看出进出口商品归类依据包括:
1. 《进出口税则》;
2. 《品目注释》;
3. 《本国子目注释》;
4. 海关总署发布的关于商品归类的行政裁定;
5. 海关总署发布的商品归类决定。

五、归类要素

《协调制度》商品编码表,按照一定的规律进行排列,即按照货品的自然属性、生产部类、实际操作、不同用途和商业习惯进行排列。

为便于初学者掌握商品编码表排列结构,编者将上述规律进行了细分,梳理出9种影响编码表排列的因素,并统称为"归类要素",见表3-1。

归类要素一般包含在货品的描述之中。因此,学习者应特别注意:仅凭货品的名称是无法准确归类的,必须要从货品描述中分析出与商品编码表各种注释和条文对应的归类要素。

表 3-1　归类要素

序号	归类要素	注释	范例
1	来源	指生产某种货品的原料由何而来或从何种物品提取而得的。	天然、养殖、合成、再造。
2	制作或保存方法	指货品具体的制作方法和保存方法（主要适用于第一至第四类货品）。	新鲜、冷藏、冷冻、干的。
3	状态	指货品所表现出来的形态或商业形态。 包括： 1. 形状，即货品的形态、状貌、外观等表现形态。 2. 外观，即货品本身实际的外观状态情况，主要指货品的颜色、形状等表观性状。	盘卷、平板、条、杆、型材、异型材。
4	材质	指构成货品的材料或原料，即货品主体是用何种材料或原料制成的（成分及含量）。	货品含有何种纺织材料及其重量百分比。
5	加工	指劳动者利用生产工具对各种原材料、半成品进行增值加工或处理，最终使之成为制成品的方法与过程。 包括： 1. 加工程度，即货品在加工过程中经过的具体加工工艺。 2. 加工方法，即原材料、半成品变得合用或达到某种要求而采用的处理过程，也指改变原材料、毛坯或半成品的形状、尺寸、性质或表面状态，使之达到规定要求的各种形状的方法。 3. 加工工艺，即对某种货品进行加工或处理的方法与过程。	对纺织材料进行色织、染色、漂白。
6	规格	指货品尺寸、重量指标或含量指标、所属类型（种）、商业规格等。	种类、类别、幅宽、每平方米克重、货品的商业规格。
7	功能	指货品本身具有的原理、作用、能力和功效。	
8	用途	指货品应用的方面、范围。	
9	包装	指为保护、储运货品或促进货品销售，而使用特定材料、技术、方法的形式。	零售包装。

第二节　归类总规则

作为《协调制度》的重要组成部分，归类总规则是进出口商品归类必须遵循的原则和方法。

一、规则一

类、章及分章的标题，仅为查找方便而设；具有法律效力的归类，应按品目条文和有关类注或章注确定，如品目、类注或章注无其他规定，则按以下规则确定。

《协调制度》系统地列出了国际贸易的货品，将这些货品分为类、章及分章，每类、章或分章都有标题，尽可能确切地列明所包括货品种类的范围。但在许多情况下，归入某类或某章的货品种类繁多，类、章标题不可能将其一一列出或者全都包括。

因此，本规则一开始就说明，标题"仅为查找方便而设"。据此，标题对商品归类不具有法律效力。

本规则规定商品归类应按以下原则确定：按照品目条文及任何相关的类、章注释；如品目条文或类、章注释无其他规定，则按规则二、三、四及五的规定。

以上提及的注释是《协调制度》中解释说明性的规定，为限定《协调制度》中各类、章、品目和子目所属货品的准确范围，简化品目和子目条文文字，杜绝商品分类的交叉，保证商品归类的正确而设立的。

1. 类注，位于类标题下，对类进行规定、限制和说明。
2. 章注，位于章标题下，对章进行规定、限制和说明。
3. 子目注释，一般位于类注、章注或章标题下，对子目进行规定、限制和说明。
4. 运用注释归类时的注意事项：

（1）品目归类，类注、章注和品目条文居于同等优先使用的地位，即同时使用。

（2）子目归类，优先使用子目注释，其次是章注和类注，即三者发生矛盾时服从于子目注释。

许多货品无须借助归类总规则的其他条款即可准确归类。例如，活马（品目01.01）、第三十章注释四所述的医药用品（品目30.06）。

例2 新鲜的猪肚。

分析：猪肚，即猪胃。根据保存状态，其看似可以归入02.06食用杂碎。但第二章章注规定该章不包括"二、动物的肠、膀胱、胃（品目05.04）"。故新鲜的猪肚应归入子目0504.0029。归类时使用了章注、品目条文，因此，归类依据为归类总规则一。

二、规则二

（一）品目所列货品，应视为包括该项货品的不完整品或未制成品，只要在报验时该项不完整品或未制成品具有完整品或制成品的基本特征；还应视为包括该项货品的完整品或制成品（或按本款规则可作为完整品或制成品归类的货品）在报验时的未组装件或拆散件。

（二）品目中所列材料或物质，应视为包括该种材料或物质与其他材料或物质混合或组合的物品。品目所列某种材料或物质构成的货品，应视为包括全部或部分由该种材料或物质构成的货品。由一种以上材料或物质构成的货品，应按规则三的原则归类。

规则二（一）将所有列出某些物品的品目范围扩大为不仅包括完整的物品，而且还包括该物品的不完整品或未制成品，只要报验时它们具有完整品或制成品的基本特征。

规则二（一）规定，完整品或制成品的未组装件或拆散件应归入已组装物品的同一品目。货品以未组装或拆散形式报验，通常是由于包装、装卸或运输上的需要，或是为了便于包装、装卸或运输。

规则二（一）也适用于以组装或拆散形式报验的不完整品或未制成品，按照本规则第一部分的规定，它们可作为完整品或制成品看待。

规则二（一）所称"报验时的未组装件或拆散件"，是指其各种部件仅仅通过紧固件（螺钉、螺母、螺栓等），或通过铆接、焊接等组装方法即可装配起来的物品。组装方法的复杂性可不予考虑，但其各种部件无须进一步加工成制成品。某一物品的未组装部件如超出组装成品所需数量的，超出部分应单独归类。

规则二（二）是关于材料或物质的混合品及组合品，以及由两种或多种材料或物质构成的货品。它所适用的品目是列出某种材料或物质的品目（例如，品目05.07列出"鹿角"）和列出某种材料或物质制成的货品的品目（例如，品目45.03列出"天然软木制品"）。应注意到，只有在品目条文和类、章注释无其他规定的情况下才能运用本款规则，例如，品目15.03列出"液体猪油，未经混合"，这就不能运用本款规则。在类、章注释或品目条文中列为调制品的混合物，应按规则一的规定进行归类。

规则二（二）旨在将列出某种材料或物质的任何品目扩大为包括该种材料或物质与其他材料或物质的混合品或组合品，同时旨在将列出某种材料或物质构成的货品的任何品目扩大为包括部分由该种材料或物质构成的货品。

但是，不应将这些品目扩大到包括按规则一的规定不符合品目条文要求的货品。当添加了另外一种材料或物质，使货品丧失了原品目所列货品特征时，就会出现这种情况。

规则二（二）最后规定，不同材料或物质的混合品及组合品，以及由一种以上材料或物质构成的货品，如果看起来可归入两个或两个以上品目的，必须按规则三的原则进行归类。

例3 一台未装机箱的电脑主机（指个人电脑，属于微型机），CPU、硬盘、内存、显卡、电源等都已在主板上连接好，散置在桌上，未连接输入输出部件（鼠标、键盘、显示器等）。

分析： 完整电脑主机，归入8471.5040，即微型机的"子目8471.41或8471.49所列以外的处理部件，不论是否在同一机壳内有一个或两个下列部件：存储部件、输入部件、输出部件"。机箱对于主机来说，是起固定、防护作用的，没有它，里面的部件也可以正常运作，具备了电脑主机的所有功能。故根据规则二（一），散置的无外壳主机也应归入8471.5040。

例4 加有发酵粉的标准面粉（也称自发粉）。

分析： 该货品为混合品，但添加发酵粉并未影响标准粉的基本特征，依据规则二（二），应归入品目11.01。

三、规则三

当货品按规则二（二）或由于其他原因看起来可归入两个或两个以上品目时，应按以下规则归类：

（一）列名比较具体的品目，优先于列名一般的品目。但是，如果两个或两个以上品目都仅述及混合或组合货品所含的某部分材料或物质，或零售的成套货品中的部分货品，即使其中某个品目对该货品描述得更为全面、详细，这些货品在有关品目的列名应视为同样具体。

（二）混合物、不同材料构成或不同部件组成的组合物以及零售的成套货品，如果不能按照规则三（一）归类时，在本款可适用的条件下，应按构成货品基本特征的材料或部件归类。

（三）货品不能按照规则三（一）或（二）归类时，应按号列顺序归入其可归入的最末一个品目。

对于根据规则二（二）或由于其他原因看起来可归入两个或两个以上品目的货品，本规则规定了 3 种归类方法。这 3 种方法应按其在本规则的先后次序加以运用。据此，只有在不能按照规则三（一）归类时，才能运用规则三（二）；不能按照规则三（一）和（二）归类时，才能运用规则三（三）。因此，它们的优先次序为：①具体列名；②基本特征；③从后归类。只有在品目条文和类、章注释无其他规定的情况下，才能运用本规则。

例 5 第九十七章章注四（二）规定，根据品目条文既可归入品目 97.01 至 97.05 中的一个品目，又可归入品目 97.06 的货品，应归入品目 97.01 至 97.05 中的其中一个品目。这些货品应按第九十七章章注四（二）的规定归类，而不应根据本规则进行归类。

规则三（一）规定了第一种归类方法，它规定列名比较具体的品目优先于列名一般的品目。

例 6 确定为用于小汽车的簇绒地毯，不应作为小汽车附件归入品目 87.08，而应归入品目 57.03，因品目 57.03 所列地毯更为具体。

但是，如果两个或两个以上品目都仅述及混合或组合货品所含的某部分材料或物质，或零售成套货品中的部分货品，即使其中某个品目比其他品目描述得更为全面、详细，这些货品在有关品目的列名应视为同样具体。在这种情况下，货品的归类应按规则三（二）或（三）的规定加以确定。

规则三（二）规定的第二种归类方法仅涉及混合物、不同材料的组合货品、不同部件的组合货品、零售的成套货品。只有在不能按照规则三（一）归类时，才能运用本款规则。无论如何，在本款可适用的条件下，这些货品应按构成货品基本特征的材料或部件归类。对于不同的货品，确定其基本特征的因素会有所不同。例如，可根据其所含材料或部件的性质、体积、数量、重量或价值来确定货品的基本特征，也可根据所含材料对货品用途的作用来确定货品的基本特征。

本款规则所称"零售的成套货品"，是指同时符合以下 3 个条件的货品：

1. 由至少两种看起来可归入不同品目的不同物品构成的，例如，6 把乳酪叉不能视为本款规则所称的成套货品；

2. 为了迎合某项需求或开展某项专门活动而将几件产品或物品包装在一起的；

3. 其包装形式适于直接销售给用户而无需重新包装的（例如，装于盒、箱内或固定于板上）。

货品如果不能按照规则三（一）或（二）归类时，应按号列顺序归入其可归入的最后一个品目。

例 7 汽车用电动雨刮器。

分析：该货品既可按照"机动车辆零件、附件"归入品目87.08，也可按照"风挡刮水器"归入品目85.12。比较这两个品目，后者更具体。故根据规则三（一）具体列名原则，应归入8512.4000。

例 8 番茄炒蘑菇罐头，按重量计算，其中番茄占70%、蘑菇占30%。

分析：番茄的深加工制品归入品目20.02，蘑菇的深加工制品归入品目20.03，该货品番茄含量大于蘑菇含量，番茄构成了该货品的基本特征，故该货品应归入品目20.02。

例 9 沐浴、洗发二合一的洗涤用品。

分析：该货品看起来既可归入品目33.05"护发品"，也可归入品目33.07"沐浴用制剂"。同时，两者都属于具体列名，无法确定其主要用于沐浴还是主要用于洗发。故根据规则三（三），应归入其可归入的最后一个品目，即33.07。

四、规则四

根据上述规则无法归类的货品，应归入与其最相类似的货品的品目。

《品目注释》对规则四作了如下注释：

1. 本规则适用于不能按照规则一至三归类的货品。它规定，这些货品应归入与其最相类似的货品的品目中。

2. 在按照规则四归类时，有必要将报验货品与类似货品加以比较，以确定其与哪种货品最相类似。所报验的货品应归入与其最相类似的货品的同一品目。

3. 当然，所谓"类似"取决于许多因素，例如，货品名称、特征、用途。

五、规则五

除上述规则外，本规则适用于下列货品的归类：

（一）制成特殊形状或适用于盛装某一或某套物品，适合长期使用的照相机套、乐器盒、枪套、绘图仪器盒、项链盒及类似容器，如果与所装物品同时报验，并通常与所装物品一同出售的，应与所装物品一并归类。但本款不适用于本身构成整个货品基本特征的容器。

（二）除规则五（一）规定的以外，与所装货品同时报验的包装材料或包装容器，如果通常是用来包装这类货品的，应与所装货品一并归类。但明显可重复使用的包装材料和包装容器不受本款限制。

规则五（一）仅适用于同时符合以下各条规定的容器：① 制成特定形状或适用于

盛装某一或某套物品的，即按所要盛装的物品专门设计的，有些容器还制成所装物品的特殊形状；② 适合长期使用的，即在设计上容器的使用期限与所盛装的物品相称。在物品不使用期间（例如，运输或储藏期间），这些容器还起到保护物品的作用，本条标准使其与简单包装区别开来；③ 与所装物品一同报验的，不论其是否为了运输方便而与所装物品分开包装，单独报验的容器应归入其相应品目；④ 通常与所装物品一同出售；⑤ 本身并不构成整个货品基本特征的。

规则五（二）对通常用于包装有关货品的包装材料及包装容器的归类作了规定。但明显可重复使用的包装材料和包装容器，例如，某些金属桶及装压缩或液化气体的钢铁容器，不受本款限制。规则五（一）优先于本款规则，因此，规则五（一）所述的箱、盒及类似容器的归类，应按该款规定确定。

例10 用贵金属制成的镶嵌有宝石的装有小饰物的盒子。

分析：无论从价值上还是制作规格上，这个盒子已经构成了自己本身的基本特征，故应与所装物品分别归类。

例11 装液化石油气的钢瓶。

分析：由于明显可重复使用，所以应根据制造材料单独归类。

六、规则六

货品在某一品目项下各子目的法定归类，应按子目条文或有关的子目注释以及以上各条规则（在必要的地方稍加修改后）来确定，但子目的比较只能在同一数级上进行。除条文另有规定的以外，有关的类注、章注也适用于本规则。

《品目注释》对规则六作了如下注释：

1. 以上规则一至五在必要的地方稍加修改后，可适用于同一品目项下的各级子目。

2. "除条文另有规定的以外"，是指"除类、章注释与子目条文或子目注释不相一致的以外"。

例12 第七十一章章注四（二）所规定"铂"的范围与子目注释二所规定"铂"的范围不同，因此，在解释子目7110.11及7110.19范围时，应采用子目注释二，而不应考虑第七十一章章注四（二）。

3. 6位数级子目的范围不得超出其所属的5位数级子目的范围；同样，5位数级子目的范围也不得超出其所属品目的范围。

归类总规则中各规则的适用顺序如图3-1所示。

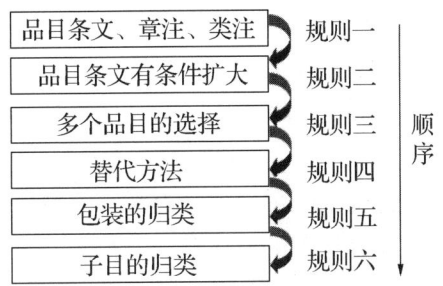

品目条文、章注、类注	规则一	
品目条文有条件扩大	规则二	
多个品目的选择	规则三	顺
替代方法	规则四	序
包装的归类	规则五	
子目的归类	规则六	

图3-1 归类总规则中各规则的适用顺序

第三节　商品归类作业实施

从商品归类的概念可以得知，进行商品归类作业是指根据《协调制度》归类总规则及其他归类依据，经过一系列操作，将商品归入进出口税则中某一编码。整个作业程序大体可以分为两个阶段，即归类准备阶段和归类操作阶段。第一阶段的主要任务是根据已有知识判断商品属于哪一门类，并根据各种门类商品的主要特征收集其归类要素信息，为归类操作做好准备；第二阶段的主要任务是准备选择归类规则，并依照相应的归类依据，通过类章—品目—子目，逐步缩小查找范围，最终将商品准确归入进出口税则中某一编码。

一、归类准备

（一）确定商品所属门类

当需要对商品进行归类时，首先应该找到与归类有关的基本归类要素信息，例如，从单据资料中获取商品名称、规格型号等基本信息。进而确定商品属于动植物类、化工类、轻工类、纺织类、金属类、机电类等类别中的哪一类。只有准确地确定商品属于哪个门类，才能相对准确地收集商品的归类要素信息。

（二）获取归类要素信息

确定商品所属的门类后，一般可以通过以下途径获取相应的归类要素信息：

1. 通过单证资料获取。通过与商品相关的单证资料获取归类要素信息是最主要的途径。例如，可以从商业发票中获取用途、成分等信息；再如，从商品说明书中获取商品功能、原理、作用等信息。

2. 通过货样获取。对于有些商品，仅凭书面资料无法获得足以确定其归类的归类要素信息，则可以采用看货样获取归类要素信息的方法。例如，通过查看某些商品内部的结构，来获取商品的工作原理、性能指标等信息；再如，通过化验的方式，获取化工品的化学成分等信息。

一般通过以上两种方法，便可完成基本归类要素信息的获取任务。

二、归类操作

确定归类要素后，就可以通过类章—品目—子目，逐步缩小查找范围。

（一）确定类章范围

由于前期已经确定了商品所属的门类，所以在一般情况下，基本可以在相应门类的范围内确定商品所属类章。但是由于类标题、章标题无法囊括所有的商品，因此在归类操作过程中，有的商品将可能出现归入两个或两个以上类章的情形。遇此情形，在确定品目时，需要同时通过相应类章项下的品目条文、类章注释继续查找，并进行分析比较，排除不适合归入的类章。

（二）确定品目

确定品目的过程，从某种意义上讲，是依序运用归类总规则一至五的过程。相对于后续其他规则，规则一的运用频率最高，而且可以视为后续其他规则的基础，因此，准确理解品目条文、类章注释，并运用其进行归类是确定品目最基本的技能。

在正确理解品目条文及类章注释的基础上，采用排除法来确定品目。以下是采用排除法确定品目的一般步骤：

1. 类章注释排除法，即从类注释、章注释中寻找依据，排除部分可能归入的章。不过由于类章注释的篇幅有限，很多时候这一步骤并不能达到排除的目的。

2. 品目条文排除法，即从品目条文中寻找依据，排除部分可能归入的品目。

由于商品种类繁多，且千差万别，所以采用"排除法"进行商品归类的时候，可以视不同情况灵活应用。

（三）确定子目

子目有3种排除因子——子目注释、子目条文、《本国子目注释》。其主要具体步骤如下：

1. 子目注释排除法。在操作这一步骤时，应注意，按照归类总规则六的规定，当子目注释与类章注释不一致时，应以子目注释为准。

2. 子目条文排除法。在操作这一步骤时，应严格按照归类总规则六"子目的比较只能在同一数级上进行"的规定，从一级子目至四级子目，依序一级一级往下比较排除，切不可越级比较，否则将直接导致归类错误。

3. 《本国子目注释》排除法。由于《本国子目注释》的内容结构比较简单，所以只需根据已确定的品目查找出相应的子目，并进行排除操作即可，如没有本国子目，可跳过此步骤。

以上仅为商品归类作业的基本程序，只解决商品归类的一般性或规律性的问题，而要真正做好商品归类工作，仅凭这些基本程序是远远不够的。只有经过长期认真的学习和实践，并不断地积累商品知识和归类技巧，才能真正做好商品归类工作。

◇ **拓展阅读**

"蓄电池生产扩展线" 归类补税案例

一、案情简介

2013年10月，某公司申报进口一条蓄电池生产扩展线，申报商品编码为8479.8999.90（关税税率为零，增值税率17%），申报总价100.7万欧元。经调阅企业技术资料发现，该生产扩展线实际由铅带板栅干燥机、铅带开卷机、铅带焊接机、鼓式涂板机等9种设备组成，用于生产蓄电池所需的铅带板栅极板。经审核，该生产扩展线虽然是通过动力输送装置将相应的加工设备连接在一起，但是整套设备不具备税则列名的某种主要功能，不符合《品目注释》"功能机组"的定义，应将各组成设备按照其实际功能分别进行归类，即铅带板栅干燥机归入8419.3990（关税税率9%）、铅带开卷机归入8479.8190（关税税率9.5%）、鼓式涂板机归入8479.8190（关税税率9.5%）等，共计补税86.15万元。

二、商品知识

蓄电池生产扩展线一般主要由放卷机、焊带机、缓冲机、预冲孔机、扩展机、成形机等设备组成。通过对成卷铅带的冲扩、整形，实现电池板栅的快速生产。其生产效率高，相对于铸板机提高10~20倍左右，同时具有节能环保、原材料利用率高等特点，实现板栅的高效清洁生产。其加工工艺过程：开卷—拉网成型—整平—卷边—切断—落料，电气总控制及调试分控。

三、归类评析

（一）归类的相关规定

根据《品目注释》中关于"功能机组"的定义，当一台机器（包括机组）由多个独立部件组成，组合后明显只为第八十四章，更常见的是第八十五章某个品目所列的一种功能工作时，可运用该注释。整套设备应按有关功能归入其相应品目，不论各个部件是否为了方便或其他原因而彼此分开，或仅用管道（装有空气、压缩空气、油等）、传动装置、电缆或其他装置连接起来。

在上述注释中，所称"明显只为一种功能工作"的机器，仅包括在作为一个整体的功能机组中起主要功能作用的机器或机组，但不包括执行辅助功能而不是执行整套设备的主要功能的机器或器具。

（二）评析

对于该生产线的归类，企业与海关存在较大的意见分歧，主要表现在：

企业认为，生产线的功能即为生产电池板栅，各项设备明显组成一条完整的生产线，且具有明确的功能。但由于该项功能在《进出口税则》中无法找到具体列名的税号，因此，应归入商品编码8479.8999.90项下。

海关认为，该生产扩展线虽然是通过动力输送装置将相应的加工设备连接在一起，但是整套设备不具备《进出口税则》列明的某种主要功能，不符合《品目注释》"功能机组"的定义，故应将各组成设备按照其实际功能分别进行归类。

四、工作启示

（一）准确把握"功能机组"的定义和范畴

功能机组应该是由多个独立部件组成，组合后明显只为第八十四章或第八十五章某个品目所列的一种功能工作。本案例中，加工生产电池板栅不属于某品目所列的功能，因此，不符合《品目注释》关于"功能机组"的定义。

（二）加强对进口设备组成结构的审核

经济全球化的大背景下，产业转移已成为普遍现象。国内产业升级正契合了国外对产业转移的需求。因此，国内大量的生产型企业正在通过进口加工生产设备进行产业转移的承接工作，由此引发了国外先进的大型生产线大量地被引进到国内。为此，审单关员必须加大对高价值进口设备或生产线的审核力度，确保归类的准确性。

（三）强化审单与查验及属地海关的联系配合

通关效率的提升，大大压缩了专业审单的时间。为了提高审单的针对性和有效性，发挥验估作业和属地监管的优势，应密切审单部门与现场查验及属地海关的联系配合，形成风险识别合作机制，提升监管效能。

◇ 知识考查与技能训练

将以下货品进行商品归类，并查看其对应的税率信息：

1. 观赏用活金鱼。
2. 女式针织文胸，材质按重量计棉占90%，氨纶占10%。
3. 新鲜的未炼制的猪脂肪。
4. 小汽车专用皮革座椅。
5. 液态人造黄油。
6. 已剪成手套形状的机织纯棉布。

第四章·原产地的确定

DI-SI ZHANG YUANCHANDI DE QUEDING

◇ 职业要求

　　国际关务人员及其他进出口税费相关岗位人员应掌握非优惠原产地与优惠原产地规则的相关知识和技术。

◇ 学习目标

　　知识目标：通过本章的学习，了解原产地的基本知识，掌握原产地的认定标准和申报要求。

　　能力目标：通过本章的学习，能够根据原产地标准判断进出口货物的原产地，能够运用直接运输规则和原产地证明文件正确申报，能够区别不同优惠贸易协定的要求。

◇ 学习内容

　　本章的主要学习内容包括：原产地规则的概念及分类，非优惠原产地标准，优惠原产地标准，直接运输规则，优惠原产地证书，我国已实施的优惠贸易协定。

第一节 原产地规则概述

一、原产地规则的概念

在国际贸易中，原产地是指货物生产或制造地（国家或地区），即货物的"国籍"。各国为了准确有效地使用对外贸易政策，以本国立法形式制定出鉴别货物"国籍"的标准，称为原产地规则。

世界贸易组织《原产地规则协议》将原产地规则定义为：一国（或地区）为确定商品原产地而实施的普遍适用的法律、法规和行政决定。

随着国际贸易的发展，原产地规则成为各国实施国别贸易政策所适用的关税和非关税政策的重要工具。原产地的不同决定了进口商品所享受的待遇不同。

二、原产地规则的分类

（一）根据享受的待遇不同，可分为优惠原产地规则和非优惠原产地规则

为了使出口货物获得进口国的优惠待遇（如普惠制）或区域性经济集团的成员方之间获得互惠性的优惠待遇而制定的原产地规则，称为优惠性原产地规则，反之，则为非优惠原产地规则。进口货物是否适用优惠原产地规则需要进行确定（见图4-1）。

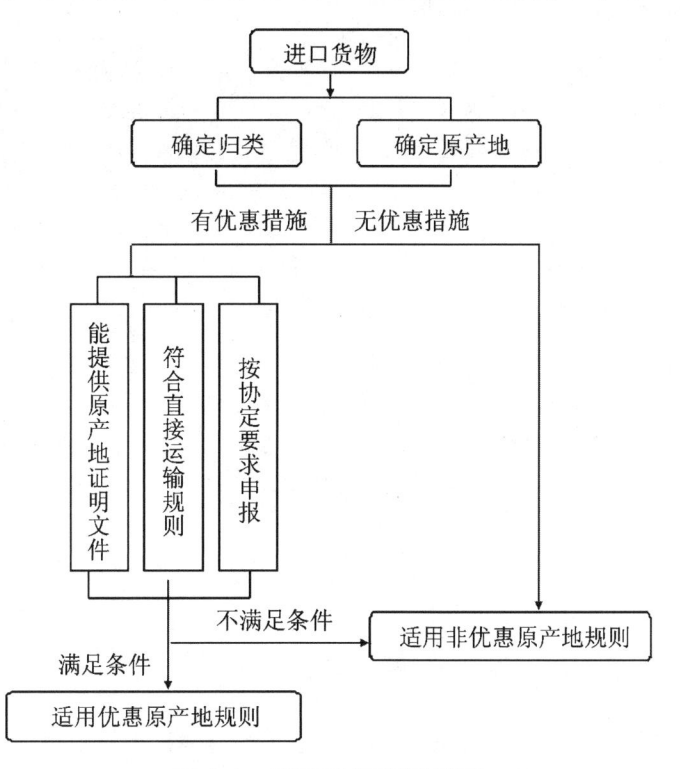

图 4-1 原产地规则适用图

优惠原产地规则又可分为普惠制原产地规则、特惠制原产地规则、区域贸易安排或自由贸易区原产地规则。有些发展中国家没有非优惠原产地规则，只有优惠原产地规则。

（二）根据原产地规则制定者数量的不同，可分为单边原产地规则和多边原产地规则

单边原产地规则由一方单独制定，优惠普遍适用于另一方，例如，普惠制和特惠制项下的原产地规则。多边原产地规则，由参与多边贸易体制所有成员共同商定，对各成员普遍适用。

（三）根据货物的流向不同，可分为进口原产地规则和出口原产地规则

实际上，进口原产地规则多用于非优惠原产地规则，出口原产地规则多用于优惠原产地规则。但我国把进出口货物原产地规则合二为一。

在上述分类中，最为常用的分类方式是按享受待遇不同划分，即优惠原产地规则和非优惠原产地规则。

第二节　非优惠原产地规则

一、非优惠原产地规则概述

非优惠原产地规则，也称为自主原产地规则，是一国（地区）根据实施其海关税则和其他贸易措施的需要，由本国（地区）立法自主制订的。按照世界贸易组织的规定，适用于非优惠性贸易政策措施的原产地规则，其实施必须遵守最惠国待遇原则，即必须普遍地、无差别地适用于所有原产地为最惠国的进口货物，适用于实施最惠国待遇、反倾销和反补贴、保障措施、原产地标记管理、国别数量限制、关税配额等非优惠性贸易措施，以及进行政府采购、贸易统计等活动对进出口货物原产地的确定。为了促使世界贸易组织成员统一实施《协调非优惠原产地规则》，世界贸易组织仍在积极协调谈判，以取代各国（地区）自主制订的非优惠原产地规则。

我国加入世界贸易组织后，为了履行入世承诺，并正确确定进出口货物的原产地，有效实施各项贸易措施，促进对外贸易的发展，2004年8月，国务院审议通过《中华人民共和国进出口货物原产地条例》（以下简称《原产地条例》），自2005年1月1日起实施。《原产地条例》从适用范围、原产地标准，到原产地必须遵循的透明度原则、非歧视原则、原产地可预先认定原则、保税原则等均与世界贸易组织的《协调非优惠原产地规则》相同。

二、我国非优惠原产地规则的主要内容

《原产地条例》规定，非优惠原产地规则主要包括原产地认定标准、预确定及原产地证书申领、验核等内容。

（一）原产地认定标准

目前，我国确定非优惠原产地的认定标准主要有完全获得标准和实质性改变标准。

1. 完全获得标准

完全获得标准，又称完全原产产品标准，是指完全在一个国家（地区）获得的产品，以该国（地区）为原产地。完全获得产品一般是指在一国（地区）种植、开采或利用该国（地区）自然出产的原料在该国（地区）加工制成的产品。

我国所称的完全获得的产品，主要是指：

（1）在该国（地区）出生并饲养的活的动物；
（2）在该国（地区）野外捕捉、捕捞、收集的动物；
（3）从该国（地区）的活的动物获得的未经加工的物品；
（4）在该国（地区）收获的植物和植物产品；
（5）在该国（地区）采掘的矿物；
（6）在该国（地区）获得的除本条第（1）项至第（5）项范围之外的其他天然生成的物品；
（7）在该国（地区）生产过程中产生的只能弃置或者回收用作材料的废碎料；
（8）在该国（地区）收集的不能修复或者修理的物品，或者从该物品中回收的零件或者材料；
（9）由合法悬挂该国旗帜的船舶从其领海以外海域获得的海洋捕捞物和其他物品；
（10）在合法悬挂该国旗帜的加工船上加工本条第9项所列物品获得的产品；
（11）从该国领海以外享有专有开采权的海床或者海床底土获得的物品；
（12）在该国（地区）完全利用本条第1项至第11项所列物品生产的产品。

此外，在确认完全获得标准时，不受以下微小的加工处理的影响：为运输、贮存期间保存货物而作的加工或者处理；为货物便于装卸而作的加工或者处理；为货物销售而作的包装等加工或者处理。

2. 实质性改变标准

实质性改变标准，又称非完全获得标准，是指两个以上国家（地区）参与生产的货物，以最后完成实质性改变的国家（地区）为原产地。

"税则归类改变"标准，是指在某一国家（地区）对非该国（地区）原产材料进行制造、加工后，所得货物在《进出口税则》中的4位数级税目归类发生了变化。

"制造、加工工序"标准，是指在某一国家（地区）进行的赋予制造、加工后所得货物基本特征的主要工序。

"从价百分比"标准，是指在某一国家（地区）对非该国（地区）原产材料进行制造、加工后的增值部分超过了所得货物价值的30%。其用公式表示如下：

[工厂交货价－非该国（地区）原产材料价值] /工厂交货价×100%≥30%

其中，"工厂交货价"是指支付给制造厂生产的成品的价格；"非该国（地区）原产材料价值"是指直接用于制造或装配最终产品而进口原料、零部件的价值（含原产地不明的原料、零配件），以其进口"成本、保险费加运费"价格（CIF）计算。

以制造、加工工序和从价百分比为标准判定实质性改变的货物，会在适用制造或者加工工序及从价百分比标准的货物清单（节选部分，见表4-1）中具体列明，并按列明的标准判定是否发生实质性改变。未列入适用制造或者加工工序及从价百分比标准的货物清单的货物实质性改变，应适用税则归类改变标准。

表4-1 适用制造或者加工工序及从价百分比标准的货物清单（节录）

税则号列	货物描述	实质性改变标准
第十一类	纺织原料及纺织制品	
第61章		
61.01	针织或钩编的男式大衣、短大衣、斗篷、短斗篷、带风帽的防寒短上衣（包括滑雪短上衣）、防风衣、防风短上衣及类似品，但税目61.03的货品除外	裁剪、缝纫至成衣或针织或编结
61.02	针织或钩编的女式大衣、短大衣、斗篷、短斗篷、带风帽的防寒短上衣（包括滑雪短上衣）、防风衣、防风短上衣及类似品，但税目61.04的货品除外	裁剪、缝纫至成衣或针织或编结
61.03	针织或钩编的男式西服套装、便服套装、上衣、长裤、护胸背带工装裤、马裤及短裤（游泳裤除外）	裁剪、缝纫至成衣或针织或编结
61.04	针织或钩编的女式西服套装、便服套装、上衣、连衣裙、裙子、裙裤、长裤、护胸背带工装裤、马裤及短裤（游泳服除外）	裁剪、缝纫至成衣或针织或编结

说明：本清单是根据《进出口税则》的类、章和税则号列进行编排。

"税则号列"中除具体列出4位数级税目号外，对包含《进出口税则》中某章全部4位数级税目号的货物，只列出该章的标题；对特指4位数级税目号中的某一货物，在该税目号前加注"*"标记。

"实质性改变标准"为其所对应的货物适用的制造或者加工工序、从价百分比的标准。

"裁剪"是指对全部衣片（或工料）的裁剪。

（二）原产地预确定

进口货物进口前，进口货物的收货人或者与进口货物直接相关的其他当事人，在有正当理由的情况下，可以书面申请海关对将要进口的货物的原产地作出预确定决定，并提交相关资料。

海关应当在收到原产地预确定书面申请及全部必要资料之日起150天内，依照本条例的规定对该进口货物作出原产地预确定决定，该决定有效期3年。

（三）原产地证书

原产地证书是证明产品原产地的书面文件，是受惠国的产品出口到给惠国时享受关税优惠的重要凭证。我国规定各地海关、中国国际贸易促进会及其地方分会有权签发出口原产地证书。进口方要求我国官方机构签发原产地证书的，申领人应当向出口货物申报地海关申请签发；进口方对签发机构是否官方没有要求的，可至中国国际贸易促进会及其地方分会申请签发。

（四）原产地验核

海关在审核确定进口货物原产地时，可以要求进口货物的收货人提交该进口货物的原产地证书，并予以审验；必要时，可以请求该货物出口国（地区）的有关机构对该货物的原产地进行核查。

第三节　优惠原产地规则

一、优惠原产地规则概述

优惠原产地规则是指一国为了实施基于国别的优惠性贸易政策而制定的法律、法规，通常是双边、多边协定形式或者是由本国自主形式制订的一些特殊原产地认定标准，因此也称为协定原产地规则。优惠原产地规则具有明显的排他性，优惠范围以相关条约、协定所覆盖的原产地为受惠国（地区）的进口产品为限。

优惠原产地规则主要有以下两种实施方式：一是通过自主方式授予，如欧盟普惠制（GSP）、我国对最不发达国家的特别优惠关税待遇；二是通过协定以互惠性方式授予，如北美自由贸易协定、中国—东盟自由贸易区协定等。由于优惠原产地规则适用于认定进口货物有无资格享受比最惠国更优惠待遇的依据，所以其认定标准会与非优惠原产地规则不同。

我国加入世界贸易组织后，为了进一步改善所处的贸易环境，推进市场多元化进程，截至目前，我国先后签订了《亚太贸易协定》《中国—东盟自由贸易协定》《内地与香港关于建立更紧密经贸关系的安排》《内地与澳门关于建立更紧密经贸关系的安排》《中国—巴基斯坦自由贸易协定》《中国—智利自由贸易协定》《中国—新加坡自由贸易协定》《中国—秘鲁自由贸易协定》《海峡两岸经济合作框架协议》《中国—哥斯达黎加自由贸易协定》《中国—冰岛自由贸易协定》《中国—瑞士联邦自由贸易协定》《中国—澳大利亚自由贸易协定》《中国—韩国自由贸易协定》及最不发达国家特别优惠关税待遇等优惠贸易协定。

以上诸多优惠贸易协定中的原产地管理办法各不相同、纷繁复杂。为了统一管理办法，2009年1月8日，海关总署发布了《优惠原产地管理规定》。该规定是具有普遍适用性的，统领现有与将来的各优惠贸易协定的优惠原产地管理办法。

二、我国优惠原产地规则的主要内容

从优惠贸易协定成员国或者地区（以下简称成员国或者地区）直接运输进口的货物，符合下列标准之一的，其原产地为该成员国或者地区。

（一）原产地认定标准

1. 完全获得标准

完全获得是指完全在该成员国或者地区获得或者生产的货物，主要有：

（1）在该成员国或者地区境内收获、采摘或者采集的植物产品；

（2）在该成员国或者地区境内出生并饲养的活动物；

（3）在该成员国或者地区领土或者领海开采、提取的矿产品；

（4）其他符合相应优惠贸易协定项下完全获得标准的货物。

2. 非完全获得标准

根据《优惠原产地管理规定》第五条的规定，非完全在该成员国或者地区获得或者生产的货物，按照相应优惠贸易协定规定的税则归类改变标准、区域价值成分标准、制造加工工序标准或者其他标准确定其原产地。

（1）税则归类改变标准，是指原产于非成员国或者地区的材料在出口成员国或者地区境内进行制造、加工后，所得货物在《协调制度》中的税则归类发生了变化。

（2）区域价值成分标准，是指出口货物船上交货价格（FOB）扣除该货物生产过程中该成员国或者地区的非原产材料价格后，所余价款在出口货物船上交货价格（FOB）中所占的百分比。我国签订的不同优惠贸易协定下的区域价值成分标准各有不同，现列出部分贸易协定的区域价值成分标准：

①《亚太贸易协定》规定，生产过程中所使用的非成员方原产的或者不明原产地的材料、零件或产物的总价值不超过该货物FOB价的55%，原产于最不发达受惠国（即孟加拉国）的产品上述比例不超过65%。

②《中国—东盟合作框架协议》规定，关于区域价值成分的要求是，原产于非中国—东盟自由贸易区的材料、零件或者产物的总价值不超过所生产或者获得产品FOB价的60%，并且最后生产工序在成员方境内完成。

③《中国—新西兰自贸区协定》关于区域价值成分的要求分为几种，有些货物需符合40%的标准，有些则为50%，这些不同的要求通常均在规章之后以附件形式进行列明。

（3）制造加工工序标准，是指赋予加工后所得货物基本特征的主要工序。

（4）其他标准，是指除上述标准之外，成员国或者地区一致同意采用的确定货物原产地的其他标准。例如，混合标准，就是根据需要把前面所述的3种标准混合使用的标准，在内地与香港、澳门CEPA中，部分产品使用了加工工序和区域价值成分相结合的混合标准。

（二）直接运输规则

1. 直接运输规则概述

直接运输规则是指优惠贸易协定项下进口货物从该协定成员国或者地区直接运输至中国境内，途中未经过该协定成员国或者地区以外的其他国家或地区（以下简称其他国家或者地区）。

对于许多国家来说，由于其地理位置的原因或运输方的需要，货物的进出口必须经过第三国（地区）。例如，内陆国家（地区）（除空运外）的运输，不得不途经其他国家（地区）。在采用班轮运输时，班轮不停靠或无直接通航的国家（地区），其海运只能经其他国家（地区）转运、换装运输工具，或暂时存入海关监管仓库。因此，许多国家（地区）对直接运输规则作了例外规定。允许货物经过出口国（地区）以外的其他国家（地区）领土过境或转运，便必须在途经国家（地区）海关监管下进行，不得进入途经国（地区）市场或使用，也不得进入任何除装卸和为使货物保持良好状态而进行的必要处理外的加工作业。

2. 直接运输规则的相关规定

原产于优惠贸易协定成员国或者地区的货物，经过其他国家或者地区运输至中国境内，不论在运输途中是否转换运输工具或者作临时储存，同时符合下列条件的，应当视为"直接运输"：

（1）该货物在经过其他国家或者地区时，未做除使货物保持良好状态所必须处理以外的其他处理；

（2）该货物在其他国家或者地区停留的时间未超过相应优惠贸易协定规定的期限；

（3）该货物在其他国家或者地区作临时储存时，处于该国家或者地区海关监管之下。

确认货物的运输是否符合直接运输规则的证明文件一般没有统一格式和内容要求。通常提供原产地签发的联运提单、过境地海关签发的未加工证明等文件资料即可。但由于我国与其他国家或地区签署的优惠贸易协定或贸易安排一般均有直接运输证明的具体规定，收货人只有按规定向海关提交规定的证明文件才能享受优惠关税待遇。

（三）原产地证书

1. 原产地证书概述

优惠贸易协定项下出口货物原产地证书（优惠原产地证书）是指订有优惠贸易协定国家或地区的官方机构签发的、享受成员方关税互惠减免待遇的凭证。我国出口货物的优惠原产地证书的签发机构是海关和中国国际贸易促进委员会及其地方分会。优惠原产地证书的签发按各贸易协定的具体规定执行。

目前，各个优惠贸易协定项下的原产地证书格式，基本上是适用于各自成员方之间，根据谈判的结果采用专门统一的格式。证书一般采用国际标准 A4 纸印制，所用文字为英语，在证书的表头，一般均标明所属的优惠贸易协定的名称，以示适用范围。

2. 优惠原产地申报要求

货物申报进口时，进口货物收货人或者其代理人应当按照海关的申报规定填制"中华人民共和国海关进口货物报关单"（以下简称进口货物报关单），申明适用协定税率或者特惠税率，并同时提交下列单证：

（1）货物的有效原产地证书正本，或者相关优惠贸易协定规定的原产地声明文件；

（2）货物的商业发票正本、运输单证等其他商业单证。

货物经过其他国家或者地区运输至中国境内，应当提交证明符合规定的联运提单等证明文件。在其他国家或者地区临时储存的，还应当提交该国家或者地区海关出具的证明符合规定的其他文件。

进口货物收货人及其代理人未依照规定提交原产地证书、原产地声明的，应当在申报进口时就进口货物是否具备相应的优惠贸易协定成员国或者地区原产资格向海关进行补充申报，海关可以根据进口货物收货人或者其代理人的申请，按照协定税率或者特惠税率收取等值保证金后放行货物，并按照规定办理进口手续、进行海关统计。

三、我国已实施的优惠贸易协定简介

（一）《亚太贸易协定》

2008年9月27日，海关总署制定了《中华人民共和国海关〈亚太贸易协定〉项下进出口货物原产地管理办法》，于2018年修订。修订后的《〈亚洲—太平洋贸易协定〉原产地规则》（海关总署公告2018年第69号）于2018年7月1日起执行。

1. 原产地标准

（1）完全获得标准

与世界海关组织《关于简化和协调海关业务制度的国际公约》（以下简称《京都公约》）规定的完全获得标准基本一致。

（2）实质性改变标准

某一成员国（地区）非原产材料成分不超过55%，且最后生产工序在该国（地区）境内完成的货物，其原产地为该国（地区）。非原产材料包括在生产过程中所使用的进口非原产材料和不明原产地材料。

如果制造或者加工该最终产品的成员国（地区）为最不发达成员国（地区），非成员国（地区）材料的累计成分在该最终产品中不超过其船上交货价格的50%，则可视为该最不发达成员国（地区）的原产货物。

2. 直接运输规则

《亚太贸易协定》项下的进口货物未经任何非成员方境内。

如货物运输途中经过一个或者多个中国和巴基斯坦之外的国家或者地区，在这些国家或者地区不论是否转换运输工具或者作临时储存，同时符合了以下条件，应当视为"直接运输"：

（1）由于地理原因或者仅出于运输需要；

（2）货物未在这些国家或者地区进入贸易或者消费领域；

（3）货物在经过这些国家或者地区时，未做除装卸或者其他为使货物保持良好状态所必须处理以外的其他处理。

3. 原产地证书

货物申报进口时，进口货物收货人应当按照海关的申报规定填制进口货物报关单，申明适用《亚太贸易协定》协定税率或者特惠税率，并同时提交下列单证：

（1）由《亚太贸易协定》成员方政府指定的机构在货物出口时签发或者货物装运后3个工作日内签发的原产地证书正本（见图4-2）。该证书由该成员方政府指定机构以手工或者电子形式签发；用国际标准A4纸印制，所用文字为英文；印章与该成员方通知中国海关的印章印模相符。原产地证书不得涂改和叠印，所有未填空白之处应当予以划去，以防事后填写。

SAMPLE CERTIFICATE OF ORIGIN
Asia-Pacific Trade Agreement
(Combined declaration and certificate)

1. Goods consigned from: (Exporter's business name, address, country)	Reference No. Issued in …………… (Country)
2. Goods consigned to: (Consignee's name, address, country)	3. For Official use
4. Means of transport and route:	

5. Tariff item number:	6. Marks and number of Packages:	7. Number and kind of packages/ description of goods:	8. Origin criterion (see notes overleaf)	9. Gross weight or other quantity:	10. Number and date of invoices:

11. Declaration by the exporter: The undersigned hereby declares that the above details and statements are correct: that all the goods were produced in ………………………… (Country) and that they comply with the origin requirements specified for these goods in the Asia-Pacific Trade Agreement for goods exported to ………………………… (Importing Country) ………………………… Place and date, signature of authorized Signatory	12. Certificate It is hereby certified on the basis of control carried out, that the declaration by the exporter is correct. ………………………… Place and date, signature and Stamp of Certifying Authority

图 4-2 《亚太贸易协定》项下原产地证书（样本）

因不可抗力不能在原产地证书签发之日起1年内提交原产地证书的，进口货物收货人还应当一并提交证明材料。

（2）货物商业发票正本、装箱单及其相关运输单证。货物经过其他国家或者地区运输至我国境内的，进口货物收货人应当提交在该成员国境内签发的联运提单、货物商业发票正本，以及相关证明文件。

4. 其他通关管理措施

（1）补充申报

货物进口时，进口货物收货人及其代理人未能提交原产地证书的，应当在报关时就进口货物是否具备原产地资格进行补充申报。向海关补充申报的，海关可以根据进口货物收货人或其代理人的申请，收取相当于应缴税款的等值保证金后先行办理放行手续。

（2）原产地验核

在货物申报进口时，海关将对原产地证书的格式、内容、签章、有效期等栏目进行审核，并确认报关单的申报内容与原产地证书、商业发票等单证内容相符。

海关对原产地证书的真实性或货物原产地的准确性存在怀疑时，可向出口方有关机构提出核查要求。核查期间，海关可依法选择按照该货物适用的最惠国税率、普通税率和其他税率，收取相当于应缴税款的等值保证金后放行货物。根据核查结果，办理保证金退还或保证金转税手续。

进口货物属于国家限制进口的，或者有违法嫌疑的，在原产地证书核查完毕前，海关不予放行货物。

（二）《中国—东盟自由贸易协定》

2010年11月15日，海关总署审议通过《中华人民共和国海关〈中华人民共和国与东南亚国家联盟全面经济合作框架协议〉项下进出口货物原产地管理办法》（海关总署令第199号），于2011年1月1日起实施。该办法于2019年修订，修订后的《中华人民共和国海关〈中华人民共和国与东南亚国家联盟全面经济合作框架协议〉项下经修订的进出口货物原产地管理办法》（海关总署公告2019年第136号）于2019年8月20日起执行。

1. 原产地标准

（1）完全获得标准

与世界海关组织《京都公约》规定的完全获得标准基本一致。

（2）实质性改变标准

除另有规定外，原产于一成员方境外（非中国—东盟自由贸易区）的材料、零件或产物的总价值不超过所获得或生产产品的离岸价格的60%，且最后生产工序在成员方境内完成。

2. 直接运输规则

《中国—东盟自由贸易协定》项下的进口货物从出口成员方直接运输到我国。

如货物运输途中经过一个或多个非中国—东盟自由贸易区成员方境内，在这些国家或者地区不论是否转换运输工具或者作临时储存，同时符合了以下条件，应当视为"直接运输"：

（1）可证明过境运输是由于地理原因或仅出于运输需要的考虑；

（2）产品未在这些国家或者地区进入贸易或消费领域；

（3）除装卸或其他为使产品保持良好状态的处理外，产品在这些国家或者地区未经任何其他操作。

3. 原产地证书

申请享受优惠关税减让的产品，申报时应提交由出口成员方指定的政府机构签发的原产地证书（见图4-3）。

	Original (Duplicate/Triplicate)
1. Products consigned from (Exporter's business name, address, country)	Reference No. ASEAN-CHINA FREE TRADE AREA PREFERENTIAL TARIFF CERTIFICATE OF ORIGIN (Combined Declaration and Certificate) FORM E Issued in _____ (Country) See Overleaf Notes
2. Products consigned to (Consignee's name, address, country)	
3. Means of transport and route (as far as known) Departure date Vessel's name/Aircraft etc. Port of Discharge	4. For Official Use ☐ Preferential Treatment Given ☐ Preferential Treatment Not Given (Please state reason/s) Signature of Authorised Signatory of the Importing Party

5. Item number	6. Marks and numbers on packages	7. Number and type of packages, description of products (including quantity where appropriate and HS number of the importing Party)	8. Origin criteria (see Overleaf Notes)	9. Gross weight or other quantity and value (FOB)	10. Number and date of invoices

11. Declaration by the exporter The undersigned hereby declares that the above details and statement are correct; that all the products were produced in _____ (Country) and that they comply with the origin requirements specified for these products in the Rules of Origin for the ACFTA for the products exported to _____ (Importing Country) _____ Place and date, signature of authorised signatory	12. Certification It is hereby certified, on the basis of control carried out, that the declaration by the exporter is correct. _____ Place and date, signature and stamp of certifying authority
13 ☐ Issued Retroactively ☐ Exhibition ☐ Movement Certificate ☐ Third Party Invoicing	

图4-3 《中国—东盟原产地管理办法》项下原产地证书（样本）

4. 其他通关管理措施

(1) 补充申报

进口货物收货人及其代理人未依照规定提交原产地证书的,应当在申报进口时就进口货物是否具备相应的优惠贸易协定成员国或者地区原产资格向海关进行补充申报,海关可以根据进口货物收货人或者其代理人的申请,按照协定税率或者特惠税率收取等值保证金后办理放行。

(2) 原产地验核

申报地海关对原产地证书内容的真实性产生怀疑时,可以请求东盟国家(地区)有关政府机构对原产地证书进行核查,收到核查请求的机构在6个月内作出答复。在等待核查结果期间,申报地海关可以按照非协议项下该货物适用的税率征收相当于应缴税款的等值保证金后先予放行货物,并按规定办理进口手续。核查完毕后,申报地海关应当根据核查结果,立即办理退还保证金手续或者保证金转为进口关税手续。

进口货物属于国家禁止或者限制进口货物,或者有违法嫌疑的,海关在原产地证书核查完毕前不得放行货物。

(三)《内地与香港关于建立更紧密经贸关系的安排》

《内地与香港关于建立更紧密经贸关系的安排》(以下称香港CEPA)项下《关于货物贸易的原产地规则》于2004年1月1日开始执行,并分别于2012年、2019年做了部分修改。2019年,海关总署制定了《中华人民共和国海关〈《内地与香港关于建立更紧密经贸关系的安排》货物贸易协议〉项下进出口货物原产地管理办法》(海关总署公告2018年第214号),于2019年1月1日开始实施,并修订原产地标准(海关总署公告2019年第167号),于2019年11月1日开始实施。

1. 原产地标准

(1) 完全获得标准

"完全在香港获得的货物"是指:

①在香港开采或者提取的矿产品;

②在香港收获或者采集的植物或者植物产品;

③在香港出生并饲养的活动物;

④在香港从本条第③项所述动物获得的产品;

⑤在香港狩猎或者捕捞所获得的产品;

⑥持香港牌照并悬挂香港特别行政区区旗的船只在公海捕捞获得的鱼类和其他海产品;

⑦在持香港牌照并悬挂香港特别行政区区旗的船只上加工本条第⑥项所述产品获得的产品;

⑧在香港收集的香港消费过程中产生的仅适于原材料回收的废旧物品;

⑨在香港加工制造过程中产生的仅适于原材料回收的废碎料;

⑩利用本条第①项至第⑨项所述产品在香港加工所获得的产品。

(2) 实质性改变标准

①"制造或者加工工序"是指赋予加工后所得货物基本特征的主要工序。在香港

境内完成该工序的视为进行了实质性加工。

②"税号改变"是指非香港原产材料在香港境内加工生产后，所得产品在《进出口税则》中4位数级的税目归类发生了变化，并且该产品不再在香港以外的国家或者地区进行任何改变4位数级税目归类的生产、加工或者制造。

③"从价百分比"是指香港原产的原料、组合零件的价格及在香港产生的劳工价值和产品开发支出价格的合计与出口制成品船上交货价格（FOB）的比值。该比值大于或者等于30%，并且产品的最后制造或者加工工序在香港境内完成的，视为进行了实质性加工。

应注意的是，香港使用内地原产的原料或者组合零件在香港构成出口制成品组成部分的，在计算该出口制成品的从价百分比时，该内地原产原料或者组合零件应当视为原产于香港。该出口制成品的从价百分比应大于或者等于30%，且在不记入该内地原产的原料或者组合零件价格时的从价百分比应大于或者等于15%。

④"混合标准"是指确定原产地时同时使用的上述两个或者两个以上的标准。

2. 直接运输规则

香港CEPA项下的进口货物应当从香港直接运输至内地口岸。

3. 原产地证书

香港CEPA项下的进口货物报关时，收货人应当主动向申报地海关申明该货物适用零关税，并提交符合香港CEPA项下《关于原产地证书的签发和核查程序》规定的有效原产地证书。原产地证书经海关联网核对无误的，海关准予按照零关税办理货物进口手续。经海关核对确认证书无效的，不适用零关税。

申报地海关因故无法进行联网核对，且收货人要求放行货物的，海关可以按照非香港CEPA项下该货物适用的税率征收相当于应缴税款的等值保证金后先予放行货物，并按规定办理进口手续，进行海关统计。申报地海关应当自该货物放行之日起90天内核定其原产地证书的真实情况，根据核定结果办理退还保证金手续或者保证金转为进口关税手续，海关统计数据应作相应的修改。

4. 其他通关管理措施

（1）补充申报

申报地海关因故无法进行联网核对，且收货人要求放行货物的，海关可以按照非香港CEPA项下该货物适用的税率征收相当于应缴税款的等值保证金后先予放行货物，并按规定办理进口手续。

（2）原产地验核

申报地海关对原产地证书内容的真实性产生怀疑时，可以通过海关总署或者其授权的海关向香港海关提出协助核查的请求。在等待香港海关核查结果并确认有关原产地证书期间，申报地海关可以按照非香港CEPA项下该货物适用的税率征收相当于应缴税款的等值保证金后先予放行货物，并按规定办理进口手续。香港海关核查完毕后，申报地海关应当根据核查结果，立即办理退还保证金手续或者保证金转为进口关税手续。

（四）《内地与澳门关于建立更紧密经贸关系的安排》

《内地与澳门关于建立更紧密经贸关系的安排》（以下称澳门CEPA）项下《关于

货物贸易的原产地规则》于 2004 年 1 月 1 日开始执行，并分别于 2005 年、2012 年作了部分修改。2019 年，海关总署公布了《中华人民共和国海关〈《内地与澳门关于建立更紧密经贸关系的安排》货物贸易协议〉项下进出口货物原产地管理办法》，于 2019 年 1 月 1 日开始实施。

1. 原产地标准

（1）完全获得标准

"完全在澳门获得的货物"是指：

①在澳门开采或者提取的矿产品；

②在澳门收获或者采集的植物或者植物产品；

③在澳门出生并饲养的活动物；

④在澳门从本条第③项所述动物获得的产品；

⑤在澳门狩猎或者捕捞所获得的产品；

⑥持澳门牌照并悬挂澳门特别行政区区旗的船只在公海捕捞获得的鱼类和其他海产品；

⑦在持澳门牌照并悬挂澳门特别行政区区旗的船只上加工本条第⑥项所述产品获得的产品；

⑧在澳门收集的澳门消费过程中产生的仅适于原材料回收的废旧物品；

⑨在澳门加工制造过程中产生的仅适于原材料回收的废碎料；

⑩利用本条第①项至第⑨项所述产品在澳门加工所得的产品。

（2）实质性改变标准

①"制造或者加工工序"是指赋予加工后所得货物基本特征的主要工序。在澳门境内完成该工序的视为进行了实质性加工。

②"税号改变"是指非澳门原产材料在澳门境内加工生产后，所得产品在《进出口税则》中 4 位数级的税目归类发生了变化，并且该产品不再在澳门以外的国家或者地区进行任何改变 4 位数级税目归类的生产、加工或者制造。

③"从价百分比"是指澳门原产的原料、组合零件的价格及在澳门产生的劳工价值和产品开发支出价格的合计与出口制成品船上交货价格（FOB）的比值。该比值大于或者等于 30%，并且产品的最后制造或者加工工序在澳门境内完成的，视为进行了实质性加工。

应注意的是，澳门使用内地原产的原料或者组合零件在澳门构成出口制成品组成部分的，在计算该出口制成品的从价百分比时，该内地原产原料或者组合零件应当视为原产于澳门。该出口制成品的从价百分比应当大于或者等于 30%，且在不记入该内地原产的原料或者组合零件价格时的从价百分比应当大于或者等于 15%。

④"其他标准"是指除上述的制造或者加工工序标准、税号改变标准和从价百分比标准之外，内地与澳门主管部门一致同意采用的确定原产地的其他方法。

⑤"混合标准"是指确定原产地时同时使用的上述两个或者两个以上的标准。

2. 直接运输规则

澳门 CEPA 项下的进口货物应当从澳门直接运输至内地口岸。

进口货物从澳门经过香港运输至内地口岸，并且同时符合下列条件的，视为从澳门直接运输：

①仅是由于地理原因或者运输需要；

②未在香港进行贸易或者消费；

③除装卸或者保持货物处于良好状态所需的加工外，在香港未进行其他任何加工。

3. 原产地证书

澳门 CEPA 项下的进口货物报关时，收货人应当主动向申报地海关申明该货物适用零关税，并提交符合澳门 CEPA 项下《关于原产地证书的签发和核查程序》规定的有效原产地证书。

从澳门经过香港运输至内地口岸的进口货物，除符合前款规定外，收货人还应当向申报地海关补充提供下列单证：

①在澳门签发的联运提单；

②货物的原厂商发票；

③符合澳门 CEPA 项下《关于原产地证书的签发和核查程序》第十条规定的相关证明文件。

原产地证书经海关联网核对无误的，海关准予按照零关税办理货物进口手续。经海关核对确认证书无效的，不适用零关税。

申报地海关因故无法进行联网核对，且收货人要求放行货物的，海关可以按照非澳门 CEPA 项下该货物适用的税率征收相当于应缴税款的等值保证金后先予放行货物，并按规定办理进口手续，进行海关统计。申报地海关应当自该货物放行之日起 90 天内核定其原产地证书的真实情况，根据核定结果办理退还保证金手续或者保证金转为进口关税手续，海关统计数据应当作相应的修改。

4. 其他通关管理措施

（1）补充申报

申报地海关因故无法进行联网核对，且收货人要求放行货物的，海关可以按照非澳门 CEPA 项下该货物适用的税率征收相当于应缴税款的等值保证金后先予放行货物，并按规定办理进口手续。

（2）原产地验核

申报地海关对原产地证书内容的真实性产生怀疑时，可以通过海关总署或者其授权的海关向澳门海关或者澳门经济局提出协助核查的请求。在等待澳门海关或澳门经济局核查结果并确认有关原产地证书期间，申报地海关可以按照非澳门 CEPA 项下该货物适用的税率征收相当于应缴税款的等值保证金后先予放行货物，并按规定办理进口手续。澳门海关或澳门经济局核查完毕后，申报地海关应当根据核查结果，立即办理退还保证金手续或者保证金转为进口关税手续。

（五）对台湾地区农产品零关税优惠措施

经国务院批准，自 2007 年 3 月 20 日起对原产于台湾地区的 19 种进口农产品免征关税。2017 年 1 月 1 日起，我国进出口税则税目转版，中国大陆对台湾地区部分农产品零关税政策产品清单也相应发生变化。因此，海关总署制定了《部分原产于台湾地区的进口农产品免征进口关税的产品清单（2017 年版）》（见表 4-2），自 2017 年 1 月

1日起执行。

表4-2　部分原产于台湾地区的进口农产品免征关税的产品清单（2017年版）

序号	ex	2017年税则号列	商品名称	对台湾地区税率（%）
1		03022400	鲜、冷大菱鲆	0
2		03022900	其他鲜、冷比目鱼	0
3		03024100	鲜、冷鲱鱼	0
4		03024400	鲜、冷鲭鱼	0
5	ex	03027900	鲜、冷尼罗河鲈鱼	0
6		03028400	鲜、冷尖吻鲈鱼	0
7		03028910	鲜、冷带鱼	0
8		03028930	鲜、冷鲳鱼	0
9	ex	03028990	其他鲜、冷鲈鱼	0
10	ex	03029900	鲜、冷大菱鲆鱼鳍、鱼头、鱼尾、鱼鳔及其他可食用鱼杂碎	0
11	ex	03029900	其他鲜、冷比目鱼鱼鳍、鱼头、鱼尾、鱼鳔及其他可食用鱼杂碎	0
12	ex	03029900	鲜、冷鲱鱼鱼鳍、鱼头、鱼尾、鱼鳔及其他可食用鱼杂碎	0
13	ex	03029900	鲜、冷鲭鱼鱼鳍、鱼头、鱼尾、鱼鳔及其他可食用鱼杂碎	0
14	ex	03029900	鲜、冷鲳鱼鱼鳍、鱼头、鱼尾、鱼鳔及其他可食用鱼杂碎	0
15	ex	03029900	鲜、冷带鱼鱼鳍、鱼头、鱼尾、鱼鳔及其他可食用鱼杂碎	0
16	ex	03029900	鲜、冷尼罗河鲈鱼鱼鳍、鱼头、鱼鳔及其他可食用鱼杂碎	0
17	ex	03029900	其他鲜、冷鲈鱼鱼鳍、鱼头、鱼尾、鱼鳔及其他可食用鱼杂碎	0
18	ex	03029900	鲜、冷尖吻鲈鱼鱼鳍、鱼头、鱼尾、鱼鳔及其他可食用鱼杂碎	0
19	ex	03032900	冻尼罗河鲈鱼	0
20		03033400	冻大菱鲆	0
21		03033900	其他冻比目鱼	0
22		03035100	冻鲱鱼	0
23		03035400	冻鲭鱼	0
24		03038400	冻尖吻鲈鱼	0
25		03038910	冻带鱼	0
26		03038930	冻鲳鱼	0

表4-2 续1

序号	ex	2017年税则号列	商品名称	对台湾地区税率（%）
27	ex	03038990	其他冻鲈鱼	0
28	ex	03039900	冻大菱鲆鱼鳍、鱼头、鱼尾、鱼鳔及其他可食用鱼杂碎	0
29	ex	03039900	其他冻比目鱼鱼鳍、鱼头、鱼尾、鱼鳔及其他可食用鱼杂碎	0
30	ex	03039900	冻鲱鱼鱼鳍、鱼头、鱼尾、鱼鳔及其他可食用鱼杂碎	0
31	ex	03039900	冻鲭鱼鱼鳍、鱼头、鱼尾、鱼鳔及其他可食用鱼杂碎	0
32	ex	03039900	冻鲳鱼鱼鳍、鱼头、鱼尾、鱼鳔及其他可食用鱼杂碎	0
33	ex	03039900	冻带鱼鱼鳍、鱼头、鱼尾、鱼鳔及其他可食用鱼杂碎	0
34	ex	03039900	冻尖吻鲈鱼鱼鳍、鱼头、鱼尾、鱼鳔及其他可食用鱼杂碎	0
35	ex	03039900	冻尼罗河鲈鱼鱼鳍、鱼头、鱼尾、鱼鳔及其他可食用鱼杂碎	0
36	ex	03039900	其他冻鲈鱼鱼鳍、鱼头、鱼尾、鱼鳔及其他可食用鱼杂碎	0
37		03061619	其他冻冷水小虾	0
38		03061719	其他冻小虾	0
39	ex	03063590	鲜、冷冷水小虾	0
40	ex	03063690	鲜、冷小虾	0
41	ex	03073190	鲜、冷贻贝	0
42		03073200	冻贻贝	0
43		07031010	鲜、冷洋葱	0
44	ex	07041000	鲜、冷硬花甘蓝	0
45	ex	07041000	鲜、冷花椰菜	0
46		07042000	鲜、冷抱子甘蓝	0
47		07049010	鲜、冷卷心菜	0
48	ex	07049090	鲜、冷其他甘蓝	0
49		07051100	鲜、冷结球莴苣	0
50		07051900	鲜、冷其他莴苣	0
51	ex	07061000	鲜、冷胡萝卜	0
52	ex	07099990	鲜、冷丝瓜	0
53	ex	07099990	鲜、冷青江菜	0
54	ex	07099990	鲜、冷小白菜	0
55	ex	07099990	鲜、冷苦瓜	0
56	ex	07099990	鲜、冷山葵	0
57	ex	07144000	鲜、冷芋头	0

表4-2 续2

序号	ex	2017年税则号列	商品名称	对台湾地区税率（%）
58		08011200	未去内壳（内果皮）鲜椰子	0
59		08011990	其他鲜椰子	0
60	ex	08028000	鲜槟榔	0
61	ex	08043000	鲜菠萝	0
62	ex	08045010	鲜番石榴	0
63	ex	08045020	鲜芒果	0
64	ex	08054000	鲜柚	0
65		08072000	木瓜	0
66	ex	08093000	桃	0
67	ex	08094000	梅	0
68		08107000	柿子	0
69		08109050	番荔枝	0
70		08109060	杨桃	0
71		08109070	莲雾	0
72	ex	08109090	枣	0
73	ex	08109090	枇杷	0

1. 免征关税的原产于台湾地区的农产品（以下简称台湾原产农产品）共涉及《进出口税则》中的51个税则号列，附件清单所列标有"ex"的税则号列，表示该税则号列包括多项商品，其中，只有清单中的列名产品为免征关税的农产品。

2. 海关凭台湾地区有关机构和民间组织签发的原产地证明文件，办理免征关税的验放手续。

3. 台湾原产农产品的原产地标准为在台湾地区完全获得，即水产品为在台湾地区养殖或由台湾籍渔船在远洋、近海捕捞，蔬菜为在台湾地区收获、采摘或采集。

4. 进口货物的收货人或其代理人在申报进口免征关税的台湾原产农产品时，应按照表4-2所列的对应商品编码填报，报关单"随附单据"栏的"优惠贸易协定代码"应填报为"06"。

5. 享受免征关税的台湾原产农产品，应符合如下运输要求：

（1）直接从台湾本岛、澎湖、金门或马祖运输到中国内地关境口岸；

（2）经过中国香港、中国澳门或日本石垣岛转运到中国内地关境口岸。

经过上述地点转运到中国内地关境口岸的，在进口申报时须向海关提交在台湾地区签发的，并以台湾地区为起运地的运输单证。

申报地海关对原产地证书内容的真实性产生怀疑时，可以请台湾地区相关机构对该原产地证书进行核查。核查期间，申报地海关可以按照非优惠关税协定下该货物适用的税率征收相当于应缴税款的等值保证金后先予放行货物，并按规定办理进口手续。核查完毕后，申报地海关应当根据核查结果，立即办理退还保证金手续或者保证金转为进口关税手续。

（六）《中国—巴基斯坦自由贸易协定》

2007年5月29日，《中华人民共和国海关〈中华人民共和国政府与巴基斯坦伊斯兰共和国政府自由贸易协定〉项下进口货物原产地管理办法》审议通过，自2007年7月1日起施行，2005年12月29日海关总署令第139号公布的《中华人民共和国海关关于执行〈中国—巴基斯坦自由贸易区原产地规则〉的规定》同时废止。

本办法适用于从巴基斯坦进口的《中国—巴基斯坦自由贸易协定》（以下简称《中巴自贸协定》）项下货物，但以加工贸易方式保税进口和内销的货物不适用本办法。

1. 原产地标准

（1）完全获得标准

与世界海关组织《京都公约》规定的完全获得标准基本一致。

（2）实质性改变标准

除另有规定外，非完全获得或者生产的货物，其生产过程中使用的非原产的材料、零件或者产品的总价格不超过该货物船上交货价格（FOB）的60%，则该制成品应当视为原产于巴基斯坦。

2. 直接运输规则

《中巴自贸协定》项下的进口货物从巴基斯坦直接运输到中国境内。

如货物运输途中经过一个或者多个中国和巴基斯坦之外的国家或者地区，在这些国家或者地区不论是否转换运输工具或者作临时储存，但是同时符合以下条件的，应当视为"直接运输"：

（1）仅由于地理原因或者运输需要；

（2）货物未在这些国家或者地区进入贸易或者消费领域；

（3）除装卸或者其他为使货物保持良好状态的处理外，货物在这些国家或者地区未经任何其他加工。

3. 原产地证书

货物申报进口时，进口货物收货人应当主动向海关提交由巴基斯坦指定的政府机构签发的原产地证书正本（见图4-4），并且按照海关的申报规定填制报关单，申明适用《中巴自贸协定》税率。

1. Exporter's Name and Address, country	CERTIFICATE NO.
2. Consignee's Name and Address, country	**CERTIFICATE OF ORIGIN** **CHINA-PAKISTAN FTA** (Combined Declaration and Certificate)
3. Producer's Name and Address, country	Issued in _____ (Country) See Instructions Overleaf
4. Means of transport and route (as far as known) Departure Date Vessel /Flight/Train/Vehicle No. Port of loading Port of discharge	5. For Official Use Only ☐ Preferential Treatment Given Under China-Pakistan FTA ☐ Free Trade Area Preferential Tariff Preferential Treatment Not Given (Please state reason/s………………………………) Signature of Authorized Signatory of the Importing Country

6. Item number	7. Marks and numbers on packages; Number and kind of packages; description of goods; HS code of the importing country	8. Origin Criterion	9. Gross Weight, Quantity and FOB value	10. Number and date of invoices	11. Remarks

12. Declaration by the exporter The undersigned hereby declares that the above details and statement are correct; that all the goods were produced in …………………………………………………………….. (Country) and that they comply with the origin requirements specified for these goods in the China-Pakistan Free Trade Area Preferential Tariff for the goods exported to …………………………………………………….. (Importing country) …………………………………………….. Place and date, signature of authorized signatory	13. Certification It is hereby certified, on the basis of control carried out, that the declaration by the exporter is correct. …………………………………………………………….. Place and date, signature and stamp of Certifying authority

图 4-4 《中国—巴基斯坦自由贸易协定》项下原产地证书（样本）

进口货物收货人向海关提交的巴基斯坦原产地证书必须符合本办法所列格式，用国际标准 A4 纸印制，所用文字为英文。原产地证书不得涂改及叠印。

原产地证书上所列的一项或者多项货物应当为同一批次进口到中国的原产于巴基斯坦的货物，一份原产地证书应当对应一份报关单。

4. 其他通关管理措施

（1）补充申报

进口货物收货人及其代理人未依照规定提交原产地证书的，应当在申报进口时就进口货物是否具备相应的优惠贸易协定成员国或者地区原产资格向海关进行补充申报，海关可以根据进口货物收货人或者其代理人的申请，按照协定税率或者特惠税率收取等值保证金后办理放行。

（2）原产地验核

申报地海关对原产地证书内容的真实性产生怀疑时，可以通过海关总署或者其指定部门请求巴基斯坦有关政府机构对该原产地证书进行核查。原产地证书核查结果应当在收到核查请求的 6 个月内作出。

核查期间，申报地海关可以按照该货物适用的最惠国税率或者普通税率征收相当于应缴税款的等值保证金后先予放行货物，并按规定办理进口手续。核查完毕后，申报地海关应当根据核查结果，立即办理退还保证金手续或者保证金转为进口关税手续。核查时限内未能作出核查结果时，申报地海关应当立即办理保证金转为进口关税手续。海关统计数据应当作相应的修改。

进口货物属于国家限制进口货物，或者有违法嫌疑的，海关在原产地证书核查完毕前不得放行货物。

（七）《中国—智利自由贸易协定》

2014 年 9 月 30 日，海关总署审议通过了《海关总署关于修改〈中华人民共和国海关《中华人民共和国与智利共和国政府自由贸易协定》项下进口货物原产地管理办法〉的决定》（海关总署令 224 号），自 2014 年 10 月 1 日起正式实施。

1. 原产地标准

（1）完全获得标准

与世界海关组织《京都公约》规定的完全获得标准基本一致。

（2）实质性改变标准

除产品特定规则清单列明的货物以外，非完全获得或者生产的货物，其生产过程中使用的非原产的材料、零件或者产品的总价格不超过该货物船上交货价格（FOB）的 60%，即区域价值成分不得少于 40%。产品特定规则清单列明的货物符合相应"章改变标准""4 位级税号改变标准""区域价格成分不少于 50%标准"的，原产国为智利。

2. 直接运输规则

该协议项下的直接运输是指进口货物从出口方未经第三方境内，直接运输至我国。如运输途中经过其他国家或者地区运输至我国，不论在运输中是否转换运输工具或者作临时储存，同时符合下列条件的，应当视为"直接运输"：

（1）由于地理原因或者运输需要；

（2）该货物在经过其他国家或者地区时，未作除装卸和为使货物保持良好状态或者运输所必须处理以外的其他处理；

（3）未进入该国家或者地区进行贸易或者消费。

不论该货物是否换装运输工具，其进入所经过的其他国家或者地区的停留时间最长不得超过3个月。

3. 原产地证书

原产地证书应由出口国政府指定机构签发。

进口货物收货人或其代理人向海关提交的原产地证书应当同时符合下列条件：由智利政府指定签证机构签发；符合双方商定的格式，以英文填制，并且加盖有"正本（ORIGINAL）"字样的印章；所列的一项或者多项货物应为同一批次的进口货物；一份原产地证书仅对应一份进口货物报关单。

该协议项下进口货物原产地证书应当在货物出口前或出口后30天内签发。原产地证书自出口方签发之日起1年内有效。

4. 其他通关管理措施

（1）补充申报

货物申报进口时，进口货物收货人虽然申明适用中智自贸协定税率，但是未能提供规定的原产地证书及相关文件，或者提供的原产地证书及相关文件不符合适用规定的，海关应当按照规定收取保证金后放行货物，并按规定办理进口手续。

（2）原产地验核

海关对智利原产地证书的真实性和相关货物是否原产于智利产生怀疑时，可以向智利有关部门提出原产地核查请求。

在核查期间，海关可以按照该货物适用的其他种类的税率征收相当于应缴税款的等值保证金后放行货物，并按规定办理进口手续。核查结束后，海关应当根据核查结果，立即办理退还保证金手续或者办理保证金转为进口税款手续。

在提出核查请求之日起6个月内，海关未收到智利有关部门的核查结果，或者核查结果未包含足以确定原产地证书的真实性或者货物真实原产地信息的，有关货物不享受关税优惠待遇，海关应当立即办理保证金转为进口税款手续。

进口货物属于国家限制进口的，或者有违法嫌疑的，在原产地证书核查完毕前海关不得放行货物。

（八）《中国—新加坡自由贸易协定》

根据国务院核准的《中华人民共和国政府和新加坡共和国政府关于升级〈中华人民共和国政府和新加坡共和国政府自由贸易协定〉的议定书》，海关总署为正确确定《中华人民共和国政府和新加坡共和国政府自由贸易协定》项下进出口货物原产地，制定了《中华人民共和国海关〈中华人民共和国政府和新加坡共和国政府自由贸易协定〉项下经修订的进出口货物原产地管理办法》（海关总署公告2019年第205号），自2020年1月1日起执行。

1. 原产地标准

（1）完全获得标准

与世界海关组织《京都公约》规定的完全获得标准基本一致。

（2）实质性改变标准

在中国或者新加坡使用非原产材料生产的，属于本办法附件1适用范围，并且符合相应的税则归类改变、区域价值成分、制造加工工序或者其他规定的。

《中国—新加坡自贸协定》项下产品特定原产地规则税则归类改变标准确定原产地的货物，其生产过程中所使用的部分非原产材料未能满足该税则归类改变标准，但是这部分非原产材料的价格未超过该货物离岸价格（FOB）10%的，该货物应视为原产于新加坡的货物。

2. 直接运输规则

原产于新加坡的货物，经过其他国家或者地区运输至我国，不论在运输中是否转换运输工具或者作临时储存，同时符合下列条件的，应当视为"直接运输"：

（1）未进入这些国家或者地区进行贸易或者消费；

（2）该货物在经过这些国家或者地区时，未作除装卸或者其他为使货物保持良好状态所必须处理以外的其他处理；

（3）该货物经过这些国家或者地区仅是由于地理原因或者运输需要。

相关货物进入其他国家或者地区的停留时间最长不得超过3个月。

3. 原产地证书

货物申报进口时，进口货物收货人应当按照海关的申报规定填制进口货物报关单，申明适用《中国—新加坡自由贸易协定》协定税率，并同时提交下列单证：

（1）由新加坡授权机构签发的有效原产地证书正本（见图4-5），但原产于新加坡的进口货物，每批离岸价格（FOB）不超过600美元的，免于提交原产地证书。进口货物收货人应当同时按照《中国—新加坡自贸协定》的要求就进口货物具备原产资格进行书面声明。

原产地申报为新加坡的进口货物，收货人或者其代理人未提交原产地证书的，应当就该进口货物是否具备新加坡原产资格向海关进行补充申报。

（2）货物的商业发票正本、装箱单及其相关运输单证。货物经过其他国家或者地区运输至我国境内的，应当提交在新加坡境内签发的联运提单、货物的商业发票正本及其他国家或者地区海关出具的证明文件。

Singapore's Certificate of Origin

图 4-5 《中国—新加坡自由贸易协定》项下原产地证书（样本）

4. 其他通关管理措施

（1）补充申报

货物申报进口时，进口货物收货人未提交新加坡授权机构签发的有效原产地证书正本，应当就该进口货物是否具备新加坡原产资格向海关进行补充申报。但在未提交有效的原产地证书时，也未就该进口货物是否具备新加坡原产资格向海关进行补充申报的，其申报进口的货物不适用《中国—新加坡自贸协定》协定税率，收货人或者其代理人在货物放行后向海关申请适用《中国—新加坡自贸协定》协定税率的，已征税款不予调整。

（2）原产地验核

海关对《中国—新加坡自由贸易协定》项下原产地证书的真实性、相关进口货物是否原产于新加坡，或者是否符合该协定项下原产地管理办法其他规定产生怀疑时，可以通过以下方式进行核实：

①书面要求进口货物的收货人或者其代理人提供补充信息；

②书面要求新加坡境内的出口商或者生产商提供补充信息；

③要求新加坡主管机构对货物原产地进行核查；

④与新加坡海关商定的其他程序。

（九）《中国—秘鲁自由贸易协定》

2010年2月23日，《中华人民共和国海关〈中华人民共和国政府和秘鲁共和国政府自由贸易协定〉项下进出口货物原产地管理办法》（海关总署令186号）审议通过，自2010年3月1日起施行。

1. 原产地标准

（1）完全获得标准

与世界海关组织《京都公约》规定的完全获得标准基本一致。

（2）实质性改变标准

《中国—秘鲁自由贸易协定》项下产品特定原产地规则中税则归类改变标准确定原产地的货物，其生产过程中所使用的部分非秘鲁原产材料未能满足该税则归类改变标准，但是这部分非秘鲁原产材料确定的价格未超过该货物船上交货价格的10%，并且该货物符合该协定所有其他适用规定的，应当视为原产于秘鲁的货物。

2. 直接运输规则

原产于秘鲁的货物，经过其他国家或者地区运输至我国，不论在运输中是否转换运输工具或者作临时储存，同时符合下列条件的，应当视为"直接运输"：

（1）未进入这些国家或者地区进行贸易或者消费；

（2）该货物在经过这些国家或者地区时，未作除装卸、重新包装或者其他为使货物保持良好状态所必须处理以外的其他处理；

相关货物进入其他国家或者地区的停留时间最长不得超过3个月。

3. 原产地证书

货物申报进口时，进口货物收货人或者其代理人应当按照海关的申报规定填制进口货物报关单，申明适用《中国—秘鲁自由贸易协定》协定税率，并同时提交下列单证：

（1）由秘鲁授权机构签发的有效原产地证书正本（见图4-6）或原产地声明（见图4-7）。

Certificate of Origin
Original

1. Exporter's name and address:	Certificate No.:
2. Producer's name and address, if known:	**CERTIFICATE OF ORIGIN** **Form for China-Peru FTA** Issued in _____ (see Overleaf Instruction)
3. Consignee's name and address:	
4. Means of transport and route (as far as known): Departure Date: Vessel/Flight/Train/Vehicle No.: Port of loading: Port of discharge:	For Official Use Only: 5. Remarks:

6. Item number (Max 20)	7. Number and kind of packages; description of goods	8. HS code (Six digit code)	9. Origin criterion	10. Gross weight, quantity (Quantity Unit) or other measures (liters, m^3, etc.)	11. Number and date of invoice	12. Invoiced value

13. Declaration by the exporter:
The undersigned hereby declares that the above details and statement are correct, that all the goods were produced in
 	
    (Country)
and that they comply with the origin requirements specified in the FTA for the goods exported to
 	
    (Importing country)
 	
Place and date, signature of authorized signatory
	14. Certification:
	On the basis of control carried out, it is hereby certified that the information herein is correct and that the goods described comply with the origin requirements specified in the China – Peru FTA.
	
	Place and date, signature and stamp of authorized body

图 4-6 《中国—秘鲁自由贸易协定》项下原产地证书（样本）

Declaration of Origin

I, _____ being the
(print name, position, and legal name and address of enterprise)

EXPORTER / PRODUCER / EXPORTER AND PRODUCER
(strike out those which do not apply)

hereby declare that the goods enumerated on this invoice
_____(insert invoice number) are originating from

CHINA / PERU
(strike out that which does not apply)

in that they comply with the rules of origin requirements of the China-Peru Free Trade Agreement.

Signed: _____

Date: _____

Exporter's Registration Number or Tax Identification Number: _____

Note: This declaration must be printed and presented as a separate document accompanying the commercial invoice mentioned above. The number of items covered by this declaration should not exceed 20.

图 4-7 《中国—秘鲁自由贸易协定》项下原产地声明（样本）

（2）货物的商业发票正本、装箱单及其相关运输单证。货物经过其他国家或者地区运输至我国境内的，应当提交在秘鲁境内签发的联运提单、货物的商业发票正本及其他国家或者地区海关出具的证明文件，或者其他证明文件。

4. 其他通关管理措施

（1）补充申报

货物申报进口时，进口货物收货人或者其代理人未提交有效的原产地证书正本、原产地声明的，应当就该进口货物是否具备秘鲁原产资格向海关进行补充申报。海关可以根据进口货物收货人或者其代理人的申请，收取相当于应缴税款的等值保证金后放行货物，并按照规定办理进口手续。但在未提交有效的原产地证书，也未就该进口货物是否具备秘鲁原产资格向海关进行补充申报时，海关依法按照该货物适用的最惠国税率、普通税率或者其他税率计征关税及进口环节海关代征税并放行货物后，收货人或者其代理人向海关提交有效原产地证书的，已征税款不予调整。

（2）原产地验核

海关对《中国—秘鲁自由贸易协定》项下原产地证书的真实性、相关进口货物是否原产于秘鲁，或者是否符合其他规定产生怀疑时，可以通过以下方式进行核实：

①书面要求进口货物的收货人或者其代理人提供补充信息；

②通过秘鲁主管机构，书面要求秘鲁境内的出口商或者生产商提供补充信息；

③要求秘鲁主管机构协助对货物原产地进行核查；

④派员访问秘鲁出口商或者生产商所在地，对秘鲁主管机构的核查程序进行实地考察。

（十）最不发达国家特别优惠关税待遇

2017年2月27日，海关总署审议通过《中华人民共和国海关最不发达国家特别优惠关税待遇进口货物原产地管理办法》（海关总署令第231号令，2017年3月1日公布），自2017年4月1日起实施。

1. 原产地标准

（1）完全获得标准

与世界海关组织《京都公约》规定的完全获得标准基本一致。

（2）实质性改变标准

①税则归类改变：在受惠国境内，部分或者完全使用非受惠国原产材料进行制造或者加工，所得货物在《进出口税则》中的4位数级税则归类发生变化的，应当视为原产于受惠国的货物。

使用非受惠国原产材料制造或者加工的货物，生产过程中所使用的非原产材料不符合4位数级税则归类改变规定，但是按照《海关估价协议》确定的非原产材料成交价格不超过该货物价格的10%，并且符合本办法其他适用规定的，该货物仍然应当视为受惠国原产货物。

②增值标准：在受惠国境内，部分或者完全使用非受惠国原产材料生产的货物，其增值部分不低于所得货物船上交货价格（FOB）40%的，应当视为原产于该受惠国的货物。

2. 直接运输规则

从受惠国直接运输至我国境内，若货物经过其他国家或者地区运输至我国境内，不论在运输途中是否转换运输工具或者作临时储存，同时符合下列条件的，应当视为"直接运输"：

（1）未进入其他国家或者地区的贸易或者消费领域；

（2）该货物在经过其他国家或者地区时，未作除装卸或者其他为使货物保持良好状态所必须处理以外的其他处理；

（3）处于该国家或者地区海关的监管之下。

相关货物进入其他国家或者地区的停留时间最长不得超过6个月。

3. 原产地证书

货物申报进口时，进口货物收货人或者其代理人应当按照海关的申报规定填制进

口货物报关单,申明适用特惠税率,并同时提交下列单证:

(1)由出口受惠国政府指定的原产地证书签发机构(以下简称签证机构)签发,并由该国海关加盖印章的有效原产地证书正本(见图4-8)及第二副本。

ORIGINAL

1.Exporter's name and address:	Certificate No.:
2. Producer's name and address:	**CERTIFICATE OF ORIGIN** **Form for the Special Preference Treatment** (Combination of Declaration and Certificate of Origin)
3.Consignee's name and address:	Issued in _____ (see Overleaf Instruction)
4.Means of transport and route Departure Date: Vessel/Flight/Train/Vehicle No.: Port of loading: Port of discharge:	Official use only: 5.Remarks:

6.Item number	7. Marks and packages NO.	8. Number and kind of packages; description of goods	9. HS code (Six-digit code)	10. Origin criterion	11. Net weight, quantity (Quantity Unit) or other measures(liters,m^3,etc.)	12. Number, date and value of invoice

13. Declaration by the Exporter: The undersigned hereby declares that the above details and statements are correct, that all the goods were produced in .... (country) and that they comply with the origin requirements specified in the Special Preference Treatment for the goods exported to China. .... Place and date, signature of authorized signatory	14.Certification: On the basis of control carried out, it is hereby certified that the declaration the exporter made is authentic. .... Place and date, stamp of authorized body	15.Verification of Customs or Port Competent Department: It is certified that the goods declaring export are the same as described on the Certificate. .... Place and date, stamp or signature of the Customs or Port Competent Department of export country

图4-8 最不发达国家特别优惠关税待遇原产地证书(样本)

未提交有效原产地证书正本及第二副本的，应当按照《优惠原产地管理规定》，就该进口货物是否具备原产资格向海关进行补充申报。

（2）货物的商业发票正本。

（3）货物的运输单证。

①货物从受惠国直接运输至我国境内，进口货物收货人或者其代理人应当提交在出口受惠国签发的运输单证。

②货物经过其他国家或者地区运输至我国境内，进口货物收货人或者其代理人应当提交在出口受惠国签发的联运提单及相关证明文件。

受惠国为内陆国家，因运输原因货物必须从其他国家起运的，进口货物收货人或者其代理人可以提交国际联运始发的其他国家或者地区签发的联运提单、由出口受惠国运输至签发联运提单的国家或者地区的运输单证及相关证明文件。

③在其他国家或者地区作临时储存的，进口货物收货人或者其代理人应当提交货物全程运输单证，以及临时储存货物的国家或者地区海关出具的相关证明文件。

4. 其他通关管理措施

（1）补充申报

货物进口时，进口货物收货人或者其代理人未能提交原产地证书的，应当在报关时就进口货物是否具备原产地资格进行补充申报。向海关补充申报的，海关可以根据进口货物收货人或其代理人的申请，收取相当于应缴税款的等值保证金先行办理放行手续。

（2）原产地验核

海关对原产地证书的真实性、相关货物是否原产于相关受惠国或者是否符合其他适用规定产生怀疑时，海关总署可向受惠国海关或者有效原产地证书签证机构提出核查要求，并且要求其自收到核查要求之日起 180 日内予以答复。必要时，经受惠国相关主管部门同意，海关总署可以派员访问受惠国的出口商或者生产商所在地，对受惠国主管机构的核查程序进行实地考察。

海关对进口货物收货人或者其代理人提交的原产地声明有疑问的，可以对出具该原产地声明的进口货物收货人或者其代理人开展核查，被核查的进口货物收货人或者其代理人应当自收到核查要求之日起 180 日内向海关提交书面答复。

未能在上述期限内收到答复的，该货物不得适用特惠税率。

核查原产地证书期间，依照进口货物收货人或者其代理人的申请，海关可以依法选择按照该货物适用的最惠国税率、普通税率或者其他税率收取等值保证金后放行货物，并按规定办理进口手续。核查完毕后，海关应当根据核查结果，立即办理退还保证金手续或者办理保证金转为进口税款手续。

对国家限制进口或者有违法嫌疑的进口货物，海关在原产地证书核查完毕前不得放行。

（十一）《海峡两岸经济合作框架协议》

2010 年 12 月 22 日，《中华人民共和国海关〈海峡两岸经济合作框架协议〉项下进出口货物原产地管理办法》经海关总署审议通过，自 2011 年 1 月 1 日起施行。

1. 原产地标准

（1）完全获得标准

"在台湾地区完全获得"的货物是指：

①在台湾地区出生并饲养的活动物；

②在台湾地区从上述第①项所述活动物中获得的货物；

③在台湾地区收获、采摘或者采集的植物、植物产品；

④在台湾地区狩猎、诱捕、捕捞、耕种、采集或者捕获获得的货物；

⑤在台湾地区采掘的矿物；

⑥在台湾地区相关的水域、海床或者底土获得的货物；

⑦在台湾地区注册的加工船上，完全用上述第⑥项所述货物加工、制造的货物；

⑧在台湾地区加工过程中产生并且仅适用于原材料回收的废碎料，或者在台湾地区消费后所收集并且仅适用于原材料回收的废品；

⑨在台湾地区完全从上述第①项至第⑧项所述货物获得的货物。

（2）实质性改变标准

适用该协议项下产品特定原产地规则中税则改变标准确定原产地的货物，其生产过程中所使用的部分非台湾地区原产材料未能满足税则归类改变标准，但这部分非台湾地区原产材料计算的价格不超过货物船上交货价格的10%，货物同时符合所有其他适用规定的，该货物应当视为原产于台湾地区。

2. 直接运输规则

该协议项下进口货物从台湾地区直接运输至中国内地，若途中经过中国内地、台湾地区以外的一个或者多个第三方，不论是否在第三方转换运输工具或者临时储存，同时符合下列条件的，应当视为"直接运输"：

（1）由于地理原因或者运输需要；

（2）货物在第三方未进行贸易或者消费；

（3）除装卸、重新包装或者使货物保持良好状态所必需的处理外，货物在第三方未经其他处理；

（4）货物在第三方作临时储存时，处于第三方海关监管之下。

货物进入第三方的停留时间自运抵该方之日起不得超过60日。

3. 原产地证书

货物申报进口时，进口货物收货人或者其代理人应当按照海关的申报规定填制报关单，申明适用该协议协定税率，并同时提交下列单证：

（1）由台湾地区签证机构签发的有效原产地证书正本（见图4-9）；

海峡两岸经济合作框架协议原产地证书

正本

如有任何涂改、损毁或者填写不清均将导致本原产地证书失效

1.出口商(名称、地址): 电话:　　　　传真: 电子邮件:	编号: 签发日期: 有效期至:
2.生产商（名称、地址）: 电话:　　　　传真: 电子邮件:	5.受惠情况 ☐ 依据海峡两岸经济合作框架协议给予优惠关税待遇； ☐ 拒绝给予优惠关税待遇（请注明原因） 　　　　　　　　　　　　 　　进口方海关已获授权签字人签字
3.进口商（名称、地址）: 电话:　　　　传真: 电子邮件:	
4.运输工具及路线: 离港日期: 船舶/飞机编号等: 装货口岸: 到货口岸:	6.备注:

7.项目编号	8.HS编码	9.货品名称、包装件数及种类	10.毛重或者其他计量单位	11.包装唛头或者编号	12.原产地标准	13.发票价格、编号及日期

| 14.出口商声明
-本人对于所填报原产地证书内容的真实性与正确性负责；
-本原产地证书所载货物，系原产自本协议一方或者双方，且货物属符合海峡两岸经济合作框架协议之原产货物。
　　　　　　　　　　　　
　　出口商或者已获授权人签字
　　　　　　　　　　　　
　　地点和日期 | 15.证明
依据《海峡两岸经济合作框架协议》临时原产地规则规定，兹证明出口商所做申报正确无讹。
　　　　　　　　　　　　
　　地点和日期，签字和签证机构印章
电话:　　　　传真:
地址: |

图 4-9　《海峡两岸经济合作框架协议》项下原产地证书（样本）

(2) 货物的商业发票正本、装箱单及相关运输单证。

货物经过中国内地、台湾地区以外的第三方运输至中国内地的，应当提交在台湾地区签发的联运提单、第三方海关出具的证明文件及海关认可的其他证明文件。

4. 其他通关管理措施

(1) 补充申报

原产地申报为台湾的进口货物，收货人或者其代理人在申报进口时未提交原产地证书的，应当在办结海关手续前就该进口货物是否具备台湾原产资格向海关进行补充申报。进口货物收货人或者其代理人依照规定就进口货物具备台湾原产资格向海关进行补充申报的，海关可以根据进口货物收货人或者其代理人的申请，收取相当于应缴税款的等值保证金后放行货物，并按照规定办理进口手续。

(2) 原产地验核

海关对该协议项下原产地证书的真实性，部分或者全部进口货物是否原产于台湾，或者是否符合其他适用规定产生怀疑时，可以通过以下方式进行核实：

①要求进口货物的收货人或者其代理人在该协议规定的期限内提供补充资料；

②通过台湾地区原产地核查联络机构书面要求出口商、生产商或者签证机构提供相关核查协助；

③与台湾地区海关商定的其他方式。

（十二）《中国—哥斯达黎加自由贸易协定》

2011年7月30日，《中华人民共和国海关〈中华人民共和国政府和哥斯达黎加共和国政府自由贸易协定〉项下进出口货物原产地管理办法》经海关总署审议通过，自2011年8月1日起施行。

1. 原产地标准

(1) 完全获得标准

与世界海关组织《京都公约》规定的完全获得标准基本一致。

(2) 实质性改变标准

适用《中华人民共和国政府和哥斯达黎加共和国政府自由贸易协定》（以下简称《中哥自贸协定》）项下产品特定原产地规则中税则归类改变标准确定原产地的货物，其生产过程中所使用的非哥斯达黎加原产材料未能满足该税则归类改变标准，但是上述非哥斯达黎加原产材料按照确定的价格不超过该货物船上交货价格的10%，并且货物符合所有其他适用规定的，应当视为原产于哥斯达黎加的货物。

应注意的是，属于《进出口税则》归类总规则中规则所规定的成套货物，其中全部货物均原产于哥斯达黎加的，该成套货物即为原产于哥斯达黎加；其中部分货物非原产于哥斯达黎加，按照确定的价格不超过该成套货物价格的15%的，该成套货物仍应视为原产于哥斯达黎加。

2. 直接运输规则

原产于哥斯达黎加的货物，经过其他国家或者地区运输至我国境内，不论在运输途中是否转换运输工具或者作临时储存，同时符合下列条件的，应当视为"直接运输"：

(1) 该货物经过这些国家或者地区仅是由于地理原因或者运输需要；

(2) 未进入这些国家或者地区进行贸易或者消费；

（3）该货物经过这些国家或者地区时，未作除装卸、重新包装或者其他为使货物保持良好状态所必须处理以外的其他处理；

（4）处于这些国家或者地区海关的监管之下。

相关货物进入其他国家或者地区的停留时间最长不得超过 3 个月。

3. 原产地证书

货物申报进口时，进口货物收货人或者其代理人应当按照海关的申报规定填制进口货物报关单，申明适用《中哥自贸协定》协定税率，并同时提交下列单证：

（1）由哥斯达黎加授权机构签发的有效原产地证书正本（见图 4-10）。

图 4-10 《中国—哥斯达黎加自由贸易协定》项下原产地证书（样本）

(2) 货物的商业发票正本、装箱单及相关运输单证。货物经过其他国家或者地区运输至我国境内的，应当提交在哥斯达黎加境内签发的联运提单、货物的商业发票正本及相关文件；货物在其他国家或者地区境内临时储存的，还应提交该国家或者地区海关出具的证明文件。

4. 其他通关管理措施

（1）补充申报

原产地申报为哥斯达黎加的进口货物，收货人或者其代理人在申报进口时未提交原产地证书的，应当在办结海关手续前就该进口货物是否具备哥斯达黎加原产资格向海关进行补充申报。进口货物收货人或者其代理人依照规定就进口货物是否具备哥斯达黎加原产资格向海关进行补充申报的，海关可以根据进口货物收货人或者其代理人的申请，收取相当于应缴税款的等值保证金后放行货物，并按照规定办理进口手续。

（2）原产地验核

海关对《中哥自贸协定》项下原产地证书的真实性，相关进口货物是否原产于哥斯达黎加，或者是否符合其他适用规定产生怀疑时，可以通过以下方式进行核实：

①书面要求进口货物的收货人或者其代理人提供补充信息；

②书面要求哥斯达黎加境内的出口商或者生产商提供补充信息；

③要求哥斯达黎加授权机构对货物原产地进行核查；

④与哥斯达黎加海关商定的其他程序。

核查期间，依照进口货物收货人或者其代理人的申请，海关可以依法选择按照该货物适用的最惠国税率、普通税率或者其他税率收取相当于应缴税款的等值保证金后放行货物，并且按照规定办理进口手续。核查完毕后，海关应当根据核查结果，立即办理保证金退还手续或者保证金转为进口税款手续。

进口货物属于国家禁止或者限制进口货物，或者存在瞒骗嫌疑的，海关在原产地证书核实完毕前不得放行货物。

（十三）《中国—冰岛自由贸易协定》

2014年6月30日，《中华人民共和国海关〈中华人民共和国政府和冰岛政府自由贸易协定〉项下进出口货物原产地管理办法》经海关总署审议通过，自2014年7月1日起施行。

1. 原产地标准

（1）完全获得标准

与世界海关组织《京都公约》规定的完全获得标准基本一致。

（2）实质性改变标准

《中华人民共和国政府和冰岛政府自由贸易协定》（以下简称《中冰自贸协定》）项下税则归类改变标准确定原产地的货物，货物生产过程中所使用的非冰岛原产材料或者原产地不明的材料未能满足税则归类改变标准，但是上述非冰岛原产材料或者原产地不明的材料确定的非原产材料价格不超过该货物船上交货价格（FOB）的10%，并且货物符合所有其他适用规定的，应当视为原产于冰岛的货物。

2. 直接运输规则

《中冰自贸协定》项下进口货物从冰岛直接运输至我国境内，若经过其他国家或者地区运输至我国境内，不论在其他国家或者地区是否转换运输工具或者作临时储存，同时符合下列条件的，应当视为"直接运输"：

（1）货物经过这些国家或者地区仅是由于地理原因或者运输需要；

（2）未进入这些国家或者地区进行贸易或者消费；

（3）货物经过这些国家或者地区时，未作除装卸、物流分拆或者为使货物保持良好状态所必须处理以外的其他处理；

（4）处于这些国家或者地区海关的监管之下。

3. 原产地证书

货物申报进口时，进口货物收货人或者其代理人应当按照海关的申报规定填制进口货物报关单，申明适用《中冰自贸协定》协定税率，并且同时提交下列单证：

（1）由冰岛授权机构签发的有效原产地证书正本（见图 4-11）或者冰岛经核准出口商填具的原产地声明正本（见图 4-12）。

（2）货物的商业发票及相关运输单证。货物经过其他国家或者地区运输至我国境内的，应当提交从冰岛至我国的全程运输单证、其他国家或者地区海关所出具的证明文件或者海关认可的其他证明文件。

CERTIFICATE OF ORIGIN

1. Exporter (Name, full address, country)	No. 000.000
2. Consignee (Name, full address, country)	Certificate of Origin used in FTA between CHINA and ICELAND See notes overleaf before completing this form
3. Transport details (as far as known) Departure Date Vessel / Flight/ Train/ Vehicle No. Port of loading Port of discharge	4. Remarks

5. Item number (Max 20)	6. Marks and numbers	7. Number and kind of packages ; Description of goods	8. HS code (Six digit code)	9. Origin criterion	10. Gross mass (kg) or other measure (liters, m^3, etc.)	11. Invoices (Number and date)

12. ENDORSEMENT BY THE AUTHORIZED BODY	13. DECLARATION BY THE EXPORTER
It is hereby certified, on the basis of control carried out, that the declaration of the exporter is correct ……………………………………………… Place and date, signature and stamp of authorized body	The undersigned hereby declares that the details and statement above are correct, that all the goods were produced in ……………………………….. (country) and that they comply with the origin requirements specified in the FTA for the goods exported to ………………………………..(Importing country) ……………………………………………… Place and date, signature of authorized signatory

14. REQUEST FOR VERIFICATION, to:	15. RESULT OF VERIFICATION
	Verification carried out shows that this certificate[1] ☐ was issued by the authorized body indicated and that the information contained therein is accurate. ☐ does not meet the requirements as to authenticity and accuracy (see remarks appended)
Verification of the authenticity and accuracy of this certificate is requested. ……………………………… (Place and date) Stamp ……………………………… (Signature)	……………………………… (Place and date) Stamp ……………………………… (Signature) ———————— (1) Insert X in the appropriate box.

图 4-11 《中国—冰岛自由贸易协定》项下原产地证书（样本）

Declaration of Origin

Free Trade Agreement between China and Iceland

Serial number of Declaration_____

I _____ being the

(print name and title)

APPROVED EXPORTER (Registration number_____) hereby declare that the goods listed in the invoice as attached to this declaration _____ (insert invoice number) has complied with the Rules of Origin of Free Trade Agreement between China and Iceland, being entitled to the preferential tariff treatment under that Agreement.

Description of goods	HS code (Six digit code)	Gross mass (kg) or other measure (liters, m^3, etc.)

Signature and stamp : _____

Date: _____

Note: This declaration must be printed and presented as a separate document accompanying the commercial invoice. The maximum number of items covered by this declaration should not exceed 20.

图 4-12 《中国—冰岛自由贸易协定》项下原产地声明（样本）

4. 其他通关管理措施

（1）补充申报

进口货物收货人或者其代理人在申报进口时未提交原产地证书或者原产地声明的，应当在办结海关手续前就该进口货物是否具备冰岛原产资格按照海关要求进行补充申报。

进口货物收货人或者其代理人依照规定就进口货物是否具备冰岛原产资格向海关进行补充申报的，海关可以根据进口货物收货人或者其代理人的申请，收取相当于应缴税款的等值保证金后放行货物，并且按照规定办理进口手续。

货物申报进口时，进口货物收货人或者其代理人未提交有效原产地证书正本或者原产地声明，也未就该进口货物是否具备冰岛原产资格向海关进行补充申报的，其申报进口的货物不适用《中冰自贸协定》协定税率，海关应当依法按照该货物适用的最惠国税率、普通税率或者其他税率计征关税及进口环节海关代征税，并按照规定办理进口手续。收货人或者其代理人在货物征税放行后向海关提交原产地证书或者原产地声明的，已征税款不予调整。

（2）原产地验核

为确定原产地证书或者原产地声明的真实性和准确性、相关货物的原产资格或者货物是否满足其他规定，海关可以向冰岛有关机构提出核查请求，或者按照双方海关共同商定的其他程序进行核查。

在等待核查结果期间，依照进口货物收货人或者其代理人的申请，海关可以依法选择按照该货物适用的最惠国税率、普通税率或者其他税率收取相当于应缴税款的等值保证金后放行货物，并且按照规定办理进口手续。核查完毕后，海关应当根据核查结果，办理保证金退还手续或者保证金转为进口税款手续。

进口货物属于国家禁止或者限制进口货物，或者存在瞒骗嫌疑的，海关在原产地证书核实完毕前不得放行货物。

（十四）《中国—瑞士联邦自由贸易协定》

2014年6月30日，《中华人民共和国海关〈中国—瑞士联邦自由贸易协定〉项下进出口货物原产地管理办法》经海关总署审议通过，自2014年7月1日起施行。

1. 原产地标准

（1）完全获得标准

与世界海关组织《京都公约》规定的完全获得标准基本一致。

（2）实质性改变标准

在瑞士关境境内，使用非瑞士原产材料生产的货物，符合《中国—瑞士联邦自由贸易协定》（以下简称《中瑞自贸协定》）项下产品特定原产地规则中该货物所对应的非原产材料价值百分比标准的，应当视为原产于瑞士关境的货物。

2. 直接运输规则

《中瑞自贸协定》项下的进口货物应当自瑞士关境直接运输至我国境内，不论是否经过其他国家或者地区运输至我国，同时符合下列条件的，应当视为"直接运输"：

（1）未作除装卸、物流拆分或者为使货物保持良好状态所必须处理以外的处理；

（2）处于其他国家或者地区海关的监管之下。

3. 原产地证书

原产于瑞士的货物申报进口时，进口货物收货人或者其代理人应当按照海关的申报规定填制进口货物报关单，申明适用《中瑞自贸协定》协定税率，并且同时提交下列单证：

（1）由瑞士关境授权机构签发的有效原产地证书正本（见图4-13）或者经核准出口商出具的原产地声明（见图4-14）。

MOVEMENT CERTIFICATE EUR.1

1. Exporter *(Name, full address, country)*	EUR.1　　N° A　　000.000
	See notes overleaf before completing this form
	2. Certificate used in preferential trade between
3. Consignee *(Name, full address, country)* *(Optional)*	………………………………………………… and ………………………………………………… *(insert appropriate countries, group of countries or territories)*
	4. Country, in which the goods are considered as originating / 5. Country of destination
6. Transport details *(Optional)*	7. Remarks

1) If goods are not packed, indicate number of articles or state "in bulk" as appropriate.

8. Item number; marks and numbers; number and kind of packages;(1); description of goods	9. Gross weight (kg) or other measure (l, m³, etc.)	10. Invoices *(Optional)*

2) Complete only where the regulations of the exporting country require.

11. CUSTOMS ENDORSEMENT Declaration certified Export document (2) Form……………………No…………… From…………………………………… Customs Office……………………… Issuing country…………………… ……………………………………… Date ……………………………………… (Signature) Stamp	12. DECLARATION BY THE EXPORTER I, the undersigned, declare that the goods described above meet the conditions required for the issue of this certificate. Place and date: …………………………………… …………………………………… (Signature)

NOTES

1. The movement certificate EUR. 1 must not contain erasures or words written over one another.

2. No spaces shall be left between the items entered on the movement certificate EUR. 1 and each item shall be preceded by an item number. If the space of the box is not completely filled, "*" (stars) or "\" (finishing slash) should be added after the description of the goods, or a horizontal line should be drawn below the last line of the description, and the empty space crossed through.

3. Goods must be described in accordance with commercial practice and with sufficient detail to enable them to be identified.

4. The boxes 3 and 10 shall be filled in despite being marked "optional".

5. The box 6 shall be filled in as far as the information requested is known.

6. This movement certificate EUR. 1 should be issued in one original and two copies.

7. The number of items listed in box 8 should not exceed 20. For each product described therein, state the HS code (6-digit code) and the applicable origin criterion according to the following instructions. The rules of origin are contained in Chapter 3 and Annex II.

Origin Criterion	Insert in Box 8
The product is "wholly obtained" in the territory of a Party, as referred to in Article 3. 3 of the Agreement or the product specific rules in Annex II.	WO
The product was produced in a Party exclusively from materials originating from one or both Parties conforming to the provisions of Chapter 3.	WP
The product was produced in the territory of one or both Parties, using non-originating materials and fulfils the Product Specific Rules and other applicable provisions of Chapter 3.	PSR

图 4-13 《中国—瑞士联邦自由贸易协定》项下原产地证书（样本）

ORIGIN DECLARATION

1. The origin declaration referred to in Article 3.14 shall be completed in English and have the following wording (without the footnotes):

"Serial-No. ....

The exporter of the products covered by this document (registration No ...) declares that, except where otherwise clearly indicated, these products are of ...[1] preferential origin according to the China-Switzerland FTA.

This exporter is legally responsible for the truthfulness and authenticity of what is declared above."

....
(Place and date)

———————

[1] The origin of the product must be indicated in this space (Chinese or Swiss), ISO-Alpha-2 codes are permitted (CN or CH). Reference may be made to a specific column of the invoice or other commercial documents, as deemed valid by the importing customs administration, in which the country of origin of each product is referred to.

图 4-14 《中国—瑞士联邦自由贸易协定》项下原产地声明（样本）

（2）货物商业发票、运输单证。货物经过其他国家或者地区运输至我国境内的，应当提交从瑞士关境至我国的全程运输单证、其他国家或者地区海关所出具的证明文件或者海关认可的其他证明文件。

原产于瑞士关境的货物通过管道经过其他国家或者地区运输至我国境内的，应当提交相关证明文件。

4. 其他通关管理措施

（1）补充申报

原产地申报为瑞士关境的进口货物，收货人或者其代理人在申报进口时未提交原产地证书或者原产地声明的，应当在办结海关手续前就该进口货物是否具备瑞士原产资格按照海关要求进行补充申报。进口货物收货人或者其代理人依照规定就进口货物是否具备瑞士原产资格向海关进行补充申报的，海关可以根据进口货物收货人或者其代理人的申请，收取相当于应缴税款的等值保证金后放行货物，并且按照规定办理进口手续。

（2）原产地验核

为确定原产地证书或者原产地声明的真实性、所提供信息准确性、相关货物原产资格及货物是否满足其他适用规定，海关可以在原产地证书签发或者原产地声明出具后 36 个月内向瑞士有关机构提出核查请求。

在核查期间，依照进口货物收货人或者其代理人的申请，海关可以依法选择按照该货物适用的最惠国税率、普通税率或者其他税率收取相当于应缴税款的等值保证金后放行货物，并且按照规定办理进口手续。核查完毕后，海关应当根据核查结果，办理保证金退还手续或者保证金转为进口税款手续。

（十五）《中国—澳大利亚自由贸易协定》

2015 年 12 月 7 日，《中华人民共和国海关〈中国—澳大利亚自由贸易协定〉项下进出口货物原产地管理办法》经海关总署审议通过，自 2015 年 12 月 20 日起施行。

1. 原产地标准

（1）完全获得标准

与世界海关组织《京都公约》规定的完全获得标准基本一致。

（2）实质性改变标准

适用《中国—澳大利亚自由贸易协定》（以下简称《中澳自贸协定》）项下税则归类改变要求的货物，在生产过程中所使用的非原产材料不满足税则归类改变要求，但上述非原产材料按照《海关估价协定》确定的成交价格不超过该货物船上交货价格的 10%，并且符合所有其他适用规定的，该货物仍然应当视为原产货物。

2. 直接运输规则

《中澳自贸协定》项下进口货物从澳大利亚直接运输至我国境内，若经其他国家或者地区运输至我国，不论在其他国家或者地区是否转换运输工具或者进行临时储存，同时符合下列条件的，应当视为"直接运输"：

（1）货物经过这些国家或者地区时，未作除装卸、物流拆分或者为使货物保持良好状态所必须处理以外的其他处理；

（2）在其他国家或者地区进行临时储存的，在这些国家或者地区的停留时间不得超过 12 个月；

（3）处于这些国家或者地区海关的监管之下。

3. 原产地证书

货物申报进口时，进口货物收货人或者其代理人应当按照海关的申报规定填制报关单，申明适用《中澳自贸协定》协定税率，并且提交以下单证：

（1）由澳大利亚授权机构签发的有效原产地证书（见图 4-15）或者经生产商或者出口商填制并且签名的原产地声明；

1. Exporter's name, address, country:	Certificate No.: **CERTIFICATE OF ORIGIN** **Form for China-Australia Free Trade Agreement** Issued in_____	
2. Producer's name and address (if known):		
3. Importer's name, address, country (if known):	For Official Use Only:	
4. Means of transport and route (if known) Departure Date: Vessel /Flight/Train/Vehicle No.: Port of loading: Port of discharge:	5. Remarks:	
6. Item number (Max. 20)	7. Marks and Numbers on packages (Optional)	8. Number and kind of packages; Description of goods	9. HS code (6digit code)	10. Origin criterion	11.Gross or net weight or other quantity (e.g. Quantity Unit, litres, m3.)	12. Number, date of invoices
13. Declaration by the exporter The undersigned hereby declares that the above stated information is correct and that the goods exported to _____ (Importing Party) comply with the origin requirements specified in the China-Australia Free Trade Agreement. Place, date and signature of authorised person	14. Certification On the basis of the control carried out, it is hereby certified that the information herein is correct and that the described goods comply with the origin requirements of the China-Australia Free Trade Agreement. Place and date, signature and stamp of the Authorised Body Tel: Fax: Address:	

图 4-15 《中国—澳大利亚自由贸易协定》项下原产地证书（样本）

（2）货物的商业发票及全程运输单证。

货物经过其他国家或者地区运输至中国境内的，应当提交其他国家或者地区海关所出具的证明文件或者海关认可的其他证明文件。

4. 其他通关管理措施

（1）补充申报

原产地申报为澳大利亚的进口货物，收货人或者其代理人在申报进口时未提交原产地证书或者原产地声明的，应当在征税前就该进口货物是否具备澳大利亚原产资格向海关进行补充申报。

进口货物收货人或者其代理人依照规定就进口货物是否具备澳大利亚原产资格向海关进行补充申报并且提供税款担保的，海关应当依法办理进口手续，依照法律、行政法规规定不得办理担保的情形除外。因提前放行等原因已经提交了与货物可能承担的最高税款总额相当的税款担保的，视为符合上述关于提供税款担保的规定。

货物申报进口时，进口货物收货人或者其代理人未申明适用《中澳自贸协定》协定税率，也未按照上述规定就该进口货物是否具备澳大利亚原产资格进行补充申报的，其申报进口的货物不适用协定税率。收货人或者其代理人在货物征税后向海关申请适用《中澳自贸协定》协定税率的，已征税款不予调整。

（2）原产地验核

为了确定原产地证书或者原产地声明的真实性和准确性、确定相关货物的原产资格或者确定货物是否满足规定的其他要求，海关可以开展原产地核查，核查应当依次通过以下方式进行：

①请求澳大利亚海关协助；

②书面要求澳大利亚出口商或者生产商提供信息；

③书面要求澳大利亚授权机构核查原产地证书的有效性。

使用上述第一条方式不足以确定的，可以与澳大利亚海关商定后对出口商或者生产商进行实地核查访问，也可以适用与澳大利亚海关共同商定的其他程序。

在核查期间，依照进口货物收货人或者其代理人的申请，海关可以依法办理担保放行。

进口货物属于国家禁止或者限制进口货物的，海关在核查完毕前不得放行货物。

（十六）《中国—韩国自由贸易协定》

2015 年 12 月 7 日，《中华人民共和国海关〈中华人民共和国政府和大韩民国政府自由贸易协定〉项下进出口货物原产地管理办法》经海关总署审议通过，自 2015 年 12 月 20 日起施行。

进口货物符合下列条件的，其原产国为韩国：

①在韩国完全获得或者生产的；

②在韩国境内全部使用符合该协定项下原产地管理办法规定的原产材料生产的；

③在韩国境内非完全获得或者生产，但是符合《中韩自贸协定》项下产品特定原产地规则规定的税则归类改变、区域价值成分、制造加工工序或者其他要求的；

④《中韩自贸协定》签署前在朝鲜半岛上已运行的工业区（以下简称"已运行工

业区")生产的"特别货物清单"项下符合下列规定的,应当视为韩国原产货物:使用韩国出口材料在已运行工业区完成加工后再复出口至韩国用于向中国出口;非韩国原产材料的价值不超过货物船上交货价格的40%;货物生产中使用的韩国原产材料价值不低于全部材料价值的60%。

1. 原产地标准

(1) 完全获得标准

与世界海关组织《京都公约》规定的完全获得标准基本一致。

(2) 实质性改变标准

适用《中华人民共和国政府和大韩民国政府自由贸易协定》(以下简称《中韩自贸协定》)项下税则归类改变要求的货物,在生产过程中所使用的非原产材料不满足税则归类改变要求,但是符合该协定项下原产地管理办所有其他适用规定且符合下列条件之一的,应当视为原产货物:

① 《进出口税则》第十五章至第二十四章、第五十章至第六十三章以外的货物,在货物生产中所使用的未发生规定税则归类改变的全部非原产材料按照办法第七条确定的价格不超过该货物船上交货价格的10%;

② 《进出口税则》第十五章至第二十四章的货物,在货物生产中所使用的未发生规定税则归类改变的全部非原产材料按照办法第七条确定的价格不超过该货物船上交货价格的10%,并且所使用的上述非原产材料与最终货物不属于同一子目;

③ 《进出口税则》第五十章至第六十三章的货物,在货物生产中使用未发生规定税则归类改变的非原产材料,只要全部上述非原产材料的重量不超过该货物总重量的10%,或者全部上述非原产材料按照办法第七条确定的价格不超过该货物船上交货价格的10%。

应注意的是,属于《进出口税则》归类总规则中规则三所规定的成套货物,其中全部货物均原产于韩国的,该成套货物即为原产于韩国;其中部分货物非原产于韩国,按照确定的价格不超过该成套货物价格15%的,该成套货物仍然应当视为原产于韩国。

2. 直接运输规则

原产于韩国的货物,经过其他国家或者地区运输至我国,不论在其他国家或者地区是否转换运输工具或者进行临时储存,同时符合下列条件的,应当视为"直接运输":

(1) 货物经过这些国家或者地区仅仅是由于地理原因或者运输需要;

(2) 未进入这些国家或者地区进行贸易或者消费;

(3) 货物经过这些国家或者地区时,未作除装卸、因运输原因分装或者使货物保持良好状态所必须处理以外的其他处理。

在其他国家或者地区进行临时储存的,货物在储存期间必须处于其他国家或者地区海关监管之下。货物在其他国家或者地区的停留时间应当少于3个月。由于不可抗力导致货物停留时间超过3个月的,其停留时间不得超过6个月。

3. 原产地证书

货物申报进口时,进口货物收货人或者其代理人应当按照海关的申报规定填制进口货物报关单,申明适用《中韩自贸协定》协定税率,并且应当提交以下单证:

（1）由韩国授权机构签发的有效原产地证书（见图4-16），证书自签发之日起12个月内有效；

CERTIFICATE OF ORIGIN
ORIGINAL

1. Exporter's name and address, country:	Certificate No.:		
2. Producer's name and address, country:	CERTIFICATE OF ORIGIN Form for China-Korea FTA Issued in _____ (see Overleaf Instruction)		
3. Consignee's name and address, country:			
4. Means of transport and route (as far as known): Departure Date: Vessel/Flight/Train/Vehicle No.: Port of loading: Port of discharge:	5. Remarks:		
6. Item number (Max 20)	7. Marks and Numbers on packages	8. Number and kind of packages; description of goods	9. HS code (Six-digit code)
10. Origin criterion	11. Gross weight, quantity (Quantity Unit) or other measures (liters, m3, etc.)	12. Number and date of invoice	
13. Declaration by the exporter: The undersigned hereby declares that the above details and statement are correct, that all the goods were produced in 　　　　　(Country) and that they comply with the origin requirements specified in the FTA for the goods exported to 　　　(Importing country) Place and date, signature of authorized signatory	14. Certification: On the basis of control carried out, it is hereby certified that the information herein is correct and that the goods described comply with the origin requirements specified in the China-Korea FTA. Place and date, signature and stamp of authorized body		

图4-16 《中国—韩国自由贸易协定》项下原产地证书（样本）

（2）货物的商业发票及全程运输单证。货物经过其他国家或者地区运输至中国境内的，应当提交其他国家或者地区海关出具的证明文件或者海关认可的其他证明文件。

4. 其他通关管理措施

（1）补充申报

原产地申报为韩国的进口货物，收货人或者其代理人在申报进口时未提交原产地证书的，应当在征税前就该进口货物是否具备韩国原产资格向海关进行补充申报。

进口货物收货人或者其代理人依照规定就进口货物是否具备韩国原产资格向海关进行补充申报并且提供税款担保的，海关按照规定办理进口手续，依照法律、行政法规规定不得办理担保的情形除外。因提前放行等原因已经提交了与货物可能承担的最高税款总额相当的税款担保的，视为符合关于提供税款担保的规定。

货物申报进口时，进口货物收货人或者其代理人未申明适用《中韩自贸协定》协定税率，也未按照本条规定就该进口货物是否具备韩国原产资格进行补充申报的，其申报进口的货物不适用协定税率。收货人或者其代理人在货物征税后向海关申请适用《中韩自贸协定》协定税率的，已征税款不予调整。

（2）原产地验核

为了确定原产地证书的真实性和准确性、确定相关货物的原产资格或者确定货物是否满足适用规定的其他要求，海关可以开展原产地核查，核查应当依次通过以下方式进行：

①要求进口货物收货人或者其代理人提供进口货物原产地相关的信息；
②要求韩国海关核查货物的原产资格；
③向韩国海关提出对韩国的出口商或者生产商开展核查访问；
④与韩国海关共同商定的其他程序。

在核查期间，依照进口货物收货人或者其代理人的申请，海关可以依法办理担保放行。

进口货物属于国家禁止或者限制进口货物的，海关在核查完毕前不得放行货物。

（十七）《中国—格鲁吉亚自由贸易协定》

《中华人民共和国政府和格鲁吉亚政府自由贸易协定》（以下简称《中格自贸协定》）于2018年1月1日生效并实施。《中格自贸协定》是我国与欧亚地区国家签署的第一个自贸协定，也是"一带一路"倡议提出以来，中国启动并签署的第一个自贸协定。

进口货物符合下列条件的，其原产国为格鲁吉亚：
①该货物在格鲁吉亚完全获得或生产；
②该货物在格鲁吉亚生产，并全部使用原产材料；
③在格鲁吉亚境内非完全获得或者生产，但是符合《中格自贸协定》项下产品特定原产地规则规定的税则归类改变、区域价值成分、制造加工工序或者其他要求的。

1. 原产地标准

（1）完全获得标准

与世界海关组织《京都公约》规定的完全获得标准基本一致。

（2）实质性改变标准

适用《中格自贸协定》项下税则归类改变要求的货物，除产品特定原产地规则中列出的必须符合规定要求的货物外，在生产过程中所使用的非原产材料满足税则归类改变要求，即满足区域价值成分不低于40%标准。

2. 直接运输规则

原产于格鲁吉亚的货物，经过其他国家或者地区运输至我国境内，不论在其他国家或者地区是否转换运输工具或者进行临时储存，同时符合下列条件的，应当视为"直接运输"：

（1）货物经过这些国家或者地区仅仅是由于地理原因或者运输需要；
（2）货物未做除装卸或保持货物良好状态的处理以外的其他任何操作；
（3）货物在非缔约方转运时始终处于海关监管之下。

在其他国家或者地区进行临时储存的，货物在储存期间必须处于其他国家或者地区海关监管之下。货物在其他国家或者地区的停留时间应当少于3个月。

3. 原产地证书

货物申报进口时，进口货物收货人或者其代理人应当按照海关的申报规定填制进口货物报关单（注明货物具备原产资格），持格鲁吉亚授权机构签发的有效原产地证书，以及与进口货物相关的其他证明文件。方可申明适用《中格自贸协定》协定税率。

4. 其他通关管理措施

（1）原产地验核

为了确定原产地证书的真实性和准确性、确定相关货物的原产资格或者确定货物是否满足适用规定的其他要求，海关可以开展原产地核查，依次通过以下方式进行：

①要求进口商提供进口货物原产地相关信息；
②要求出口方海关的行政协助；
③必要时，对出口方开展核查访问，核查访问的方式应由缔约双方共同确定。

进口方海关要求对出口方进行核查时，应列明原因，并提供证明核查正当性的文件和信息。进口商或出口方收到核查请求时，应迅速予以回应并在提出核查请求之日起6个月内做出答复。

如果在上述规定期限内未收到答复，或者答复中未包含能够确定原产地文件或相关货物原产资格的真实性的充分信息，提出核查请求的海关可以拒绝给予优惠关税待遇。

◇ 知识考查与技能训练

一、单项选择题

1. 在东盟成员方非完全获得或生产的货物，其生产过程中使用的非原产于中国—东盟自贸区的材料、零件或产品的总价格不超过该货物FOB价的比率是（　　）。
　　A. 65%　　　　　B. 30%　　　　　C. 40%　　　　　D. 60%

2. 内地某出口加工企业从香港购进台湾地区产的薄形尼龙布一批，加工成女式服装后，经批准运往区外内销，该批服装向海关申报出区时，其原产地应申报为（　　）。
　　A. 香港地区　　　B. 台湾地区　　　C. 内地　　　　　D. 不选

二、多项选择题

1. 完全获得标准是确定货物原产地的重要标准，下列属于优惠原产地规则下完全获得标准的是（　　）。

   A. 从该国（地区）领土或领海内开采的石油

   B. 在该成员方或者地区境内收获的小麦

   C. 从该国（地区）境内出生并饲养的活动物

   D. 在该成员方或者地区境内采摘的苹果

2. 下列属于非优惠原产地认定标准中"实质性改变标准"的是（　　）。

   A. 完全获得标准　　　　　　　B. 税则归类改变标准

   C. 从价百分比标准　　　　　　D. 加工工序标准

三、判断题

1. 非优惠原产地规则也称为自主原产地规则。

2. 优惠原产地规则一般含有货物直接运输条款。

3. 香港CEPA项下的香港原产进口货物可从澳门转运至内地口岸。

四、案例题

1. 华晶公司自美国进口含硅量≥99.9999999%的太阳能级多晶硅一批，海关于2015年1月22日接受货物申报。合同、商业发票、原产地证明文件、原厂商发票显示该太阳能级多晶硅为美国生产，生产厂商为赫姆洛克半导体公司（Hemlock Semiconductor Corporation）。

   根据上述信息，请确定该进口商品可以获得的关税待遇，即该商品适用的进口关税税率，适用何种原产地规则。

2. 江西省纺织品集团公司从A国进口粗梳羊毛（税则号列5105.1000，适用非优惠原产地规则）一批，该批粗梳羊毛系以B国原产的未梳含脂剪羊毛（税则号列5101.1100，适用优惠原产地规则）加工而成，发票列明货物价值、包装费、至境内指运地的运费及相关费用、保险费，货物以境内外全程联运方式自上海进境运至该收货人所在的江西省南昌市。

   根据原产地享受待遇的分类，请分析上述货物应采用何种标准确定原产地及原产地规则。

3. 我国某公司计划进口香蕉，由于该公司在美国有合作伙伴及采购渠道，所以从美国进口可以节省市场调研等诸多准备工作，但是美国路途遥远，就近采购泰国香蕉相对节约运输时间，只是在泰国采购香蕉，需寻找合作伙伴。

   请思考：在我国，美国和泰国产的香蕉分别能享受何种原产地待遇？

第五章·税率的确定

DI-WU ZHANG SHUILÜ DE QUEDING

◇ **职业要求**

　　国际关务人员及其他进出口税费相关岗位人员应掌握税率的基础知识与适用规则。

◇ **学习目标**

　　知识目标：通过本章的学习，理解确定税率的意义，掌握关税税率的设置，掌握关税税率的适用及汇率的适用。

　　能力目标：通过本章的学习，能够运用税率适用原则选择正确的税率。

◇ **学习内容**

　　本章的主要学习内容包括：进出口货物关税税率设置，税率适用原则，汇率适用原则。

进行进出口税费核算工作,在完成商品归类的确定、原产地的确定之后,就需要对进出口货物的税率进行选择和确定了。本章将从进出口货物关税税率设置、进出口货物关税税率的适用两个方面具体介绍税率确定工作的主要内容和依据。

第一节 进出口货物关税税率设置

《进出口税则》采用复式税则又称多栏税则,即每一税目项下有两栏或两栏以上的税率。我国设置最惠国税率、协定税率、特惠税率、普通税率、关税配额税率等进口关税税率。对进口货物在一定期限内可以实行暂定税率。出口关税设置出口税率。对出口货物在一定期限内可以实行暂定税率。

一、进口关税税率

(一) 最惠国税率

最惠国待遇是国际贸易中的基本原则。中国加入世界贸易组织、签订的国际双边或多边贸易条约或协定中一般均有相关规定。它要求条约或协定的各缔约方给予条约或协定的另一方与任何第三方相同的公平待遇。为了对进口商品执行最惠国待遇,需要制定最惠国税率。它虽然是根据最惠国待遇相互给予的关税优惠税率,但并不一定是"最优惠"的税率。

(二) 协定税率

两个或两个以上结成区域性经济集团的国家(地区)相互给予的优惠待遇可以为最惠国待遇的例外,非该集团的成员不得要求享受该优惠税率。《关税与贸易总协定》规定:"本协定的规定不得阻止在缔约方领土之间形成关税同盟或自由贸易区,或阻止通过形成关税同盟或自由贸易区所必需的临时协定。"为实施这种优惠待遇而制定的税率就是协定税率,一般情况下,这种税率要比最惠国税率更为优惠。

2002年起,我国开始对原产于韩国、斯里兰卡和孟加拉国3个曼谷协定成员的739个税目的进口商品实行曼谷协定税率。其后,协定税率的适用范围不断扩大。截至2017年1月,根据我国与有关国家或地区签署的贸易或关税优惠协定,对15个国家或地区实施协定税率。根据《2020年进口暂定税率等调整方案》(以下简称《2020年关税调整方案》),自2020年1月1日起,对我国与新西兰、秘鲁、哥斯达黎加、瑞士、冰岛、新加坡、澳大利亚、韩国、智利、格鲁吉亚、巴基斯坦的双边贸易协定以及《亚太贸易协定》的协定税率进一步降低。2020年7月1日起,按照我国与瑞士的双边贸易协定和《亚太贸易协定》的规定,进一步降低有关协定税率。

(三) 特惠税率

特惠税率是中国单方面给予最不发达国家的特殊关税优惠待遇。1947年《关税与贸易总协定》第四部分"贸易与发展"第三十六条"原则和目标"第七款中规定:

"在削减或取消针对欠发达缔约方贸易的关税和其他壁垒的谈判中，发达缔约方不期望因其作出的承诺而获得互惠。"这里，针对给惠方的用语为"the developed contracting parties"，而"developed"在中国虽译为"发达国家"，但根据条款含义应是指相对于不发达国家而言的发达国家，所以中国虽是发展中国家，也同样可以进行这种单方面而不要求对等的，且其优惠程度非常大的给惠。实施特惠税率，旨在实现保证最不发达国家有效参与世界贸易体制和采取进一步改善其贸易机会的需要。

中国特惠税率始于 2002 年，对原产于孟加拉国的 18 个税目的进口商品实行曼谷协定特惠税率。随后，特惠税率的适用范围不断扩大。截至 2016 年 12 月，根据我国与有关国家或地区签署的贸易或关税优惠协定、双边换文情况及国务院的有关决定，对原产于埃塞俄比亚、贝宁、布隆迪、厄立特里亚、吉布提、刚果、几内亚、几内亚比绍、科摩罗、利比里亚、马达加斯加、马里、马拉维、毛里塔尼亚、莫桑比克、南苏丹、卢旺达、塞拉利昂、苏丹、坦桑尼亚、多哥、乌干达、赞比亚、莱索托、乍得、中非、阿富汗、孟加拉国、尼泊尔、东帝汶、也门、萨摩亚、瓦努阿图、赤道几内亚、安哥拉、塞内加尔、尼日尔、索马里、老挝、缅甸和柬埔寨，共 41 个联合国认定的最不发达国家的部分税目商品实施特惠税率。另外，还有原产于老挝、孟加拉国、柬埔寨、缅甸，实施《中国—东盟自由贸易协定》《亚太贸易协定》项下部分税目商品享受特惠税率。根据《2020 年关税调整方案》，除赤道几内亚外，对与我国建交并完成换文手续的其他最不发达国家继续实施特惠税率。自 2020 年 1 月 1 日起，赤道几内亚停止享受零关税特惠待遇。

（四）普通税率

普通税率也称国定税率，是中国自主制定的税率。新中国成立后，中国税则即设立普通税率。中国加入世界贸易组织之后，普通税率与最惠国税率、协定税率及特惠税率相对应。1951 年至 1981 年，普通税率最高为 400%，1982 年调整为 250%，2019 年，普通税率最高为 270%。

（五）关税配额税率

在《关税与贸易总协定》乌拉圭回合谈判中，各国承诺对农产品取消非关税措施，同时可将这些非关税措施实行关税化。中国对在乌拉圭回合谈判中承诺取消非关税措施的粮食、植物油等产品，自 1996 年 4 月 1 日开始实施关税配额管理。

关税配额，不限制进口货物的绝对数额，而对在一定时期内规定配额内进口的货物实行较低的税率，对超出配额进口的货物实行较高的税率（一般是最惠国税率或普通税率），是一种利用关税税率高低与数量限制相结合控制进口货物数量的措施。这一措施一般适用于国内有生产但不能满足国内的生产或需求，且在我国国民经济中占据重要地位的产品，以达到既鼓励适度进口又保护国内相关产业，既符合国际惯例又能有效控制进口的目的。

配额税率一般按照年度制订，其税率通常比优惠税率（最惠国税率）低若干倍，并作为附件（《关税配额商品进口税率表》）随附于税则正文之后。根据《2020 年关税调整方案》，我国继续对小麦等 8 类商品实施关税配额管理，税率不变。其中，对尿素、复合肥、磷酸氢铵3种化肥的配额内税率继续实施1%的暂定税率。继续对配额外进口的一定数量的棉花实施滑准税。

（六）暂定税率

暂定税率是指对国民经济发展有重大影响的进出口货物实行的一种临时性进出口关税税率。实行暂定税率的商品分为临时性和试验性两类。凡临时性调整税率的，一般使用暂定税率这一手段。如部分商品在一定时期内国内供求缺口过大，但国内已进行了大量投资，在其投产后供求关系将有根本性的变化，为保障下游企业的生产，对这些商品实行临时性税率措施，一旦这些产品在国内的有效供给形成，则停止执行其暂定税率。为体现国家的产业政策，需要在一定时期内鼓励和支持有关重点行业的生产和发展的，也可以使用暂定税率这一措施。试用性包含下列意义：根据有关部门、行业或企业的要求，并在一定范围内调查和研究后，需要对部分商品进行税率调整，但在税率调整后对其他行业的影响难以准确预测的情况下，通过暂定税率形式予以试行，运行一段时间后，再对这类商品的税率作正式调整或根据运行情况予以适当修正。制定暂定税率，坚持公开、公平、公正的原则。这里特别需要指出的是，进口暂定税率是在最惠国税率的基础上制订的，而且对原产于享受最惠国待遇的国家或地区的进口货物普遍适用。例如：根据《2020年关税调整方案》，自2020年1月1日起对859项商品（不含关税配额商品）实施进口暂定税率；自2020年7月1日起，取消7项信息技术产品进口暂定税率。

（七）报复性关税税率

任何国家或者地区违反与中华人民共和国签订或者共同参加的贸易协定及相关协定，对中华人民共和国在贸易方面采取禁止、限制、加征关税或者其他影响正常贸易的措施的，对原产于该国家或者地区的进口货物可以征收报复性关税，适用报复性关税税率。

二、出口关税税率

（一）出口关税税率

征收出口关税会增加出口货物的成本，提高本国产品在国外的售价，从而降低产品的国际市场竞争力，影响出口。因此19世纪后期开始，许多国家相继取消了出口关税。但仍有部分国家因为一些原因征收出口关税，比如为了限制本国有大量需求而供应不足的商品出口，或为了防止本国某些有限的自然资源耗竭，或利用出口税控制和调节某种商品的出口流量，防止盲目出口，以稳定国内外市场价格，争取在国外市场保持有利的价格。出于以上原因，我国也对少数商品征收出口关税，设置出口关税税率。例如硅铁，商品编码7202.2100，附加码10，出口关税税率为25%。

（二）出口暂定税率

国家对征收出口关税的货物设置出口税率，部分征收出口关税的货物还设有暂定税率。被征收关税的出口货物有暂定税率的，应当使用暂定税率。

根据《2020 年关税调整方案》，自 2020 年 1 月 1 日起继续对铬铁等 107 项商品征收出口关税，适用出口税率或出口暂定税率，征收商品范围和税率维持不变。

第二节 进出口货物税率及汇率的适用

一、税率适用的规则

《关税条例》第十条至第十四条对税率的适用作出了原则性规定。

(一) 最惠国税率的适用

原产于共同适用最惠国待遇条款的世界贸易组织成员的进口货物，原产于与中华人民共和国签订含有相互给予最惠国待遇条款的双边贸易协定的国家或者地区的进口货物，以及原产于中华人民共和国境内的进口货物，适用最惠国税率。

上述规定有 3 层含义：首先，最惠国税率仅适用原产于共同适用最惠国待遇条款的世界贸易组织成员的进口货物，我国并不是与所有世界贸易组织成员都适用最惠国待遇原则（如原产于萨尔瓦多的进口货物不适用）；其次，原产于与我国达成双边贸易协定相互给予最惠国待遇条款的非世界贸易组织成员的进口货物也同样适用最惠国税率；最后，对于出口复进口的国产货物，如根据原产地规则其原产地仍为中国的，也同样适用最惠国税率。

(二) 协定税率和特惠税率的适用

原产于与中华人民共和国签订含有关税优惠条款的区域性贸易协定的国家或者地区的进口货物，适用协定税率。

原产于与中华人民共和国签订含有特殊关税优惠条款的贸易协定的国家或者地区的进口货物，适用特惠税率。

(三) 普通税率的适用

原产于《关税条例》第十条第一款、第二款和第三款所列以外国家或者地区的进口货物，以及原产地不明的进口货物，适用普通税率。

上述规定有两层含义。首先，原产于《关税条例》第十条第一款、第二款和第三款所列国家或者地区的进口货物享受优惠税率（最惠国税率、协定税率和特惠税率）待遇；原产于上述以外的国家或者地区的进口货物适用普通税率。其次，对于原产地不明的进口货物，由于无法确定其应适用哪种优惠税率，因而只能适用普通税率。目前，主要是原产于少数与我国没有外交关系且不属于世界贸易组织成员的国家或地区的进口货物适用普通税率。

(四) 暂定税率的适用

《关税条例》第十一条规定：适用最惠国税率的进口货物有暂定税率的，应当适用暂定税率；适用协定税率、特惠税率的进口货物有暂定税率的，应当从低适用税率；适用普通税率的进口货物，不适用暂定税率。适用出口税率的出口货物有暂定税率的，应当适用暂定税率。

对上述条款的理解，应掌握以下3项原则：

第一，暂定税率优先原则。根据国民经济发展的实际需要，我国对部分进出口商品实行暂定税率。暂定税率可以在保证《进出口税则》严肃性和稳定性的前提下，将产业政策和关税措施有机结合起来，更好地发挥关税的作用。为达到上述目的，《关税条例》规定，适用最惠国税率的进口货物有暂定税率的，应当适用暂定税率；适用出口税率的出口货物有暂定税率的，应当适用暂定税率。

第二，从低适用原则。适用协定税率、特惠税率的进口货物有暂定税率的，应当从低适用税率。例如，我国决定对某种进口货物实行暂定税率，而该货物同时可以享受协定税率，如果暂定税率低于协定税率，应依照暂定税率计征税款；反之，如果协定税率低于暂定税率，则应依照协定税率计征税款。

第三，普通税率不适用暂定税率原则。普通税率主要适用于从少数与我国没有外交关系且不属于世界贸易组织成员的国家或地区进口的货物，对原产于该国家或地区的货物，我国采取中性政策，不鼓励也不歧视，当某种适用普通税率的进口货物也有暂定税率时，不能适用暂定税率。

(五) 关税配额税率的适用

《关税条例》第十二条规定：按照国家规定实行关税配额管理的进口货物，关税配额内的，适用关税配额税率；关税配额外的，其税率的适用按照本条例第十条、第十一条的规定执行。

《关税条例》第十条、第十一条是关于最惠国税率、协定税率、特惠税率、普通税率适用的规定。因此，关税配额外的进口货物，适用的税率由原产地规则来判断，因此其适用的税率只能是最惠国税率、协定税率、特惠税率、普通税率的其中一种。

(六) 反倾销、反补贴、保障措施税率的适用

《关税条例》第十三条规定：按照有关法律、行政法规的规定对进口货物采取反倾销、反补贴、保障措施的，其税率的适用按照《中华人民共和国反倾销条例》《中华人民共和国反补贴条例》和《中华人民共和国保障措施条例》的有关规定执行。

根据《中华人民共和国反倾销条例》《中华人民共和国反补贴条例》的规定，对进口货物征收反倾销税、反补贴税，由商务部提出建议，国务院税则委员会根据商务部的建议作出决定，由商务部予以公告，反倾销税税额或反补贴税税额不得超过倾销或补贴幅度。据此，国务院税则委员会根据商务部的终裁决定和实施反倾销或反补贴的措施的建议，在不超过倾销或补贴的幅度内确定税率。由于不同国家、地区或公司的倾销或补贴幅度不同，相应的税率也不同。因此，在一个反倾销案中，会出现多个

税率或适用不同税率的情形。

根据《中华人民共和国保障措施条例》的有关规定，保障措施不分国别，针对来自所有国家或地区的同一产品，一般只适用一个税率。

（七）报复性关税税率的适用

《关税条例》第十四条规定：任何国家或者地区违反与中华人民共和国签订或者共同参加的贸易协定及相关协定，对中华人民共和国在贸易方面采取禁止、限制、加征关税或者其他影响正常贸易的措施的，对原产于该国家或者地区的进口货物可以征收报复性关税，适用报复性关税税率。

报复性关税的适用范围主要包括两个方面：一是对于没有与我国签订任何贸易协定的国家或地区，如果其对原产于我国的货物征收了歧视性关税或给予其他歧视性待遇的，我国可以根据受到影响的实际情况，对原产于该国的进口货物实施报复性关税措施，加征报复性关税；二是对于与我国签订或共同参加了贸易协定或其他相关协定的国家或地区，如果该国或地区违反协定，对我国出口商品采取了禁止、限制、加征关税或其他影响正常贸易的措施，我国可以根据实际利益的受损情况，对原产于该国的进口货物实施报复性关税措施，加征报复性关税。征收报复性关税的货物品种、适用国别税率、起征、停征时间和征收办法，由国务院税则委员会决定，并公布实施。

二、税率适用的时间

（一）一般原则

《关税条例》第十五条规定了税率适用时间的一般原则，即"进出口货物，应当适用海关接受该货物申报进口或者出口之日实施的税率""进口货物到达前，经海关核准先行申报的，应当适用装载该货物的运输工具申报进境之日实施的税率"。

根据法学原理，海关应当按照法律关系确立、法律事实发生时实施的有效法律规定征收税款。海关接受纳税义务人的申报，标志着海关与纳税义务人征缴法律关系的确立，同时产生了纳税义务人应当缴纳税款的法律义务，按照此时实施的税率征税不但符合法学原理，而且也更能体现执法的统一性原则和公平性原则。

一般情况下，只要纳税义务人按照规定正确申报，海关将立即接受，因此，接受申报之日基本就是申报之日，相对比较确定，受人为因素的影响较小。而其他时间，如海关填发税款缴款书之日，由于海关对不同货物的申报内容的审核时间长短不一，海关填发税单之日的不确定性就较大。如果在纳税义务人申报后，海关填发税单前的税率发生了变化，不同的纳税义务人同一天向海关申报的进出口货物就可能适用不同的税率，显然存在不公平的问题。

如果在进口货物到达前还不符合报关的有关规定，但为了更好地适应现实贸易情况，在一定条件下，特别是确实具备实际进口条件时，海关可以核准其先行申报。但从征税角度看，仍然应以实际进口要件完全具备时作为税收法律关系成立的时间。装载货物运输工具申报进境，意味着该货物具备了实际进口条件，因此，进口货物到达前，经海关核准先行申报的，应当适用装载该货物的运输工具申报进境之日实施的税率。

还需注意的是，海关代征税税率适用的时间原则与关税税率适用的时间原则相同。

（二）特殊情况下的处理

依据上述原则，《关税条例》和《中华人民共和国海关进出口货物征税管理办法》（以下简称《征税管理办法》，海关总署令第 124 号）规定了各种情况下进出口货物的税率适用日期。

1. 转关运输货物税率的适用时间。进口转关运输货物，应当适用指运地海关接受该货物申报进口之日实施的税率；货物运抵指运地前，经海关核准先行申报的，应当适用装载该货物的运输工具抵达指运地之日实施的税率。出口转关运输货物，应当适用起运地海关接受该货物申报出口之日实施的税率。

2. 实行集中申报的进出口货物税率的适用时间。经海关批准，实行集中申报的进出口货物，应当适用每次货物进出口时海关接受该货物申报之日实施的税率。

3. 超期未报进口货物税率的适用时间。因超过规定期限未申报而由海关依法变卖的进口货物，其税款计征应当适用装载该货物的运输工具申报进境之日实施的税率。

4. 需要追征税款的进出口货物税率的适用时间。因纳税义务人违反规定需要追征税款的进出口货物，应当适用违反规定的行为发生之日实施的税率；行为发生之日不能确定的，适用海关发现该行为之日实施的税率。

（三）特殊货物税率适用时间

《征税管理办法》第十四条规定：已申报进境并放行的保税货物、减免税货物、租赁货物或者已申报进出境并放行的暂时进出境货物，有下列情形之一需缴纳税款的，应当适用海关接受纳税义务人再次填写报关单申报办理纳税及有关手续之日实施的税率：

1. 保税货物经批准不复运出境的；
2. 保税仓储货物转入国内市场销售的；
3. 减免税货物经批准转让或者移作他用的；
4. 可暂不缴纳税款的暂时进出境货物，经批准不复运出境或者进境的；
5. 租赁进口货物，分期缴纳税款的。

本条是关于保税货物、减免税货物、租赁货物、暂时进出境货物等税率适用日期的规定，与《关税条例》第十六条的规定一致。需要注意以下两点：

第一，本条将《关税条例》第十六条中规定的"海关接受申报办理纳税手续之日"进一步明确为"海关接受纳税义务人再次填写报关单申报办理纳税及有关手续之日"。这是因为，本条所述货物在向海关申报进出口时都要填写报关单，一般不需先缴纳税款，但必须处于海关监管之下。当其改变为可以自由流通的货物需缴纳税款或租赁进口货物分期缴纳税款时，需再次填写报关单向海关申报办理纳税手续。例如，加工贸易保税货物内销时，需填写报关单申报纳税；减免税货物经批准出售时，需填写报关单申报纳税；暂时进境货物不再复运出境，需填写报关单申报正式进口并缴纳税款。

第二，本条增加了一项内容，即保税仓储货物转入国内市场销售的，也应适用海关接受纳税义务人再次填写报关单申报办理纳税及有关手续之日实施的税率。

我国加入世界贸易组织后，我国经济越来越融入世界经济之中，海关对进出口货物的监督管理必须适应形势发展的要求，逐步与国际惯例接轨。海关总署修改了一般贸易进口货物不能存入保税仓库的规定，即从境外存入保税仓库的货物可以直接转入国内市场销售流通。这种货物显然也属于保税货物，但与《海关法》第一百条关于保税货物的定义（在境内存储、加工、装配后应复运出境）却不尽一致。为了避免在实际工作中产生不必要的争议，根据《关税条例》的立法原意，在《征税管理办法》中对保税仓储货物转入国内市场销售时税率的适用日期作了明确规定。

（四）退补税货物税率适用时间

《征税管理办法》第十五条规定：补征或者退还进出口货物税款，应当按照本办法第十三条和第十四条的规定确定适用的税率。

在补征或者退还进出口货物的税款时，原则上应按照当初对该货物征收税款时所适用的税率计算应补征或者应退还的税款。这也是本条（或《关税条例》第十七条）的立法原意。之所以没有直接采用这种表述方式，主要是考虑法律条文用语的严谨性。例如，某货物申报进口时，由于出现差错被作为减免税货物免税放行，事后发现应补征税款，而该货物当初申报进口时没有征税，所以不存在原征税时的税率，但该货物申报进口时，海关接受申报之日实施的税率则是明确的。按照本条的表述方式操作，可以避免产生无谓的纳税争议。

三、汇率的适用

《征税管理办法》第十六条对汇率适用作了规定：进出口货物的成交价格及有关费用以外币计价的，海关按照该货物适用税率之日所适用的计征汇率折合为人民币计算完税价格。海关每月使用的计征汇率为上一个月第三个星期三（第三个星期三为法定节假日的，顺延采用第四个星期三）中国人民银行公布的外币对人民币的基准汇率；以基准汇率币种以外的外币计价的，采用同一时间中国银行公布的现汇买入价和现汇卖出价的中间值（人民币元后采用四舍五入法保留4位小数）。如果上述汇率发生重大波动，海关总署认为必要时，可另行规定计征汇率，并对外公布。

上述所称"法定节假日"，是指国务院《全国年节及纪念日放假办法》第二条规定的"全体公民放假的节日"，具体包括：元旦（1月1日）；春节（正月初一、初二、初三）；清明节（农历清明当日）；劳动节（5月1日）；端午节（农历端午当日）；中秋节（农历中秋当日）；国庆节（10月1日、2日、3日），不含调休日。

◇ **知识考查与技能训练**

一、单项选择题

1. 关于暂定税率适用的原则，下列表述错误的是（　　）。

A. 适用最惠国税率的进口货物同时有暂定税率的，应当适用暂定税率

B. 适用协定税率、特惠税率的进口货物有暂定税率的，应当从低适用税率

C. 适用普通税率的进口货物，不适用暂定税率

D. 适用出口税率的出口货物有暂定税率的，不适用暂定税率

2. 根据《中华人民共和国保障措施条例》的有关规定，保障措施不分国别，针对来自所有国家或地区的同一产品，一般只适用（　　）税率。

A. 2个　　　　　B. 不同　　　　　C. 1个　　　　　D. 多个

3. 根据《中华人民共和国进出口关税条例》的规定，货物进口或出口时，一般情况下海关按照（　　）实施的税则税率计征关税。

A. 办理海关手续之日

B. 装载货物的运输工具进境之日

C. 海关接受货物申报进口或者出口之日

D. 向海关指定银行缴纳税款之日

二、多项选择题

1. 进口货物不适用协定税率的情形包括（　　）。

A. 在报关单上未申明适用协定税率的

B. 未提交符合规定的原产地证书、原产地声明的

C. 经查验员查核，确认货物原产地与申报内容不符的

D. 经查验或者核查，无法确认货物真实原产地的

2. 下面是有关运用《中华人民共和国进出口税则》规定征收关税的表述，其中表述正确是（　　）。

A. 超期未报由海关依法变卖的进口货物，其税款计征应当适用装载该货物的运输工具申报进境之日实施的税率

B. 对于原产于中国境内的进口货物，适用最惠国税率

C. 对于原产地不明的进口货物，按照普通税率计征

D. 对于同时适用多种税率的进口货物，在选择适用的税率时，基本的原则是"从高计征"

三、判断题

1. 进口转关运输货物，应当适用指运地海关接受货物申报进口之日实施的税率。

2. 海关每月使用的计征汇率为本月第三个星期三，中国人民银行公布的外币对人民币的基准汇率。

第六章 关税与进口环节海关代征税的征纳规定

DI-LIU ZHANG GUANSHUI YU JINKOU HUANJIE HAIGUAN
DAIZHENGSHUI DE ZHENGNA GUIDING

◇ **职业要求**

国际关务人员及其他进出口税费相关岗位人员应掌握关税与进口环节海关代征税征纳的相关知识和基本技能。

◇ **学习目标**

知识目标：通过本章的学习，掌握关税、进口环节海关代征税的缴纳程序，了解关税的退还与补征程序，了解关税的减征与免征，理解税款担保的作用和程序。

能力目标：通过本章的学习，能够根据正确的程序配合海关进行税费的缴纳、退还、补征、减免，以及提供担保等。

◇ **学习内容**

本章的主要学习内容包括：税款的征纳、特殊进出口货物税款的征纳、退还与补征、减征与免征、纳税争议、关税税收保全与强制措施。

第一节 税款的征纳

一、海关进行税款征收的法律依据

我国关税征收的基本依据是《海关法》《关税条例》《征税管理办法》及其他相关法律、法规。《海关法》第五十三条规定："准许进出口的货物、进出境物品，由海关依法征收关税。"《关税条例》第四章具体规定了申报程序、审价过程、计算公式、缴纳要求及特殊进出口货物关税征收的特别要求等。《征税管理办法》则用7章共84条详细规范了关税征收的各个方面。

《海关法》明确了依法征收关税和其他关税费是海关的重要任务，也是国家保护国内经济、实施财政政策、调整产业机构、发展进出口贸易的重要手段。海关征收工作应当遵循准确归类、正确估价、依率减免、严肃退补、及时入库的原则。

二、关税征纳方式

征纳方式包括海关征收和企业缴纳两个方面。

（一）海关征收

1. 自报自缴制

通关一体化改革下"自报自缴"的税款征收方式是指"自主申报、自行缴纳"。以企业诚信管理为前提，企业自主申报报关单的涉税要素，自行完成税费金额计算及税费缴纳后如无海关检查，货物即可放行。货物放行后，海关税管局再根据风险分析对进出口企业、单位申报的价格、归类、原产地等税收要素进行抽查审核。

自报自缴制是海关确定进出口税收的主要方式，其操作流程如下：

①通过电子口岸如实、规范录入报关单涉税要素及各项目数据；

②利用预录入系统的海关计税（费）服务工具计算应缴纳的相关税费；

③对系统显示的税费计算结果进行确认，连同报关单预录入内容一并提交海关（进出口企业、单位需在当日对税费进行确认，不予确认的，可重新申报）；

④收到海关通关系统发送的回执后，自行办理相关税费缴纳手续。

根据海关总署公告2017年第44号（关于简化海关税费电子支付作业流程的公告）的相关内容，为深入推进全国海关通关一体化改革，进一步提高通关效率，海关总署决定简化海关税费电子支付作业流程，取消现场海关通过打印税款缴款书（以下简称"税单"）触发税款实扣的操作。

2. 海关审核制

通关一体化改革后，海关原则上不在通关环节对进出口货物价格、归类、原产地等核心涉税要素进行审核。某些特殊情况下除外，例如，货物先予放行之后难以控制相应准入及税收风险的，但此类情况占比极小。

海关审核纳税方式，是指海关对纳税义务人的申报内容中的商品名称、税则号列

（商品编号）、规格型号、价格、运保费及其他相关费用、原产地、数量进行审核，有必要时进行相应的查验，确定货物的完税价格后计算税款。

（二）企业缴纳

1. 缴纳方式

（1）电子支付

为进一步提升便捷性，海关总署决定自 2018 年 7 月 1 日起在全国推广新一代海关税费电子支付系统（以下简称"新一代电子支付系统"），满足条件的企业可登录中国国际贸易"单一窗口"标准版（以下简称"单一窗口"，平台网址：http：//www.singlewindow.cn）、全国海关"互联网+海关"一体化网上办事平台（以下简称"'互联网+海关'平台"，平台网址：http：//online.customs.gov.cn）使用新一代电子支付系统缴纳海关税费。该系统目前可支付的税费种类有：进出口关税、反倾销税、反补贴税、进口环节代征税、废弃电器电子产品处理基金、缓税利息、滞纳金等。

基本操作如下：进出口报关单电子审结后，海关业务系统自动向电子口岸发送税费信息，电子口岸将签约企业的税费信息发送至"单一窗口"、"互联网+海关"平台。企业可登录"单一窗口"、"互联网+海关"平台查询税费信息，并发送税费扣税指令，以及查询扣款状态。

（2）柜台支付

进出口企业、单位在收到申报地海关现场打印的纸质税款缴款书后，到银行柜台办理税费缴纳手续。

另外，针对电子及柜台支付的纳税企业，还可以在提供税款担保的情况下实施每月集中汇总缴税。根据中华人民共和国海关总署公告 2017 年第 45 号（关于优化汇总征税制度的公告）规定：所有海关注册登记企业均可适用汇总征税模式（"失信企业"除外）。汇总征税企业是指进出口报关单上的收发货人。

有汇总征税需求的企业，向注册地直属海关关税职能部门提交税款总担保（以下简称"总担保"）备案申请，总担保应当依法采用保函等海关认可的形式。

2. 缴纳地点

在税款的缴纳地点方面，通关一体化改革后企业可以选择中国关境内任何一个地点并在其所辖的隶属海关进行申报，在"自报自缴"模式下，申报所在地即是缴纳关税所在地。

三、税款缴纳的期限

（一）法定缴纳税款的期限

《征税管理办法》第二十条规定：纳税义务人应当自海关填发税款缴款书之日起 15 日内向指定银行缴纳税款。逾期缴纳税款的，自海关填发滞纳金缴款书之日起 15 日内向制定银行缴纳税款。由海关自缴款期届满之日起至缴清税款之日止，按日加收滞纳税款万分之五的滞纳金。

缴款期限届满日遇周六、周日等休息日或者法定节假日的，应当顺延至休息日或者法定节假日之后的第一个工作日。国务院临时调整休息日与工作日的，海关应当按照调整后的情况计算缴款期限。

在实际计算缴纳期限时，应从海关填发缴款书之日的第二天起算，填发当日不计入，如果关税缴纳期限的最后一日是周六、周日或法定节假日，则关税缴纳期限顺延至周末或法定节假日后的第一个工作日。

(二) 延期纳税

1. 含义

在法定纳税期限内，无法履行纳税义务的可以延期缴纳税款，其实质是海关将纳税人的纳税期限相对延长。延期缴纳税款的期限，自货物放行之日起最长不超过6个月。这就是说，属于缓税的，其纳税期限最长为6个月。超过纳税期限缴纳税款的，由海关自缴款期限届满之日起至缴清税款之日止，按日加收滞纳金。

2. 适用条件

根据相关规定，纳税义务人因不可抗力[①]或者国家税收政策调整不能按期缴纳税款的，依法提供税款担保后，可以直接向海关办理延期缴纳税款手续。但是最长不得超过6个月。

第二节　特殊进出口货物税款的征纳

一、无代价抵偿货物

无代价抵偿货物是指进出口货物在海关放行后，因残损、短少、品质不良或者规格不符等原因，由进出口货物的发货人、承运人或者保险公司免费补偿或者更换的与原货物相同或者与合同规定相符的货物。

根据《征收管理办法》，进口无代价抵偿货物，不征收进口关税和进口环节海关代征税；出口无代价抵偿货物，不征收出口关税。

(一) 进口无代价抵偿货物

纳税义务人应当在原进出口合同规定的索赔期内且不超过原货物进出口之日起3年内，向海关申报办理无代价抵偿货物的进出口手续。

纳税义务人申报进口无代价抵偿货物，应当提交下列单证：

[①] 不可抗力，是指不能预见、不能避免并且不能克服的客观情况。其中不能预见是指根据现有技术水平和正常认知能力，当事人对某类情况的发生不可预见；不能避免并且不能克服是指尽管已尽到最大努力并采取了一切可以采取的防范措施，当事人仍不能避免某类情况的发生亦无法克服由此造成的损害后果，上述3项条件必须同时具备方构成不可抗力。同时，不可抗力作为一种不受人主观意志支配的客观情况，通常表现为某些自然现象（如地震、台风、洪水等自然灾害）和社会现象（如战争等社会问题），而不包括特定人的行为。

1. 原进口货物报关单；
2. 原进口国（地区）货物退运出境的出口报关单或者原进口国（地区）货物交由海关处理的货物放弃处理证明；
3. 原进口货物税款缴款书或者"进出口货物征免税证明"（以下简称"征免税证明"）；
4. 买卖双方签订的索赔协议。

因原进口国（地区）货物短少而进口无代价抵偿货物，不需要提交上述第2项所列的单证。海关认为需要时，纳税义务人还应当提交具有资质的商品检验机构出具的原进口货物残损、短少、品质不良或者规格不符的检验证明书或者其他有关证明文件。

（二）出口无代价抵偿货物

纳税义务人申报出口无代价抵偿货物，应当提交下列单证：
1. 原出口货物报关单；
2. 原出口货物退运进境的进口货物报关单；
3. 原出口货物税款缴款书或者征免税证明；
4. 买卖双方签订的索赔协议。

因原出口货物短少而出口无代价抵偿货物，不需要提交上述第2项所列单证。海关认为需要时，纳税义务人还应当提交具有资质的商品检验机构出具的原出口货物残损、短少、品质不良或者规格不符的检验证明证书或者其他有关证明文件。

纳税义务人申报进出口的无代价抵偿货物，与退运出境或者退运进境的原货物不完全相同或者与合同规定不完全相符的，应当向海关说明原因。

海关经审核认定理由正当，且其税则号列未发生改变的，应当按照审定进出口货物完税价格的有关规定和原进出口货物适用的计征汇率、税率，审核确定其完税价格，计算应征税款。应征税款高于原进出口货物已征税款的，应当补征税款的差额部分。应征税款低于原进出口货物已征税款，且原进出口货物的发货人、承运人或者保险公司同时补偿货款的，海关应当退还补偿货款部分的相应税款；未补偿货款的，税款的差额部分不予退还。

纳税义务人申报进出口的免费补偿或者更换的货物，其税则号列与原货物的税则号列不一致的，不适用无代价抵偿货物的有关规定，海关应当按照一般进出口货物的有关规定征收税款。

纳税义务人申报进出口无代价抵偿货物，被更换的原进口货物不退运出境且不放弃交由海关处理的，或者被更换的原出口货物不退运进境的，海关应当按照接受无代价抵偿货物申报进出口之日适用的税率、计征汇率和有关规定对原进出口货物重新估价征收。

被更换的原进口货物退运出境时不征收关税；被更换的原出口货物退运进境时不征收进口关税和进口环节海关代征税。

二、租赁进口货物

租赁进口货物是指经营租赁业务的企业为履行与外商签订的国际租赁合同，由境内企业租赁进口的货物。

1. 纳税义务人进口租赁货物，除另有规定外，应当向其他所在地海关办理申报进口及申报纳税手续。

纳税义务人申报进口租赁货物，应当向海关提交租赁合同及其他有关文件。海关认为必要时，纳税义务人应当提供税款担保。

租赁进口货物自进境之日起至租赁结束办理海关手续之日止，应当接受海关监管。

2. 租赁进口货物的纳税申报期限

租赁进口货物自进境之日至租赁结束办理海关手续之日止，应当接受海关监督。一次性支付的租金，纳税义务人应当在申报租赁货物进口时办理纳税手续，缴纳税款。

分期支付租金的，纳税义务人应当在申报租赁货物进口时，按照第一期应当支付的租金办理纳税手续，缴纳相应税款，在其后分期支付租金时，纳税义务人向海关申报纳税手续应当不迟于每次支付租金后的第 15 日。

3. 海关应当对租赁进口货物进行跟踪管理，督促纳税义务人按期向海关申报纳税，确保税款及时足额入库。

4. 纳税义务人应当自租赁进口货物租期届满之日起 30 日内，向海关申请办结监管手续，将租赁进口货物复运出境。需留购、续租租赁进口货物的，纳税义务人向海关申报办理相关手续应当不迟于租赁进口货物租期届满后的第 30 日。

海关对留购的租赁进口货物，按照审定进口货物完税价格的有关规定和海关接受申报办理留购的相关手续之日该货物适用的计征汇率、税率，审核确定其完税价格、计征应缴纳的税款。

续租租赁进口货物的，纳税义务人应当向海关提交续租合同，并按照上述第 1 项和第 2 项的有关规定办理申请报税手续。

5. 纳税义务人未在规定的期限内向海关申报办理留购租赁进口货物的相关手续的，海关除按照审定进口货物完税价格的有关规定和租期届满后的第 30 日该货物适用的计征汇率、税率，审核确定其完税价格、计征应缴纳的税款外，还应当自租赁期限届满后 30 日起至纳税义务人申报纳税之日止按日加收应缴纳税款万分之五的滞纳金。

6. 纳税义务人未在规定的期限内向海关申报办理续租租赁进口货物的相关手续的，海关除按照《征税管理办法》第三十五条的规定计征应缴纳的税款外，还应当自租赁期限届满 30 日起至纳税义务人申报纳税之日止按日加收应缴纳税款万分之五的滞纳金。

7. 租赁进口货物租赁期未满终止租赁的，其租期届满之日为租赁终止日。

三、暂时进出境货物

暂时进出境货物是指经海关批准，暂时进出关境并且在规定的期限内复运出境、进境的货物。

1. 经海关批准暂时进境或者暂时出境的货物，海关按照有关规定实施管理。

2. 《关税条例》第四十二条第一款所列的暂时进出境货物，在海关规定的期限内，可以暂不缴纳税款。

3. 《关税条例》第四十二条第一款所述暂时进出境货物在规定期限届满后不再复

运出境或者复运进境，纳税义务人应当在规定期限届满前向海关申报办理进出口及纳税手续，海关按照有关规定征收税款。

4.《关税条例》第四十二条第一款所列范围以外的其他暂时进出境货物，海关按照审定进出口货物完税价格的有关规定和海关接受该货物申报进出境之日适用的计征汇率、税率，审核确定其完税价格，按月征收税款，或者在规定期限内货物复运出境或者复运进境时征收税款。

5. 暂时进出口货物的纳税申报期限。

计征税款的期限为 60 个月。不足一个月但超过 15 天的，按一个月计征；不超过 15 天的，免予计征。计征税款的期限自货物放行之日起计算。

按月征收税款的计算公式为：

每月关税税额＝关税总额×（1/60）

每月进口环节代征税税额＝进口环节代征税总额×（1/60）

暂时进出境货物在规定期限届满后不再复运出境或者复运进境的，纳税义务人应当在规定期限届满前向海关申报办理进口纳税手续，缴纳剩余的税款。

6. 暂时进出境货物未在规定期限内复运出境或者复运进境，且纳税义务人未在规定期限届满前向海关申报办理进出口及纳税手续的，海关除按照规定征收应缴纳的税款外，还应当自规定期限届满之日起至纳税义务人申报纳税之日止按日加收应缴纳税款万分之五的滞纳金。

四、进出境修理货物和出境加工货物

（一）进境修理货物

进境修理货物是指运进境进行维护修理后复运出境的机械器具、运输工具或者其他货物，以及为维护这些货物需要进口的原材料、零部件。

1. 纳税义务人办理进境修理货物的进口申报手续时，应当向海关提交该货物的维修合同（或者含有保修条款的原出口合同），并向海关提供进口税款担保或者由海关按照保税货物规定实施管理。进境修理货物应当在海关规定的期限内复运出境。

进境修理货物需要进口原材料、零部件的、纳税义务人在办理原材料、零部件进口申报手续时，应当向海关提交进境修理货物的维修合同（或者含有保修条款的原出口合同）、进境修理货物的进口货物报关单（与进境修理货物同时申报进口的除外），并向海关提供进口税款或者由海关按照保税货物规定实施管理，进口原材料、零部件只限用于进境修理货物的修理，修理剩余的原材料、零部件应当随进境修理货物一同复运出境。

2. 纳税义务人在办理进境修理货物的剩余进境原材料、零部件复运出境的出口申报手续时，应当向海关提交该货物及进境原材料、零部件的原进口货物报关单和维修合同（或者含有保修条款的原出口合同）等单证。海关凭此办理解除修理货物及原材料、零部件进境时纳税义务人提供税款担保的相关手续；由海关按照保税货物规定实施管理的，按照有关保税货物的管理规定办理。

因正当理由不能在海关规定的期限内将进境修理货物复运出境的,纳税义务人应当在规定期限届满前向海关说明情况,申请延期复运出境。

3. 进境修理货物未在海关允许的期限（包括延长期,下同）内复运出境的,海关对其按照一般进出口货物的征税管理规定实施管理,将该货物进境时纳税义务人提供的税款担保转为税款。

（二）出境修理货物

出境修理货物是指运出境进行维护修理后复运进境的机械器具、运输工具或者其他货物,以及为维护这些货物需要出口的原材料、零部件。

1. 纳税义务人在办理出境修理货物的出口申报手续时,应当向海关提交该货物的维修合同（或者含有保修条款的原进口合同）。出境修理货物应当在海关规定的期限内复运进境。

2. 纳税义务人在办理出境修理货物复运进境的进口申报手续时,应当向海关提交该货物的原出口报关单和维修合同（或者含有保修条款的原进口合同）、维修发票等单证。

海关按照审定进口货物完税价格的有关规定和海关接受该货物申报复运出境之日适用的计征汇率、税率,审核确定其完税价格、计征进口税款。

因正当理由不能在海关规定期限内将出境修理货物复运进境的,纳税义务人应当在规定期限届满前向海关说明情况,申请延期复运进境。

3. 出境修理货物超过海关允许的期限复运进境的,海关对其按照一般进口货物的征税管理规定征收进口税款。

（三）出境加工货物

出境加工货物是指我国境内符合条件的企业将自有的原辅料、零部件、元器件或半成品等货物委托境外企业制造或加工,并支付加工费和境外料件费等相关费用,境外企业制造或加工的产品在规定的期限内必须复运进境。

1. 纳税义务人在办理出境加工货物的出口申报手续时,应当向海关提交该货物的委托加工合同；出境加工货物属于征收出口关税的商品的,纳税义务人应当向海关提供出口税款担保。出境加工货物应当在海关规定的期限内复运出境。

2. 纳税义务人在办理出境加工货物的进口申报手续时,应当向海关提交该货物的原出口报关单和委托加工合同、加工发票等单证。海关按照审定进口货物完税价格的有关规定和海关接受该货物申报复运进境之日适用的计征汇率、税率,审核确定其完税价格、计征进口税款,同时办理解除该货物出境时纳税义务人提供税款担保的相关手续。

因正当理由不能在海关规定期限内促使出境加工货物复运进境的,纳税义务人应当在规定期限届满前向海关说明情况,申请延期复运进境。

3. 出境加工货物未在海关允许期限内复运进境的,海关对其按照一般进口货物的征税管理规定实施管理,将该货物出境纳税义务人提供税款担保转为税款；出境加工货物复运进境时,海关按照一般进口货物的征税管理规定征收进口税款。

五、退运货物

退运货物是指原进出口的因残损、短少、品质不良或者规格不符、延误交货或其他原因退运出、进境的货物。

因品质或者规格不符，出口货物自出口放行之日起1年内原装退货复运进境的，纳税义务人在办理进口手续时，应当按照规定提交有关单证和证明文件。经海关确认后，对复运进境的原出口货物不予征收进口关税和进口环节海关代征税。

因品质或者规格原因，进口货物自进口之日起1年内原状复运出境的，不征收出口关税。

第三节 退还与补征

一、税款退还

关税退还是指关税纳税义务人按海关审定的税额缴纳关税后，由于一些原因，海关将已征收的全部或部分关税退还给纳税人的行政行为。依据我国《海关法》和《征收管理办法》规定的关税退还的情形，大致有以下几种。

（一）海关多征税款

海关多征税款，一般是指由于某种差错或工作失误，造成海关所征收的税款大于应征税款，不包括由于政策调整导致的征税差异。例如，由于对某项费用是否应计入货物的完税价格没有明确的规定，致使不同的海关按照各自的理解，有的将其计入完税价格，有的未计入。此后，海关总署明确该项费用不应计入完税价格，但并未同时规定要退还以前所征收的相应税款，则以前所征的相应税款不予退还。但需要注意的是，对于规定基本是明确的，由于海关在执行时理解上的偏差或错误造成多征税款的，应当予以退还。例如，对商品归类的问题，海关总署或相应授权的归类机构按照归类规则对某种商品的归类作出明确的解释，某海关发现过去对该商品的归类不正确，从而造成的多征税款应予退还。

海关多征税款的情形发生后可能会出现两种情况：一是被海关发现；二是被纳税义务人发现。由于发现的主体不同，待遇也不尽相同：①海关发现多征税款的，应当立即通知纳税义务人办理退税手续。纳税义务人应当自收到海关通知之日起3个月内办理有关退税手续。这里的"海关发现"，并不受时间的限制，无论海关是何时计征税款的，也无论海关是何时发现多征税款的，只要一经发现并确定，就应立即无条件通知纳税义务人办理退还手续。②纳税义务人发现多缴纳税款的，自缴纳税款之日起1年内，可以向海关申请退还多缴的税款并加算银行同期活期存款利息。应退利息按照海关填发收入退还书之日中国人民银行规定的活期储蓄存款利息率计算。计算应退利息的期限自纳税义务人缴纳税款之日起至海关填发收入退还书之日止。

纳税义务人向海关申请退还税款及利息时，应当提交下列材料：

1. 退税申请书；
2. 原税款缴款书和可以证明应予退税的材料。

(二) 已缴纳税款的进口货物，因品质或者规格原因原状退货复运出境

已缴纳进口关税的货物，因品质或者规格原因，原状退货复运出境，考虑到该货物最终并未进入我国国内市场，不属于应征税的范围，应予退还已征的进口关税。按上述规定退税时，应注意以下3点：①必须是因品质或者规格的原因，其他原因不在考虑之列；②纳税义务人必须自缴纳税款之日起1年内提出退税申请，逾期申请海关不予受理；③货物必须是原状退运出境。是否属于"原状"，需视具体情况而定，不可一概而论。一般而言，货物的外包装被拆除，经短期使用才能发现货物存在品质问题，一批货物中只有部分存在品质或规格问题，仅退运这部分货物等情况均可视为"原状"。

纳税义务人向海关申请退税时，应当提交下列材料：

1. 退税申请书；
2. 原进口货物报关单、税款缴款书、发票；
3. 货物复运出境的出口报关单；
4. 收发货人双方关于退货的协议。

(三) 已缴纳出口关税的出口货物，因品质或者规格原因原状退货复运进境，并已重新缴纳因出口而退还的国内环节有关税收的

已缴纳出口关税的货物，因品质或者规格原因，原状退货复运进境，考虑到退运进境的货物并未构成最终出口，不应将其纳入出口关税的征收范围，应予退还已缴纳的出口关税。在具体执行时，应注意把握以下4点：①必须是因品质或者规格原因，其他原因不在考虑之列；②纳税义务人必须自缴纳税款之日起1年内提出退税申请，逾期申请海关不予受理；③必须是原状复运进境，对是否属于原状，应视具体情况而定，不可一概而论；④必须是已重新缴纳了因出口而退还的国内环节有关税收。

纳税义务人向海关申请退税时，应当提交下列材料：

1. 退税申请书；
2. 原出口报关单、税款缴款书、发票；
3. 货物复运进境的进口货物报关单；
4. 收发货人双方关于退货的协议和税务机关重新征收国内环节税的证明。

(四) 已缴纳出口关税的货物，因故未装运出境申报退关的

已缴纳出口关税的货物，因故未装运出境申报退关的，纳税义务人可向海关申请退税，但应注意以下两点：①货物确未装运出境而申报退关的，海关应通过审核出口载货清单来确定其是否出境；②纳税义务人应自缴纳税款之日起1年内向海关提出退税申请，逾期申请海关不予受理。

纳税义务人向海关申请退税时，应当提交下列材料：

1. 退税申请书；

2. 原出口报关单和税款缴款书。

（五）散装进出口货物发生短装并已征税放行

散装进出口货物发生短装情况，不论少装的数量有多少，在进出口环节都要按照合同、发票标明的数量计征税款。这项规定虽然符合海关估价的成交价格原则，但对纳税义务人来说确实有些不尽合理。特别是如果卖方退还了短装部分的货款，纳税义务人支付或收取的货款总额发生变化，海关征收的税款就应作相应的调整。因此规定，如果发货人、承运人或者保险公司已退还或赔偿短装部分的相应货款，纳税义务人自缴纳税款之日起1年内，可以向海关申请退还短装部分的相应税款。

执行上述规定时应注意以下3点：①必须是散装进出口货物发生的短装，并已全额征税放行后提出的退税申请；②该货物的发货人、承运人或者保险公司已对短装部分退还或者赔偿相应货款；③纳税义务人必须自缴纳税款之日起1年内向海关提出退税申请，逾期申请海关不予受理。

纳税义务人向海关申请退税时，应当提交下列材料：
1. 退税申请书；
2. 原进口或者出口报关单、税款缴款书、发票；
3. 具有资质的商品检验机构出具的相关检验证明书；
4. 已经退款或者赔款的证明文件。

（六）进出口货物因残损、品质不良、规格不符原因，由进出口货物的发货人、承运人或者保险公司赔偿相应货款的

因进出口货物残损、短少、品质不良或者规格不符原因，进出口的无代价抵偿货物与原货物不完全相同或与合同规定不完全相符，存在价格差异的，如果原进出口货物的发货人、承运人或者保险公司同时补偿了相应货款，海关应退还补偿货款部分的相应税款。此规定所述的是另外一种情况，即原进出口货物的发货人、承运人或者保险公司仅赔偿相应的货款，而不抵偿货物。在这种情况下，海关也应退还赔偿货款部分的相应税款。这是因为海关据以确定完税价格的货物价格发生了变化，因此，所征收的税款也应作相应的调整。此规定就是按照这一原则制订的。

按上述规定，退税时应注意以下3点：①必须是货物实际发生了残损、短少、品质不良或者规格不符的情况，且海关已按未出现上述问题的状态征收税款；②该货物的发货人、承运人或者保险公司已对残损、短少、品质不良或者规格不符的部分赔偿了相应的货款，而未更换或补偿货物；③纳税义务人必须自缴纳税款之日起1年内向海关提出退税申请，逾期申请海关不予受理。

纳税义务人向海关申请退税时，应当提交下列材料：
1. 退税申请书；
2. 原进口或者出口报关单、税款缴款书、发票；
3. 已经赔偿货款的证明文件。

二、税款退还的程序

(一) 申请

纳税义务人应当在规定的时间按规定格式向征税海关提出书面申请并提交规定的单证。海关认为需要时，可以要求纳税义务人提供具有资质的商品检验机构出具的原进口或者出口货物品质不良、规格不符或者残损、短少的检验证明书或者其他有关证明文件。

(二) 审核

海关对纳税义务人或其代理人退税申请的理由及随附单证进行审核。其重点审核：退税理由是否充分，是否属于可以退税的范围；所附单证资料是否齐全、有效，与申请退税理由逻辑关系是否对应一致；海关专用缴款书正本（第一联）是否盖有银行收款章。

经海关审核，对下列退税申请不予受理：非该海关征收的税款，不属于可申请退税范围的，超过规定申请退税期限，税款尚未入库。

(三) 受理

纳税义务人提交的申请材料齐全且符合规定形式的，海关应当予以受理，并以海关收到申请材料之日作为受理之日；纳税义务人提交的申请材料不全或者不符合规定形式的，海关应当在收到申请材料之日起5个工作日内一次性告知纳税义务人需要补正的全部内容，并以海关收到全部补正申请材料之日为海关受理退税申请之日。

(四) 处理

海关应当自受理退税申请之日起30日内查实并通知纳税义务人办理退税手续或者不予退税的决定。纳税义务人应当自收到海关准予退税的通知之日起3个月内办理有关退税手续。海关办理退税手续时，应当填发收入退还书。海关操作程序如下：

1. 通过H2010通关管理系统撤销或修改报关单电子数据，打印收入退还书，并加盖备案印章后，连同全部资料转报财务部门。

2. 财务部门对海关专用缴款书（第一联）所列税款的入库情况进行电脑数据核对，确认无误后在收入退还书上加盖财务部门税收会计专用章等备案印章（需退付现金的，同时在收入退还书上加盖"退付现金"印章），并将全部资料转交国库。

3. 国库办理退库后，财务部门保留收入退还书（第四联）、退税申请书复印件等作退税账务处理，关税职能部门、审单职能部门及现场海关留存并整理归档有关退税单证资料。

4. 受理退税申请的单位将退税情况通知退税单位或个人，收入退还书（第一联）交收款单位。

三、税款补征与追征

海关在进出口货物放行后，发现实际征收的税款少于应当征收的税款的情况称为短征。2017年7月1日后,根据"一次申报、分步处置"通关流程,海关对企业申报的货物价格、归类、原产地等税收征管要素的抽查审核主要在货物放行后进行,因此当货物先被海关放行后,还可能存在被海关通知申报商品信息有误,要求补税的情况。相关进出口企业或单位应当根据海关的要求,配合海关做好税收征管工作。

根据短征的不同情况,可将短征分为:少征和漏征。少征是指海关已经作出征税决定,但实际征收的税款少于应当征收的税款;漏征是指海关没有作出征税决定而被漏掉的情况。

关税的追补是指海关作出征收上述短征税款决定的一种行政行为。根据造成关税短征的原因不同,分为关税追征和关税补征。由于纳税义务人违反海关规定造成短征关税的,称为关税追征;由于非关税义务人违反海关规定造成短征关税的,称为关税补征。

根据《海关法》《关税条例》《征税管理办法》的规定,可以进行关税追征和补征的情形主要有以下几种。

1. 进出口货物、进出境物品放行后,海关发现少征或者漏征税款,应当自缴纳税款或者货物、物品放行之日起1年内,向纳税义务人补征。因纳税义务人违反规定而造成的少征或者漏征,海关在3年内可以追征。

2. 进出口货物放行后,海关发现少征税款的,应当自缴纳税款之日起1年内,向纳税义务人补征税款;海关发现漏征税款的,应当自货物放行之日起1年内,向纳税义务人补征税款。

3. 因纳税义务人违反规定造成少征税款的,海关应当自缴纳税款之日起3年内追征税款;因纳税义务人违反规定造成漏征税款的,海关应当自货物放行之日起3年内追征税款。海关除依法追征税款外,还应当自缴纳税款或者货物放行之日起至海关发现违规行为之日止按日加收少征或者漏征税款万分之五的滞纳金。

4. 因纳税义务人违反规定造成海关监管货物少征或者漏征税款的,海关应当自纳税义务人应缴纳税款之日起3年内追征税款,并自应缴纳税款之日起至海关发现违规行为之日止按日加收少征或者漏征税款万分之五的滞纳金。

上述所称"应缴纳税款之日",是指纳税义务人违反规定的行为发生之日;该行为发生之日不能确定的,应当以海关发现该行为之日作为应缴纳税款之日。

海关补征或者追征税款,应当制发"海关补征税款告知书"。纳税义务人应当自收到"海关补征税款告知书"之日起15日内到海关办理补缴税款的手续。纳税义务人未在规定期限内办理补税手续的,海关应当在规定期限届满之日填发"海关专用缴纳书"。

第四节 减征与免征

一、减征与免征的概念

所谓减征关税,是指免除纳税义务人的一部分纳税义务;所谓免征关税,是指全部免除纳税义务人的纳税义务。关税减免就其本质而言，是国家对享受关税减免的纳税义务人的一种财政投入。在市场经济条件下，关税的征收和减免都必须符合公平税负的原则，根据国家产业政策按进出口商品的种类实施，除国际条约和惯例规定给予豁免外，不应针对任何个别人、个别单位实施。关税的减征与免征简称为关税减免。

关税减免是现代关税制度的一项重要内容，是关税政策和对外贸易政策灵活性的具体体现，也是国家实现经济政策目标的一项重要的措施。关税减征与免征直接影响着关税制度的正常运行、关税负担的合理分布和关税政策的实际效果，对生产经营和国际贸易的发展有不可忽视的作用。

关税的减征与免征和零关税的异同：两者的实施政策效果是相同的，都是无需向海关缴纳相应的税款；两者产生效果的原因不同。减征与免征是本应正常征收关税，由于某些特殊原因经国家批准，按低于这些税率的比例计征关税，甚至可以完全不征收；而零关税则是根据《进出口税则》中部分商品的税率为零，海关在征收环节不需要计征关税。

根据《海关法》第五十六条至第五十八条，关税减免可以分为3种：法定减免、特定减免、临时减免。

二、法定减免

法定减免税，一般是指《海关法》第五十六条规定给予的减免税。法定减免税规定的调整需要通过修改国家法律的相关程序才能予以确定，因此具有较强的稳定性。法定减免税属于国际通行规则规定的减免，一般无须办理减免税审批手续。所谓无须办理减免税审批手续，主要是指不需要经海关审批出具征免税证明，一般只需持有关证明文件，直接在进出口口岸办理减免税手续。但对于外国政府、国际组织无偿赠送的物资，仍然需要按照规定办理减免税审批手续。海关对法定减免税货物一般不进行后续管理。此外，根据国务院批准的《关于进口货物进口环节海关代征税税收政策问题的规定》（财关税〔2004〕第7号），凡法定减免关税的进口货物，在国务院另有规定以前，进口环节代征税仍可同时减免。

法定减免的范围如下：

1. 关税税额在人民币50元以下的一票货物。

一票货物的关税税额，进口环节增值税、消费税税额尚未达到50元起征点的，直接予以免税，无须办理手续。一方面提高通关效率，避免小额税款履行繁杂的纳税手续，另一方面也是对纳税义务人的一种关税优惠。

2. 无商业价值的广告品和货样。

根据《关于进出口货样和广告品监管有关事项的公告》（海关总署公告2010年第33号），进出口货样系指进出口专供订货参考的货物样品；进出口广告品系指进出口用以宣传有关商品内容的广告宣传品。进出口无商业价值的货样和广告品准予免征关税和进口环节海关代征税，其他进出口货样和广告品一律照章征税。

3. 在海关放行前遭受损坏或者损失的货物。

进出口货物在海关放行前属于海关监管货物，一般不能在境内或境外投入使用，也不会对境内或境外经济造成影响。如果此时货物遭受损坏或损失，导致其全部或部分价值减少，应当认为其价值减少的那部分价值没有进入或没有运出我国关境。海关对遭受损坏或损失的那部分价值不应征收关税。对在海关放行前遭受损坏或者损失的货物，其纳税义务人应当在申报时或者自海关放行货物之日起 15 日内书面向海关说明情况，提供相关证明材料。海关认为需要时，可以要求纳税义务人提供具有资质的商品检验机构出具的货物受损程度的检验证明书。海关根据实际受损程度予以减征或者免征税款。

4. 进出境运输工具装载途中必需的燃料、物料和饮食用品。

上述物品免税属于国际惯例，且我国参加的许多国际公约和双边运输协定均有此类规定。例如，《国际民用航空公约》，以及我国与有关国家、地区签订的《民用航空运输协定》中就包括上述内容。此外，上述物料属于跨境运输途中所必须消耗的物资，不会对我国境内经济造成不良的影响，故应予以免税。

5. 外国政府、国际组织无偿赠送的物资。

6. 我国缔结或者参加的国际条约规定减征、免征关税的货物或物品。

三、特定减免

特定减免税是指海关根据国家规定，对特定地区、特定用途和特定企业给予的减免关税和进口环节海关代征税的优惠，也称政策性减免税。特定减税或者免税的范围和办法由国务院规定，海关根据国务院的规定单独或会同国务院其他主管部门制定具体实施办法并加以贯彻执行。

一般来说，特定减免税进口货物有以下几个特点：纳税义务人必须在货物进出口前办理减免税审批手续；符合规定的，由海关出具一定形式的减免税证明，纳税义务人凭证明申报进出口。特定减免税货物放行后，必须在其监管年限内接受海关监管，未经海关核准并交纳关税的，不得移作他用；特定减免税货物可以在两个享受同等税收优惠待遇的单位间转让；凡特定减免税货物，进口关税和进口环节增值税，除另有规定外，按相同比例减免。至于进口环节消费税，则视情况而定，有时予以减免，有时不予以减免。

（一）按照国际通行规则实施的特定减免税

1. 科教用品和科技开发用品

经国务院批准，财政部、海关总署和国家税务总局联合对科教用品进口税收优惠政策进行了修订，修订《科学研究和教学用品免征进口税收规定》和《科技开发用品免征进口税收暂行规定》，对科学研究机构和学校，以科学研究和教学为目的，在合理数量范围内进口国内不能生产或者性能不能满足需要的科学研究和教学用品，免征进口关税和进口环节增值税、消费税。以上两项规定修订后于 2011 年 1 月开始实施。

税收优惠范围：免税进口科教用品和科技开发用品的具体范围，共 16 类，财政部会同国务院有关部门根据科学研究和教学用品的需求及国内生产发展情况，适时对"免税进口科学研究和教学用品清单"进行调整。

2. 残疾人专用品

残疾人专用品按其收货人可以分为个人进口和相关单位进口。

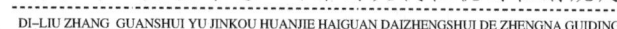

经国务院批准,海关总署发布《残疾人专用品免征进口税收暂行规定》,对个人进口的残疾人专用品和有关单位进口国内不能生产的残疾人专用物品,免征进口关税和进口环节增值税、消费税。

对民政部直属企事业单位和省、自治区、直辖市民政部门所属福利机构、假肢厂和荣誉军人康复医院(包括各类革命伤残军人休养院、荣军医院和荣军康复医院)、中国残疾人联合会(中国残疾人福利基金会)直属事业单位和省、自治区、直辖市残疾人联合会(残疾人福利基金会)所属福利机构和康复机构进口的国内不能生产的残疾人专用品,按亲属关系经民政部或者中国残疾人联合会批准,并报海关总署审核后,免征进口关税和进口环节增值税、消费税。

对于国内不能生产的残疾人专用设备,应由福利、康复机构填写"残疾人免税进口专用品申请表"一式三份,经隶属关系经民政部或者中国残疾人联合会批准,报海关总署核准后,通知福利、康复机构地海关,准予免征进口关税和进口环节税增值税、消费税。

3. 进口救灾捐赠物资

对外国民间团体、企业、友好人士和华侨、港澳居民和台湾同胞无偿向我境内受灾地区(限于新华社对外发布和民政部《中国灾情信息》公布的受灾地区)捐赠的直接用于救灾的物资,在合理数量范围内,免征关税和进口环节增值税、消费税。

4. 进口扶贫、慈善捐赠物资

为促进公益事业的健康发展,国务院批准下发了《扶贫、慈善性捐赠物资免征进口税收暂行办法》,对境外捐赠人(中华人民共和国关境外的自然人、法人或者其他组织)无偿向受赠人捐赠的直接用于扶贫、慈善事业(非营利的扶贫济困、慈善救助等社会慈善和福利事业)的物资,免征进口关税和进口环节增值税。

5. 无偿援助项目进口物资

《中华人民共和国海关关于对外国政府、国际组织无偿赠送及我国履行国际条约规定进口物资减免税的审批和管理办法》规定了外国政府、国际组织无偿赠送及我国履行国际条约规定进口物资的减免税,包括减免关税、进口环节增值税和消费税。

上述免税物资的范围不受国家停止减免税的20种商品和汽车的限制。

无偿援助项目进口物资,属于法定减免范畴,但按特定减免税货物管理。

6. 特殊监管区进出口物资

(1)保税区

保税区是经国务院批准设立,海关实施特殊监管的经济区域,是我国目前开放度和自由度最大的经济区域。保税就是暂免征税,采取保留征税权。

保税区的进口优惠项目包括:

①进口供保税区使用的机器、设备、基建物资、生产用车辆;

②为加工出口产品进口的原材料、零部件、元器件、包装物料;

③供储存的转口货物。

针对以上项目免征进口环节的关税和进口环节税金,保税区内进口的专为加工出口产品所需的原材料、零部件、包装物料以及转口货物予以保税。

（2）出口加工区

2017年8月，修改后的《中华人民共和国海关对出口加工区监管的暂行办法》开始实施，从境外进入加工区的货物，其进口关税和进口环节税，除法律、法规另有规定外，按照下列规定办理：

①区内生产性的基础设施建设项目所需的机器、设备和建设生产厂房、仓储设施所需的基建物资，予以免税；

②区内企业生产所需的机器、设备、模具及其维修用零配件，予以免税；

③区内企业为加工出口产品所需的原材料、零部件、元器件、包装物料及消耗性材料，予以保税；

④区内企业和行政管理机构自用合理数量的办公用品，予以免税；

⑤区内企业和行政管理机构自用的交通运输工具、生活消费用品，按进口货物的有关规定办理报关手续，海关予以照章征税。

除法律、法规另有规定外，区内企业加工的制成品及其在加工生产过程中产生的边角料、余料、残次品、废品等销往境外的，免征出口关税。

7. 边境贸易进口物资

根据《财政部、海关总署、国家税务总局关于促进边境贸易发展有关财税政策的通知》，开展边境贸易的实际情况，参照国际通行规则，中国对边境贸易采取边民互市贸易和边境小额贸易两种管理方式，并采取不同的税收优惠政策。

边民通过互市贸易进口的生活用品，每人每日价值在人民币8000元以下的，免征进口关税和进口环节税。

以边境小额贸易方式进口的商品，进口关税和进口环节税照章征收。

8. 自捕水产品

自捕水产品税收优惠政策是根据国际通行规则实行的不征税政策。根据"由该国船只在海上取得的海洋捕捞物，由该国的船只上加工的海洋捕捞物制品的原产地为该国"的规则，我国远洋渔业企业在公海或按照有关协议规定，在国外海域捕获并运回国内销售的自捕水产品及其加工制品视同国内产品，不征收进口关税和进口环节增值税。

（二）按照国家产业政策实施的特定减免税

1. 外商投资项目投资额度内进口自用设备

外商投资企业所投资的项目符合《外商投资产业指导目录（2015年修订）》（以下简称《指导目录》）和《中西部地区外商投资优势产业目录（2017年修订）》（以下简称《优势产业目录》）鼓励类范围的外商投资项目（包括增资项目），在投资总额内进口的自用设备，以及按照合同随上述设备进口的技术和配套件、备件，除《外商投资项目不予免税的进口商品目录》（以下简称《不予免税进口商品目录》）和《进口不予免税的重大技术装备和产品目录》（以下简称《不予免税装备和产品目录》）所列商品外的，按照《国务院关于调整进口设备税收政策的通知》、海关总署公告及其他相关规定，免征进口关税，照章征收进口环节增值税。

2. 外商投资企业自有资金项目

投资项目符合《指导目录》鼓励类条目的外商投资企业（外国投资者的投资比率不低于25%），利用投资总额以外的自有资金（指企业储备基金、发展基金、折旧、税后利润），在原批准的生产经营范围内，对本企业原有设备更新（不包括成套设备和生产线）和维修，或者超出上述范围进行技术改造需进口国内不能生产或性能不能满足需要的设备，以及与上述设备配套的技术、配件、备件，除《不予免税进口商品目录》《不予免税装备和产品目录》所列商品外的，可以免征进口关税，照章征收进口环节增值税。

下列情况中，所投资项目符合《指导目录》中鼓励类或《优势产业目录》的产业条目，在投资总额内进口的自用设备，除《不予免税进口商品目录》《不予免税装备和产品目录》所列商品外的，可以免征关税，进口环节增值税照章征收：

①外国投资者的投资比例低于25%的外商投资企业；

②境内内资企业，发行B股或发行海外股（H股、N股、S股、T股或红筹股）转化为外商投资股份有限公司；

③外商投资企业向中西部地区再投资设立的外资比例低于25%的企业，以及向中西部以外地区再投资设立的企业。

3. 国内投资项目进口自用设备

属国家重点鼓励发展产业的国内投资项目，在投资总额内进口的自用设备，以及按照合同随设备进口的技术及配套件、备件，除《不予免税进口商品目录》《不予免税装备和产品目录》所列商品外的，免征进口关税，进口环节增值税照章征收。

4. 贷款项目进口物资

（1）贷款项目进口设备

外国政府贷款和国际金融组织贷款项目，在项目额度或投资总额内进口的自用设备，以及按照合同随设备进口的技术及配套件、备件，除《不予免税进口商品目录》《不予免税装备和产品目录》所列商品外的，免征进口关税。

财政部、海关总署和国家税务总局联合下发通知，经国务院批准，按有关规定其增值税进项税额无法抵扣的外国政府和国际金融组织贷款项目进口的自用设备，继续按《国务院关于调整进口设备税收政策的通知》中的相关规定执行，除《不予免税进口商品目录》所列商品外的，同时免征进口环节增值税。

（2）贷款中标项目进口零部件

为了鼓励国内机电制造企业积极参与利用国际金融组织贷款和外国政府贷款项目采购设备的国际招标活动，平衡国内外中标设备的税收负担，根据《财政部 海关总署 国家税务总局关于外国政府贷款和国际金融组织贷款项目进口设备增值税政策的通知》文件相关规定在利用上述贷款项目的国际招标中，国内中标单位为生产中标机电设备而进口国内不能生产或性能不能满足需要的零部件免征进口关税，照章征收进口环节增值税和消费税。

5. 制造重大技术装备进口关键零部件和原材料

对经认定符合规定条件的国内企业为生产国家支持发展的重大技术装备和产品进口规定范围内的关键零部件及原材料，免征进口关税和进口环节增值税。

在具体操作上，财政部、国家发展改革委、海关总署、工信部、国家税务总局、国家能源局联合发布了《国家支持发展的重大技术装备和产品目录》和《重大技术装备和产品进口关键零部件、原材料商品目录》。符合规定条件的国内企业为生产《国家支持发展的重大技术装备和产品目录》所列装备或产品而确有必要进口《重大技术装备和产品进口关键零部件及原材料商品目录》所列商品，免征关税和进口环节增值税。

6. 科技重大专项进口税收政策

自 2010 年 7 月 15 日起，对承担《国家中长期科学和技术发展规划纲要（2006—2020 年）》的项目承担单位使用中央财政拨款、地方财政资金、单位自筹资金及其他渠道获得的资金进口项目（课题）所需国内不能生产的关键设备（含软件工具及技术）、零部件、原材料，免征进口关税和进口环节增值税。科技重大专项包括：核心电子器件、高端通用芯片及基础软件产品，极大规模集成电路制造装备及成套工艺，新一代宽带无线移动通信网，高档数控机床与基础制造装备，大型油气田及煤层气开发，大型先进压水堆及高温气冷堆核电站，水体污染控制与治理，转基因生物新品种培育，重大新药创制，艾滋病和病毒性肝炎等重大传染病防治。

7. 软件产业和集成电路产业进口物资

（1）经认定的软件企业进口所需的自用设备，以及按照合同随设备进口的技术（含软件）及配套件、备件，不需出具确认书，不占用投资总额，除《不予免税进口商品目录》和《不予免税进口商品目录》所列商品外，免征进口关税，照章征收进口环节增值税。

（2）经认定的线宽小于 0.25 微米或投资额超过 80 亿元人民币的集成电路生产企业和经认定的线宽小于 0.8 微米（含）的集成电路生产企业，其进口自用生产性原材料、消耗品、净化室专用建筑材料、配套系统，以及集成电路生产设备零件、配件，可以继续按照的有关规定向企业所在地海关申请办理免征关税和进口环节增值税的相关手续。

8. 石油、天然气开采进口物资

除特别规定的以外，在中国特定地区内进行石油、天然气开采作业的项目，不分内资外资，凡进口国内不能生产或性能不能满足要求，并直接用于勘探、开发作业的机器、设备、备件和材料，免征进口关税和进口环节增值税。

9. 新型显示器件生产企业

对新型显示器件（包括薄膜晶体管液晶显示器件、有机发光二极管显示面板）生产企业进口规定范围内的自用生产性（含研发用）原材料和消耗品，免征进口关税，照章征收进口环节增值税；进口建设净化室所需的规定范围内的配套系统，免征进口关税和进口环节增值税；在经核定的年度进口金额内，进口维修规定范围内的进口生产设备所需零部件，免征进口关税和进口环节增值税；对符合国内产业自主化发展规划的彩色滤光膜、偏光片等属于新型显示器件产业上游的关键原材料、零部件的生产企业进口国内不能生产的自用生产性原材料（含研发用）、消耗品，免征进口关税。

10. 种子种源

取得农业农村部、国家林业和草原局出具的"中华人民共和国农业农村部动植物苗种进（出）口审批表""国家林业和草原局种子苗木（种用）进口许可表""国家濒危办进口种用野生动植物种源确认表"的企业,以及取得主管部门出具的证明有关工作犬和工作犬精液及胚胎属于免税品种范围的说明文件的部门,进口与农林业生产密切相关,并直接用于或服务于农林业生产的种子(苗)、种畜(禽)和鱼种(苗)(简称种畜种苗),野生动植物种源,警用工作犬及其精液和胚胎,免征进口环节增值税。

11. 中储粮

在一定时期内,对中国储备粮管理总公司及其子公司(包括中储粮油脂有限公司等)为实现中央储备粮油年度轮换、转储备及履行政府承诺而组织进口的粮油,免征进口环节增值税。

12. 公益收藏

列入财政部会同国务院有关部门审定并以公告形式发布的省级以上国有公益性收藏单位名单内国有文物收藏单位,以从事永久收藏、展示和研究等公益性活动为目的,通过接受境外捐赠、归还、追索和购买等方式进口的藏品,免征关税和进口环节增值税、消费税。

13. 国内航空公司进口飞机

对国内从事航空运输业的航空公司购买进口的空载重量在 25 吨以上的客货运飞机,减按 5% 征收进口环节增值税。

14. 动漫开发生产用品

为推动我国动漫产业健康快速发展,支持产业升级优化发展,在一定时期内,经国务院有关部门认定的动漫企业自主开发、生产动漫直接产品,确需进口的商品可享受免征进口关税及进口环节增值税的政策。

此外,国家还根据不同时期的需要制定相关的减免税政策。

四、临时减免

临时减免税,是指法定减免税和特定减免税以外的其他减免税。根据《海关法》,临时减免由国务院决定,纳税义务人在减免税货物进口前必须按照持有有关文件,由海关根据国务院的决定办理减免税审批手续。

临时减免税,实际上属于其他短期、特定的税收优惠政策,一般采取一案一批,在所批准的优惠执行完毕后即宣布结束。这类税收优惠政策是海关总署或海关总署会同有关部门按照国务院的规定,根据进出口货物的特殊情况,需要对其进出口应税货物特案给予的税收减免。

对于临时减免税的进口货物,除审批部门批复有用途限制的加以管理外,其余的货物,海关一般不需要进行后续管理。

五、海关减免税管理

海关根据国家有关规定对企业进口货物是否属于享受减免税优惠政策进行备案和审批,并在设备进口后进行后续监管。进口设备能否减免进口环节税款对企业有着很大的影响。减免税备案、审批和后续监管属于减免税管理问题。所谓减免税管理,是指海关根据有关法律法规和国家进出口税收优惠政策的规定,对可以减征或者免征关税、进口环节海关代征税的进出口货物进行备案、审批和进口后的监督管理。这就是说，海关减免税管理包括备案、审批和后续管理3个部分。对减免税申请人来说，相对应的就是减免税资格认定、报批和报核。

（一）海关备案

对部分减免税事项实施备案管理，其目的是为了对减免税申请人的资格或者投资项目的合规性等情况进行事先确认，以及便于海关在减免税审批工作中实行减免税额度管理，避免减免税申请人在办理减免税手续中重复申请或重复提交资料，减轻减免税申请人的负担。对于一事一议、短期性、未实行额度管理等减免税事项一般不需要经过备案环节。需要实施备案管理的减免税事项由海关总署通过公告或规范性文件形式予以明确，并根据政策调整及工作需要，不定期对实施备案管理的减免税事项范围进行调整。

海关备案，对于申请人来说就是减免税资格认定，即减免税申请人向海关提出减免税备案申请，要求海关根据有关法律法规和国家进出口税收优惠政策的规定，事先对减免税申请人的资格或者投资项目等情况进行认定，并确定减免税额度等事项的活动。

（二）海关审批

海关审批，是指海关对减免税申请人提出减免税申请的进出口货物进行审核，以确定相关进出口货物是否符合法律法规、国家政策规定的享受税收优惠政策的资格条件，并最终作出减免税或者征税决定的行为。减免税申请人应当在货物申报进出口前向海关提出减免税审批申请，取得征免税证明后再进出口货物，才能享受到有关税收优惠政策。未在货物申报进出口前向海关申请办理减免税审批手续，在货物征税进出口后再申请补办减免税审批手续，减免税申请人的税收优惠资格会丧失（至少部分丧失），已征收税款不予退还。对于分批进出口货物的减免税申请人，部分货物征税进口后再申请办理减免税审批手续，虽然已进口货物被征收的税款不予退还，但在取得征免税证明之后进口的货物可享受减免税优惠待遇。

海关审批，对于申请人来说叫报批，即减免税申请人向海关提出货物减免税进口的申请，要求海关根据有关法律法规和国家进出口税收优惠政策的规定进行审核，确定其所申请货物适用的减免税方式，并签发征免税证明的活动。

（三）海关后续管理

减免税货物海关后续管理，对申请人来说就是减免税货物处置报核，即就减免税货物进口放行后的实际使用状况（包括是否按法律法规和政策规定使用、有无擅自移作他用或转让等情况）接受海关监管，以及减免税货物在监管期内办理异地监管、转让、补征税款、退运、贷款抵押申请等处置的报批及解除海关监管的手续。

六、企业办理减免税的申请手续

（一）申请流程

申请单位项目备案预录→海关项目备案审核→申请单位减免税审批预录→海关减

免税审批→海关出具征免税证明→报关进口。海关实施减免税备案、减免税审批和减免税后续管理中的相关审批事项，实行三级审批作业制度。

(二) 申请时限

除另有规定外，项目单位应在货物进出口的 15 天前，持齐全有效的单证向海关申请办理进出口货物减免税审批手续。

(三) 受理时限

海关受理备案申请和减免税审批申请，在单证齐全有效和电脑数据无疑议的情况下，应分别在受理之日起 5 个工作日内完成。如果该申请须由所在地主管海关上报直属海关审批，直属海关在接到有效的单证及电脑数据之日起 5 个工作日内作出批复，特殊情况除外。

(四) 办理减免税备案所需的材料

1. 科教用品（401）

（1）设立批准文件：

①高等学校提供教育部批准设计文件，国务院授权省、自治区、直辖市人民政府审批设立的高等职业学校提供省级人民政府批准设计文件；

②国务院各部委、直属机构设立的科学研究机构提供主管部门批准成立文件及科技部认定该单位为科学研究机构的有关文件，省、自治区、直辖市、计划单位市设立的科学研究机构提供主管部门批准成立文件及同级科技主管部门认定该单位为科学研究机构的有关文件，其中厅局级科学研究机构需提供国家机构编制主管部门批准成立的文件；

③科技开发机构提供国务院有关部门的核定文件。

（2）单位法人证书复印件：

①已转制为企业的需提供营业执照及相关批准文件；

②企业法人性质的科学研究机构、技术开发机构需提供企业营业执照。

（3）银行开户代码证书复印件或开户行出具的申请单位在该行开有独立账户的证明原件。

（4）申请单位的书面申请。

（5）海关认为需要提供的其他单证。

2. 国内投资项目（789）

（1）加盖申请人公章的减免税项目备案申请表；

（2）国家鼓励发展的内外资项目确认书及经项目审批部门签章的进口设备清单正本；

（3）项目可行性研究报告批复或企业投资项目备案通知书或政府主管部门对企业事业单位项目申请报告的批准通知；

（4）工商行政主管部门颁发的营业执照或其他法人证书复印件；

（5）海关认为需要提供的其他单证。

3. 外商投资项目（789）

（1）加盖申请人公章的减免税项目备案申请表；

（2）国家鼓励发展的内外资项目确认书及经审批部门签章确认的进口设备清单正本；

（3）政府主管部门对项目的审批或核准文件；

（4）外商投资企业批准证书复印件；

（5）工商行政主管部门颁发的营业执照复印件；

（6）企业成立时的章程复印件（外商独资企业只提供章程复印件）；

（7）海关认为需要提供的其他单证。

4. 自有资金（799）

（1）加盖申请人公章的减免税项目备案申请表；

（2）"外商投资企业进口更新设备、技术及配备件证明""进口更新设备、技术及配备件清单"正本或"技术改造项目确认登记证明"及进口设备清单正本；

（3）五类企业资质证明文件复印件：先进技术型和产品出口型企业需提供"外商投资先进技术企业确认书"和"外商投资产品出口企业确认书"，外商投资研究开发中心需提供"外商投资研发开发中心项目确认书"；

（4）外商投资批准证书复印件；

（5）工商行政主管部门颁发的营业执照复印件；

（6）外商投资企业设备更新或技术改造进口国内不能生产的设备证明；

（7）海关认为需要提供的其他单证。

5. 贷款项目（609、789）

（1）加盖申请人公章的减免税项目备案申请表；

（2）国家鼓励发展的内外资项目确认书及设备清单正本（609结转项目提供贷款证明书正本）；

（3）国家发展改革委对项目资金申请报告的批复文件正本（由地方审批或备案的国外贷款项目提交）；

（4）项目可行性研究报告复印件；

（5）审批部门出具的项目批准、核准或备案文件复印件；

（6）工商行政主管部门颁发的营业执照或其他法人证书复印件；

（7）海关认为需要提供的其他单证。

6. 贷款中标（611）

（1）加盖申请人公章的减免税项目备案申请表；

（2）国家发展改革委出具的"国内中标设备进口国内不能生产的零部件证明书"正本；

（3）国家评标委员会审议评标结果通知复印件；

（4）中标通知书复印件；

（5）工商行政主管部门颁发的营业执照或其他法人证书复印件；

（6）海关认为需要提供的其他单证。

7. 重大项目（406）

（1）加盖申请人公章的减免税项目备案申请表；
（2）海关总署下达的享受税收优惠重大项目清单；
（3）项目可行性研究报告批复；
（4）工商行政主管部门颁发的营业执照复印件；
（5）海关认为需要提供的其他单证。

8. 集成电路（422）

（1）加盖申请人公章的减免税项目备案申请表；
（2）项目确认证明和海关总署的文件通知；
（3）进口设备清单；
（4）海关认为需要提供的其他单证。

9. 膜晶显（423）

（1）加盖申请人公章的减免税项目备案申请表；
（2）项目确认证明和海关总署的文件通知；
（3）进口设备清单；
（4）海关认为需要提供的其他单证。

10. 进出口货物减免税审批

（1）进出口货物免税申请表；
（2）进出口合同、发票及相关货物的产品情况资料；
（3）企业营业执照或者事业单位法人证书、国家机关设立文件等证明文件；
（4）相关政策规定的享受进出口优惠政策资格的证明文件；
（5）海关认为需要提供的其他单证。

第五节　纳税争议

一、纳税争议的定义

纳税争议是指纳税义务人、担保人对海关征收关税的行为产生异议而引发的行政争议。这类争议的解决，适用我国解决行政争议的特别法律制度——行政复议制度和行政诉讼制度。

二、纳税争议的范围

纳税争议的范围主要包括海关在关税征收管理过程中作出的确定纳税义务人、确定完税价格、商品归类、确定原产地、适用税率和汇率、减征或者免征税款、补税、退税、征收滞纳金、确定计征方式及确定纳税地点等行为，而与行政管理相对人发生的关于纳税问题的争议。

三、纳税争议适用复议前置程序

我国解决行政争议的法律途径有两种：一是由行政机关按照行政程序解决行政争议的行政复议程序，二是由人民法院按照司法程序解决行政争议的行政诉讼程序。但是，由于纳税争议涉及商品归类、海关估价和确定商品原产地等方面，业务性、专门性和技术性都很强，如果这些争议都直接向人民法院起诉，将会给法院审理案件增加很大的难度，也不利于提高效率。因此，依据《海关法》和《中华人民共和国行政复议法》（以下简称《行政复议法》）的有关规定，纳税争议应遵循行政复议前置的原则，即发生纳税争议时，应当先申请行政复议，对复议结果不服的，再向人民法院提起行政诉讼。

海关实行上一级行政机关复议制度。海关是实行垂直领导的行政机关，除接受其上级主管部门的领导外，不受地方各级人民政府的领导。根据《行政复议法》的规定，海关实行上一级行政机关复议制度，即纳税义务人、担保人与海关发生纳税争议时，应当先向作出具体行政行为的海关的上一级海关申请行政复议（其中对海关总署作出的具体行政行为不服的，仍向海关总署申请行政复议），对复议决定不服的，即可向人民法院提起诉讼。

复议期间具体行政行为不停止执行。具体行政行为在理论上具有效力先定性，一经作出，在没有被有权机关经过法定程序依法撤销、变更或者确认违法以前，始终被认为是合法的，仍然对相对人发生约束力。但这并不表示只有具体行政行为被执行完毕后，才能受理行政复议申请。纳税义务人、担保人与海关发生纳税争议时，应当缴纳税款，但并不表示应先缴纳税款才可以申请行政复议。但纳税义务人因纳税争议提出复议申请时，也应当在法律规定的期限内，按海关确定的数额履行缴纳税款的义务，逾期则构成滞纳，海关有权依法征收滞纳金。

第六节 税款的担保

一、税款担保的定义

税款担保，是指纳税义务人以法定形式向海关承诺在一定期限内履行其纳税义务的行为。关税担保是海关事务担保的一种，也是海关事务担保中的主要内容。

海关事务担保，是指与进出境活动有关的自然人、法人或者其他组织在向海关申请从事特定的进出境经营业务或者办理特定的海关事务时，以向海关提交现金、保函等方式，保证行为的合法性，或保证在一定期限内履行其承诺的义务的法律行为。

二、税款担保的范围

按照《海关法》《海关事务担保条例》的相关规定，海关事务担保包括通关事务担保、保税事务担保和涉案事务担保3个方面。其中，通关事务担保主要以向海关缴纳保证金的形式进行担保，保税事务担保主要以向海关缴纳风险金的形式进行担保，涉案事务担保主要以向海关缴纳抵押金的形式进行担保。除以上述 3 种货币进行担保方式外，也可采用保证函方式、保证保险方式进行担保。

(一) 通关事务担保的范围

有下列情形之一，纳税义务人要求海关先放行货物的，应当按照海关初步确定的应缴税款以保证金、保证函的形式向海关提供足额税款担保：

1. 海关尚未确定商品归类、完税价格、原产地等征税要件的。
2. 正在海关办理减免税审批手续，在海关规定的受理期间内，货物已运抵口岸而减免税备案、审批手续尚未办结，收发货人要求先期放行货物的。
3. 因不可抗力或国家税收政策调整，申请延期缴纳税款的。
4. 暂时进出境的。
5. 进境修理和出境加工的，按保税货物实施管理的除外。
6. 因残损、品质不良或者规格不符，纳税义务人申报进口或者出口无代价抵偿货物时，原进口货物尚未退运出境或者尚未放弃交由海关处理的，或者原出口货物尚未退运进境的。
7. 报关时不能及时交验有关单证（如发票、合同、箱单等），收发货人要求先放行货物后补交单证的。
8. 反倾销、反补贴初裁决定倾销成立且对国内产业造成损害，海关要求提供担保作为临时反倾销措施的。
9. 银行为纳税人以网上电子支付方式缴纳进出口税费提供总担保的。

(二) 保税事务担保的范围

下列情形下，企业申请办理加工贸易业务，海关要求提供相当于应缴税款金额的抵押金或相应的担保：

1. 申请人经营海关监管货物运输、仓储等特定业务的。
2. 经营单位或加工单位涉嫌走私、违规已被海关立案，案件未审结的。
3. 因管理混乱被海关要求整改且在整改期内的。
4. 经营单位和加工单位有下列情形之一的，海关要求提供相当于应缴税款金额的抵押金或相应的担保：租赁厂房或设备的，首次开展加工贸易业务的，加工贸易手册申请两次或两次以上延期的，办理加工贸易异地备案的。
5. 货物已进口，但加工贸易备案单证与事实不符，企业不退运货物，而是申请继续履行合同的。

(三) 涉案事务担保的范围

下列情形下，当事人需以抵押金的形式向海关提供足额资金担保：

1. 纳税义务人在规定的缴纳税款期限内有明显的转移、藏匿应税货物及其他财产迹象的。
2. 缉私、稽查查获的执行风险较大的追补征税款情事。
3. 受海关处罚的当事人或其他法定代表人、主要负责人在出境前未缴清应缴罚款、违法所得和依法应追缴的货物、物品、走私运输工具的等值价款的。

4. 知识产权保护案件中，知识产权权利人请求海关扣留侵权嫌疑货物，或者收发货人请求海关放行涉嫌侵犯专利权货物的。

5. 有违法嫌疑的货物、物品的运输工具无法或不便扣留的。

需要注意的是，上述担保类别不适用于国家法律禁止的进口货物，或国家有限制性规定的，应当提供许可证件而不能提供的进出境货物，以及法律、行政法规规定不得接受担保的其他情况。上述情况海关不得办理担保放行手续。

进出口货物的纳税义务人在规定的纳税期限内有明显的转移、藏匿其应税货物及其他财产迹象的，海关可以责令纳税义务人提供担保，纳税义务人不能提供纳税担保的，经直属海关关长或者其授权的隶属海关关长批准，海关可以采取下列税收保全措施：

（1）书面通知纳税义务人开户银行或者其他金融机构暂停支付纳税义务人相当于应纳税款的存款；

（2）扣留纳税义务人的价值相当于应纳税款的货物或者其他财产。

纳税义务人在规定的纳税期限内缴纳税款的，海关必须立即解除税收保全措施。期限届满仍未缴纳税款的，经直属海关关长或者其授权的隶属海关关长批准，海关可以书面通知纳税义务人开户银行或者其他金融机构从其暂停支付的存款中扣缴税款，或者依法变卖所扣留的货物或者其他财产，以变卖所得抵缴税款。

采取税收保全措施不当，或者纳税义务人在规定期限内已缴纳税款，海关未立即解除税收保全措施，致使纳税义务人的合法权益受到损失的，海关应当依法承担赔偿责任。

三、税款担保的期限

根据我国《征税管理办法》规定，除另有规定外，税款担保期限一般不超过6个月，特殊情况需要延期的，应当经主管海关核准。在海关批准的担保期限内，纳税义务人履行纳税义务的，海关应当自纳税义务人履行纳税义务之日起5个工作日内办结解除税款担保的相关手续。

在海关批准的担保期限内，纳税义务人未履行纳税义务，对收取税款保证金的，海关应当自担保期限届满之日起5个工作日内完成保证金转为税款的相关手续；对银行或者非银行金融机构提供税款保函的，海关应当自担保期限届满之日6个月内或者在税款保函规定的保证期间内要求担保人履行相应的纳税义务。

四、担保人的资格

《海关法》第六十七条规定：具有履行海关事务担保能力的法人、其他组织或者公民，可以成为担保人。法律规定不得为担保人的除外。自然人、法人或其他组织为自己或他人提供担保，当被担保人不履行义务或者不能履行义务时，担保人就要按照约定承担责任。所以，担保人应当具有履行海关担保义务的能力，否则，在被担保人不能履行义务时，无法承担担保责任。具有履行海关担保义务能力是对法人、其他组织或公民作为担保人的基本要求。对于担保人而言，其履行义务的能力主要表现在应当

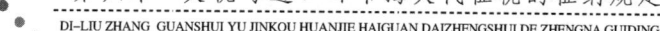

拥有足以承担责任的财产。公民作为担保人还应当具有民事行为能力，无民事行为能力或者限制行为能力的，即使拥有足以承担担保责任的财产，也不能作为担保人。

五、担保人的责任

《海关法》第六十九条规定：担保人应当在担保期限内承担担保责任。担保人履行担保责任的，不免除被担保人应当办理有关海关手续的义务。

六、担保的形式

根据《海关法》《海关事务担保条例》相关规定，担保人可以以下列财产、权利提供担保。

1. 人民币、可自由兑换货币。

人民币是我国的法定货币，用于支付我国境内的一切公共的和私人的债务，任何单位或个人均不能拒收。可自由兑换货币指国家外汇管理局公布挂牌的作为国际支付手段的外币现钞，如美元、欧元、日元和港币等货币。

2. 汇票、本票、支票、债券、存单。

本项可担保的权利包括外币支付凭证、外币有价证券。

3. 银行或者非银行金融机构的保函。

本项包括银行出具的税款担保保函，指定范围内保险公司出具的关税保证保险保函，个别经海关批准的企业集团财务公司为本集团内进出口公司出具的税款保函等。

4. 海关依法认可的其他财产、权利。

七、关税担保的具体实施

（一）担保申请

凡符合申请担保条件的货物，由担保人向办理有关货物进出口手续的海关申请担保，由海关审核并确定担保的方式。

（二）提供担保

以保证金方式申请担保的，由担保人向海关缴纳相当于有关货物进口税费等额的保证金，并获取海关开具的海关保证金收据。

以保证函方式申请担保的，由担保人按照海关规定的格式填写保证函，一式两份，并加盖担保人印章，一份由海关备案，一份由担保人留存。

（三）担保的撤销

担保人必须于担保期期满前凭保证金收据或留存的保证函向海关办理销案手续。在担保人履行了向海关承诺的义务后，海关将退还担保人已经缴纳的保证金，或注销已提交的保证函。至此，担保人的担保义务自动解除。

第七节　关税税收保全与强制措施

一、关税保全的法律依据

我国海关税收保全的基本依据是《海关法》第六十一条和《征税管理办法》，其对海关采取税收保全措施的前提条件、法定程序、保全方式、后续处理等作了详细规定。

二、海关实施税收保全措施的条件

税收保全是法律授予海关的一项重要权力，它对于保证海关税收安全、促进海关税收应收尽收具有重要的意义。海关税收保全措施是一种较为严厉的行政强制手段，根据《中华人民共和国海关税收保全和强制措施暂行办法》（以下简称《海关税收保全和强制措施暂行办法》）第三条，海关实施税收保全措施必须同时满足3个条件：

1. 进出口货物的纳税义务人在规定的纳税期限内有明显的转移、藏匿其应税货物及其他财产的迹象；

2. 海关要求纳税义务人提供担保，但纳税义务人不能在海关规定的期限内提供担保；

3. 须经直属海关关长或者其授权的隶属海关关长批准。

三、海关税收保全措施的具体方式

以保证税款的实现为目的，海关实施税收保全措施可以采取以下2种方式：

1. 书面通知纳税义务人开户银行或者其他金融机构暂停支付纳税义务人相当于应纳税款的存款，即通常所说的冻结存款，限制纳税义务人转移、处置；

2. 扣留纳税义务人价值相当于应纳税款的货物或者其他财产。

海关在冻结存款或者扣留货物时，一般应以价值相当于应纳税款为限。冻结存款的数额较易确定，与应纳税款等值即可。扣留货物或其他财产时一般不可能做到其价值与应纳税款完全等同，因此法律规定可以是"价值相当"的货物或者其他财产。海关可以通过专业机构的评估，确定货物或其他财产的价值，避免过大地超过法定范围对纳税义务人的财产采取强制措施。需要注意的是，法律并没有将海关扣留的对象限定于应税货物，而是规定了可以扣留纳税义务人所有的货物或者其他财产，包括动产、不动产。这就意味着只要能够证明有关货物或者财产属于纳税义务人所有，海关就可以对其中价值相当于应纳税款的部分采取税收保全措施。

四、海关税收保全后续处理

税收保全只是一种临时性的行政强制措施，对于被保全的财产海关将根据不同的情况作出相应的处理。

纳税义务人在规定的纳税期限内缴纳税款的，海关必须立即解除税收保全措施。纳税义务人履行有关纳税义务后，海关应立即解除所采取的税收保全措施，书面通知银行或者其他金融机构解除存款的冻结或者制发解除扣留通知书，将扣留的货物或者其他财产发还纳税义务人。

期限届满仍未缴纳税款的，经直属海关关长或者其授权的隶属海关关长批准，海关可以书面通知纳税义务人开户银行或者其他金融机构从其暂停支付的存款中扣缴税款，或者依法变卖所扣留的货物或者其他财产，以变卖所得抵缴税款。这是关于海关执缴税款的规定，属于海关税收强制执行。

五、海关税收强制措施

海关税收强制措施是海关针对进出口货物的纳税义务人、担保人超过一定期限的滞纳行为，所采取的将其自有财产强制扣缴或变卖抵缴税款的强制执行措施。

1. 适用条件：根据《海关税收保全和强制措施暂行办法》第十一条，进出口货物的纳税义务人、担保人自规定的纳税期限届满之日起超过3个月未缴纳税款的，经直属海关关长或者其授权的隶属海关关长批准，海关可以采取税收强制措施。

2. 海关采取强制措施的具体方式分为3种：
（1）书面通知银行或其他金融机构从纳税义务人、担保人的存款中扣缴税款；
（2）将应税货物依法变卖，以变卖所得抵缴税款；
（3）扣留并依法变卖纳税义务人、担保人所有的，价值相当于应纳税款的其他货物或者财产，以变卖所得抵缴税款。

按照尽可能给相对人造成最小损失的原则，《海关税收保全和强制措施暂行办法》规定上述3种方式应当依次采用，只有前一种方式无法适用时，方能采用后一种方式，不能随意颠倒适用顺序。

六、无法实施海关税收保全与强制措施的处置

《海关税收保全和强制措施暂行办法》规定，海关无法采取税收保全措施、强制措施，或者依照该规定采取税收保全措施、强制措施仍无法足额征收税款，应当依法向人民法院申请强制执行。

为使海关税收保全和强制措施能够得到切实执行，《海关税收保全和强制措施暂行办法》规定："纳税义务人、担保人抗拒、阻碍海关依法采取税收保全措施、强制措施的将移交地方公安机关依法处理。构成犯罪的，依法追究刑事责任。"

◇ 拓展阅读

青岛海关推行"同业联合" 企业增信担保

2017年12月，烟台杰瑞机械设备有限公司、烟台杰瑞石油装备技术有限公司向青岛海关隶属烟台海关提交了200万元的中国银行"同业联合"担保保函，烟台海关凭借此保函为企业办理了通关事物担保放行手续，这标志着青岛海关多元化担保创新取得新突破。

目前,海关通关事物税收担保主要采取现金保证金和银行保函两种形式。相对于现金保证金,银行保函费率低,实际占用资金较少,但是门槛较高,多适用于大型企业、国有企业等在银行具有较高信用额度的企业,中小微企业进出口通关时只能提供现金保证金,大量占用中小微企业现金流,制约了中小微企业进出口业务的进一步发展。

同业联合担保模式是企业增信担保中的一种模式,中小企业进口商品办理海关涉税担保时,无须自行缴纳保证金,而是允许由具有较高信用额度的同业优质企业作为第三方为其向银行提供担保,取得符合海关规定的银行保函。此举大大减轻中小微企业资金压力,为中小微企业加快新旧动能转换提供了新的探索路径。

"原先我们公司受制于银行信用额度的问题,只能缴纳现金保证金,限制了企业规模的进一步发展。"烟台杰瑞集团报运物流部总监李化林介绍说,实施同业联合担保后,允许实力较为强劲、银行授信额度较高的同行业第三方向银行申请海关税款保函,供中小微企业办理通关事物担保时使用,替代了原先的现金保证金,减少了资金占用,提高了资金周转效率,直接促进公司进出口业务量增长了20%。

青岛海关积极推广多元化担保改革,率先研究并在全国海关开展集团财务公司担保试点,全国首份集团财务公司担保保函落地青岛。在推行"同业联合"担保的基础上,青岛海关还与银行、保险公司协同推进"银关保"等企业增信担保,为中小企业缓解"融资难、融资贵"问题。

深圳海关推出关税保证保险

"我们算了一笔账,按照100万元税款额基数计算,申请银行授信加上开具保函,大约需要7万元,使用关税保证保险后,保费仅为2.5万元,保守估计资金成本能够降低六成左右,小保费解决了货物通关时效可预期的大问题,真正给企业省钱、省时、省事!"作为深圳海关推出的关税保证保险首批签约的企业之一,深圳市桑特液压技术有限公司董事长张法林如是说。

2018年9月7日,深圳海关、中银保险联合举行了关税保证保险试点新闻发布会,首批3家企业与中银保险有限公司签订关税保证保险投保单并在海关备案,这标志着关税保证保险试点工作顺利在深圳关区落地。

逾99%企业在深圳关区有参保资格

深圳海关关税处副处长郑冬阳介绍,所谓关税保证保险,是由保险公司为进出口企业向海关直接提供税款担保,海关凭保单为企业提供货物"先放后税"的通关便利。除极少部分失信企业之外,99%以上的企业在深圳关区将可享受此项服务。

过去,海关税收担保一般采取现金担保和银行保函两种模式,对中小微企业资金压力相对较大,企业享受通关便利受到影响。今后,关税保证保险既能有效降低企业通关成本,改善跨境贸易的营商环境,又能进一步压缩通关时效,提升贸易便利化水平。

郑冬阳告诉记者,以往企业要享受海关的"先通关后缴税"等高资信通关便利,通常需要开具银行保函,但银行对企业授信审核比较严格,中小企业开立银行保函往往要提供高额的风险担保金或质押固定资产，企业资金压力较大。对于进出口企业，特别是中小型企业，新推出的关税保证保险具有申请门槛低、资金压力小等优势。

3家保险公司参与试点

深圳海关关长陈小颖表示，近年来海关大力推进多元化税收担保改革创新，关税保证保险正是其中的一项重要举措，这也是海关全国通关一体化改革的一项创新措施，为实施"一次申报、分步处置"提供有力保证。

据介绍，目前，深圳关区多家供应链企业对关税保证保险表示积极的参与意向。下一步，深圳海关将在落实关税保证保险试点的基础上，深化多元化税收担保改革创新，帮助更多的企业解决通关纳税"融资难、融资贵"的问题，充分享受"低成本，高预期"的海关改革红利。

据了解，此次参加关税保证保险业务试点的保险公司共有中银保险有限公司、中国人民财产保险股份有限公司和中国太平洋财产保险股份有限公司等3家保险公司。

中银保险有限公司深圳分公司总经理易志敏说，关税保证保险是借鉴国际经验研发的一款创新保险产品，是国内保险行业第一个以政府机关（海关）作为被保险人的保证保险产品，填补了信用险相关领域的空白。

（资料来源：南方日报9月10日讯）

◇ 知识考查与技能训练

一、单项选择题

1. 因进出口货物收发货人或其代理人违反规定造成的少征或者漏征，海关在（　　）内可以追征。
   A. 1年　　　　B. 2年　　　　C. 3年　　　　D. 6个月

2. 进出口下列哪种减免税货物，纳税义务人需要向海关办理减免税审批手续？（　　）
   A. 无商业价值的广告品和货样
   B. 外国政府、国际组织无偿赠送的物资
   C. 出境运输工具装载的途中必需的燃料、物料和饮食用品
   D. 在海关放行前遭受损坏或者损失的货物

3. 下列哪种关税担保货物需要提供足额抵押金？（　　）
   A. 单证不齐全，但收发货人要求先放行货物后补交单证的
   B. 有违法嫌疑的进口货物但不便扣留或无法扣留的货物
   C. 保税加工备案货物
   D. 在办理减免税手续的进口货物

二、多项选择题

1. 可以作为海关事务担保财产的有（　　）。
   A. 人民币现金　　B. 美元现钞　　C. 汇票　　D. 股票

2. 下列哪些可以办理退税手续？（　　）
   A. 已缴纳税款因故未装运的出口已退关货物

B. 已缴纳税款运输途中遭受损坏的出口货物

C. 已缴纳因品质等原因原状退货复运出境进口货物

D. 海关误征，纳税人多缴的税款

3. 以下选项正确的是（　　）。

A. 为办理特定海关业务提供的担保，担保金额不得超过可能承担的最高税款总额或者海关总署规定的金额

B. 因有明显的转移、藏匿应税货物及其他财产迹象被责令提供的担保，担保金额不得超过可能承担的最高税款总额

C. 为有关货物、物品、运输工具免予或者解除扣留、封存提供的担保，担保金额不得超过该货物、物品、运输工具的等值价款

D. 为提前放行货物提供的担保，担保金额不得超过可能承担的最高税款总额

三、判断题

1. 保税加工货物进口加工复运出境可向海关申请退税。（　　）
2. 特定减免税进口货物监管年限届满时，自动解除海关监管。（　　）
3. 如果《海关法》规定需要担保放行的货物，同时有相关的国际法规免除担保规定，可免除担保。（　　）

四、案例分析题

2015年4月18日，汇丰化工有限公司向所在地海关申领来料加工手册（手册编号：B×××8100002），此后汇丰公司持该手册以加工贸易方式陆续进口高密度聚乙烯原料150吨。2015年11月15日，海关核查发现，汇丰公司进口保税料件存在数量上的短缺情况，经过进一步核查汇丰公司来料加工料件的库存情况、合同执行情况及相关国产料件采购情况。海关认定该公司进口的聚乙烯原料短少55吨，同时掌握了以上55吨料件有部分已经进入国内市场销售的证据。在这种情况下，海关缉私局以涉嫌擅自销售保税料件为由对汇丰公司进行立案侦查，同时依法扣留涉案进口原料及库存成品；鉴于手册项下的进口的55吨高密度聚乙烯原料去向不明无法扣留，海关要求汇丰公司缴纳上述货物等值价款共计人民币65万元作为案件的保证金。汇丰公司不服海关的处理意见，提出申请行政复议。

请结合海关相关的法律法规，谈谈汇丰公司申请行政复议是否能成功？

第七章·进出口税费的计算

DI-QI ZHANG JINCHUKOU SHUIFEI DE JISUAN

◇ **职业要求**

国际关务人员及其他进出口税费相关岗位人员应掌握进出口税费核算的相关知识和技术。

◇ **学习目标**

知识目标：通过本章的学习，掌握进出口税费的核算步骤。

能力目标：通过本章的学习，能够正确使用前面所学的知识或技术核算进出口税费，熟练掌握进出口税费计算的要点、方法。

◇ **学习内容**

本章的主要学习内容包括：一般进口货物关税、特殊进口货物关税的计算，出口关税的计算，进口环节消费税、进口环节增值税的计算，跨境电子商务零售进口商品税费的计算，滞报金、滞纳金、担保资金的计算。

第一节 进口关税的计算

目前，我国进口关税按计征标准来看，以从价税、从量税为主，也会使用国家规定的其他计征方式，如复合税、滑准税或反倾销税。

从价税的计算公式为：

进口关税＝完税价格×关税税率

从量税的计算公式为：

进口关税＝货物数量×单位税额

复合税的计算公式为：

进口关税＝从价部分关税＋从量部分关税

滑准税与反倾销税的计算公式与从价税的相同，关键在于找到对应的暂定税率或反倾销税税率。

因为从价税的计算在实际工作中运用更为广泛，而不同监管类型的货物在计算进口关税时会有不同的规定，故本节重点介绍不同监管类型的货物的从价税计算方法。

一、一般进口货物关税的计算

一般进口货物是指在进口环节缴纳了应征进口税费并办结所有海关手续，海关放行后不再进行监管，直接进入生产领域和消费领域流通的货物。相对于其他类型的进口货物来说，其税款计算较为简单明确。理论上也可以这样理解：计算一般进口货物关税税款所适用的完税价格确定、商品归类确定、原产地确定、税率确定、汇率适用等原则，是其他进口货物关税计算的参照基础。海关对进口货物的税收管理的法律法规绝大部分都是针对一般进口货物而实施的。

一般进口货物关税计算的重难点在于：完税价格的审定、商品归类、原产地的确定和税率的确定，以及汇率的适用等方面。以上内容前面章节已一一介绍过，本节不再赘述，现以例题方式展示计算方法。

例 1 北京某食品公司从韩国购进由马口铁盒真空包装的牛肉罐头 1000 箱，每箱 12 盒，每盒出厂价 4 美元。货物运抵天津新港的实际支出运费 1800 美元，保险费 200 美元。海关审价时发现，合同中约定买方在进口后需支付卖方 200 美元相关费用。已知进口报关时适用中国银行的外汇折算价为 1 美元＝7.0255 元人民币，计算应征进口关税。

计算方法：

1. 确定完税价格：（货物出厂价＋运费＋保险费）＋其他相关费用＝（1000×12×4＋1800＋200）＋200＝50200（美元）；

使用汇率，将外币价格折算成人民币，50200×7.0255＝352680.1（元）。

2. 确定商品归类：牛肉的罐头制品，应归入税号 1602.5010，附加码 90。

3. 确定原产国：韩国。

4. 确定税率：适用协定税率4.8%。

5. 计算应征进口关税：应征进口关税＝完税价格×关税税率＝352680.1×4.8%＝16928.64（元）。

二、无代价抵偿货物进口关税的计算

无代价抵偿货物是指进出口货物在海关放行后，因残损、短少、品质不良或者规格不符原因，由进出口货物的发货人、承运人或者保险公司免费补偿或者更换的与原货物相同或者与合同规定相符的货物。进口无代价抵偿货物，不征收进口关税和进口环节海关代征税。但如果出现纳税义务人申报进口的无代价抵偿货物，与退运出境的原货物不完全相同或者与合同规定不完全相符的，海关经审核认为理由正当，且其税则号列未发生改变的，应当按照审定进口货物完税价格的有关规定和原进口货物适用的计征汇率、税率，审核确定其完税价格，计算应征税款。

如果应征税款高于原进出口货物已征税款的，应当补征税款的差额部分。应征税款低于原进出口货物已征税款，且原进出口货物的发货人、承运人或者保险公司同时补偿货款的，海关应当退还补偿货款部分的相应税款；未补偿货款的，税款的差额部分不予退还。

但纳税义务人申报进口的免费补偿或者更换的货物，其税则号列与原货物的税则号列不一致的，就不适用无代价抵偿货物的有关规定。海关应当按照一般进出口货物的有关规定征收税款。

另外，纳税义务人申报进出口无代价抵偿货物，被更换的原进口货物不退运出境且不放弃交由海关处理的，海关应当按照接受无代价抵偿货物申报进口之日适用的税率、计征汇率和有关规定对原进口货物重新估价征税。

例2 某公司向海关申报进口无代价抵偿货物牛皮手提包500件，原进口货物因质量问题已退运出境，数量一致。海关审定无代价抵偿货物完税价格为：300美元/件，而原进口货物完税价格为350美元/件，外商已补偿货款25000美元。货物原产于意大利，申报时适用中国银行的外汇折算价为1美元＝7.0255元人民币。请问海关应如何处理？

计算方法：

根据无代价抵偿货物税款管理的相关规定，该案例中海关应退还补偿货款部分的税款。

1. 确定完税价格：补偿货款为25000美元；

使用汇率，将外币价格折算成人民币，25000×7.0255＝175637.5（元）。

2. 确定商品归类：牛皮手提包，应归入税号4202.2100，附加码90。

3. 确定原产国：意大利。

4. 确定税率：适用最惠国税率6%。

5. 计算应退还的关税税款：应退税款＝完税价格×关税税率＝175637.5×6%＝10538.25（元）。

例3 某公司向海关申报进口无代价抵偿货物日立锡膏印刷机1台，报关随附资料包括：原同型号锡膏印刷机 10 台进口货物报关单、国检部门品质检验证书、买卖双方设备补偿协议、进口设备清单、发票等。海关审核时发现该公司未提供原进口货物退运报关单，且未办理原进口货物放弃手续。

分析：海关应当按照无代价抵偿货物申报进口之日适用的税率、汇率，对原锡膏印刷机进行估价征税。该案例的难点在于审定原设备的价格：通常情况下需根据设备的折旧、品质不良程度、可利用价值等主客观方面综合审定。

三、加工贸易料件及成品进口关税的计算

部分加工贸易进口料件或制成品不能按合同、协议约定复出口，经海关批准转为内销，需对其实施估价后计征税款。加工贸易进口货物关税计算的核心问题是按制成品计征还是按料件计征，主要有以下几种情形：

1. 进料加工进口料件或制品（包括残次品）内销时，以料件原申报进口时的成交价格为基础审定完税价格。属于料件分批进口，并且内销时不能确定料件原进口一一对应批次的，海关可按照同项号、同品名和同税号的原则，以其合同有效期内或电子账册核销周期内已进口料件的成交价格计算所得的加权平均价为基础审查确定完税价格。如果该加权平均价难以计算或者难以确定的，海关以客观可量化的当期进口料件成交价格的加权平均价为基础审查确定完税价格。原成交价格不能确定时，依次使用：相同货物成交价格方法、类似货物成交价格方法、倒扣价格方法、计算价格方法和合理方法。提出申请经海关同意后可颠倒第三项和第四项的适用次序。按原进口料件商品编码归类，适用申报内销时的税率、汇率。

2. 来料加工进口料件或制品（包括残次品）内销时，以接受内销申报时同时或者大约同时进口的与料件相同或类似的保税货物的进口成交价格为基础审定完税价格，按原进口料件商品编码归类，适用申报内销时的税率、汇率。

3. 加贸内销边角余料或副产品，海关以内销时的价格为基础审定完税价格。按边角余料或副产品的商品编码归类，适用申报内销时的税率、汇率。

例4 某企业向海关申请内销进料加工手册项下成品钢表壳（9111.2000）300 只。该手册项下进口料件为德国产不锈钢板（7219.3100），进口时申报价格为 3 美元/千克，手册备案的净耗为 0.3 千克/只，损耗率为 53%。申报时适用中国银行的外汇折算价为 1 美元 = 7.0255 元人民币。请计算内销应征关税。

计算方法：

根据进料加工成品内销征税管理的相关规定，该案例中海关应以成品中所含料件原进口成交价格为基础审定完税价格，适用申报内销时的税率、汇率。

1. 确定完税价格：

内销成品所含料件数量为 300×0.3/（1−53%）= 191.49（千克）；

审定完税价格为：191.49×3 = 574.47（美元）；

使用汇率，将外币价格折算成人民币：574.47×7.0255 = 4035.94（元）。

2. 确定商品归类：不锈钢板税号 7219.3100。

3. 确定原产国：德国。

4. 确定税率：适用最惠国税率 6%。

5. 计算应征进口关税：应征进口关税＝完税价格×关税税率＝4035.94×6%＝242.16（元）。

例5 某企业向海关申请内销来料加工手册进口的聚氯乙烯树脂，合计200吨。该批料件原报关单申报价格为CIF900美元/吨。同期，一般贸易下进口韩国原产该货物价格为CIF1000美元/吨，以进料加工手册方式进口该货物价格为CIF940～1000美元/吨。企业内销时一般贸易韩国原产该货物价格为CIF1100美元/吨，以进料加工手册方式进口的货物价格为CIF920～1000美元/吨。企业无法提供原产地证书。假设料件进口时汇率为1美元＝6.3683元人民币，申报内销时汇率为1美元＝7.0255元人民币。计算该企业应缴的税款。

计算方法：

根据来料加工料件内销征税管理的相关规定，该案例中海关应以接受内销申报时同时或者大约同时进口的与料件相同或类似的保税货物的进口成交价格为基础审定完税价格，按原进口料件商品编码归类，适用申请内销时的税率、汇率。

1. 确定完税价格：应选择内销申报时进料加工手册方式进口的货物价格CIF920～1000美元/吨，如果企业能够提供说明与外方是长期合作关系，对大客户有一定的优惠价格，以及价格没有受到买卖双方特殊关系的影响，则可以按照CIF920美元/吨的价格审定完税价格为920×200＝184000美元；

根据汇率适用规定，应采用申报内销时汇率，完税价格为184000×7.0255＝1292692（元）。

2. 确定商品归类：聚氯乙烯树脂归入税号3904.1010。

3. 确定税率：来料加工内销货物适用内销时的税率。经对照《进出口税则》，该商品进口最惠国税率为6.5%，普通税率为45%，中韩自贸协定税率4.5%，亚太贸易协定税率为4.2%。根据题干所示，鉴于内销单位无法提供享受较低税率的原产地证书，按照6.5%最惠国税率确定关税征收比例。另外，经查询海关总署或商务部网站信息，内销货物未实施贸易救济措施。

5. 计算应征进口关税：应征进口关税＝完税价格×关税税率＝1292692×6.5%＝84024.98（元）。

四、出境修理复运进境货物进口关税的计算

出境修理货物出境时向海关申报，并在规定期限内复运进境的，以境外修理费和料件费为基础审定完税价格，以海关接受该货物申报复运进境之日适用的税率、汇率计算进口关税税款。如果复运进境超过海关规定的期限，则由海关按照审定一般进口货物完税价格办法来审定。

例6 某公司向海关申报出境修理复运进境货物"气缸容量3000毫升汽油发动机四轮驱动越野车"一辆，其中境外维修更换"小轿车用自动换挡变速箱"一台，原产国为德国，申报价格900美元，修理费用100美元，该货物复运进境符合海关规定，且在规定期限内。申报时适用中国银行的外汇折算价为1美元＝7.0255元人民币，请计算应征关税。

计算方法：

根据规定，海关以修理费和维修更换件费用为基础审定完税价格，计征税款。

1. 确定完税价格：审定完税价格为 900+100＝1000（美元）；

使用汇率，将外币价格折算成人民币，1000×7.0255＝7025.5（元）。

2. 确定商品归类，该变速箱归入税号 8708.4099，附加码 10。

3. 确定原产国：德国。

4. 确定税率：适用最惠国税率 6%。

5. 计算应征进口关税：应征进口关税＝完税价格×关税税率＝7025.5×6%＝421.53（元）。

例7 2019 年 5 月，某单位以修理物品方式将原从韩国进口的工件夹具申报出境修理。出境申报时，出口单位提供了原货物进口货物报关单（进口日期为 2019 年 4 月 20 日）及含有保修条款的原货物进口合同。进口货物报关单显示工件夹具税则号列为 8466.1000，CIF 总价 1 万美元。原进口合同显示工件夹具在 1 年内予以免费维修。2019 年 12 月 25 日，出口单位申报该维修货物申报进境。假设申报进境时汇率为 1 美元＝7.0255 元人民币。出口单位是否需要缴纳税款？如需缴纳，计算税款金额。

计算方法：

根据规定复运进境超过海关规定期限，由海关按照审定一般进口货物完税价格办法来审定。

1. 确定完税价格：原工件夹具进口货物报关单显示价值为 CIF1 万美元，则完税价格为 10000 美元；

根据汇率，将完税价格折算成人民币，10000×7.0255＝70255（元）。

2. 确定商品归类：该货物归入税号 8466.1000。

3. 确定原产国：韩国。

4. 确定税率：经查，适用申报时该商品进口协定税率为 4.2%。

5. 计算应征进口关税：应征进口关税＝完税价格×关税税率＝70255×4.2%＝2950.71（元）。

五、租赁进口货物进口关税的计算

租赁进口货物以租金方式对外支付的，在租赁期间以审定的货物租金作为完税价格，并记入利息；分期支付租金的，应当在申报租赁货物进口时，按第一期应支付的租金办理纳税手续；在其后分期支付租金时，向海关申报办理纳税手续应当不迟于每次支付租金后的第 15 日。未在规定期限内申报纳税的，海关按照纳税人每次支付租金后第 15 日该货物适用的税率、计征汇率征收相应的税款，并自申报办理纳税手续期限届满之日起至纳税人申报纳税之日止按日加收应缴纳税款万分之五的滞纳金。留购租赁货物以留购价格审定完税价格；纳税人申请一次性缴纳税款，可以选择按照《审价办法》第六条列明的估价方法确定完税价格，或者按租金总额审定完税价格。

例8 某公司向海关以租赁进口货物方式代理申报进口德国产空客 A320（空载重量为 42400 千克）1 架，申报租金 150000 美元/月，租期 4 年，提交的资料包括进口货物报关单、配置清单、合同、租赁协议等。适用中国银行的外汇折算价为 1 美元＝

7.0255元人民币。

计算方法：

根据相关规定，申请一次性缴纳税款，按租金总额审定完税价格。

1. 确定完税价格：150000×4×12＝7200000（美元）；

使用汇率，将外币价格折算成人民币，7200000×7.0255＝50583600（元）

2. 确定商品归类：空中客车A320，空载重量42400千克，应归入税号8802.4010。

3. 确定原产国：德国。

4. 确定税率：适用最惠国税率5%。

5. 计算应征进口关税：应征进口关税税额＝完税价格×关税税率＝50583600×5%＝2529180（元）。

六、其他特殊方式进口关税的计算

（一）出境加工复运进境货物

出境加工货物属于征收出口关税的商品的，纳税义务人应当向海关提供出口税款担保。纳税义务人在办理出境加工货物复运进境的进口申报手续时，海关按照审定进口货物完税价格的有关规定和海关接受该货物申报复运进境之日适用的计征汇率、税率，审核确定其完税价格，计征进口税款，同时办理解除该货物出境时纳税义务人提供税款担保的相关手续。

出境加工货物未在海关允许期限内复运进境的，海关对其按照一般进出口货物的征税管理规定实施管理，将该货物出境时纳税义务人提供的税款担保转为税款；出境加工货物复运进境时，海关按照一般进口货物的征税管理规定征收进口税款。

（二）暂时进境货物

《关税条例》第四十二条第一款所列的暂时进出境货物，在海关规定期限内，可以暂不缴纳关税。该类暂时进出境货物在规定期限届满后不再复运出境或者复运进境的，纳税义务人应当在规定期限届满前向海关申报办理进出口及纳税手续。海关按照有关规定征收税款。

《关税条例》第四十二条第一款所列范围以外的其他暂时进出境货物，海关按照审定进出口货物完税价格的有关规定和海关接受该货物申报进出境之日适用的计征汇率、税率，审核确定其完税价格，按月征收税款，或者在规定期限内货物复运出境或者复运进境时征收税款。计征税款的期限为60个月。不足一个月但超过15天的，按一个月计征；不超过15天的，免予计征。计征税款的期限自货物放行之日起计算。按月征收税款的计算公式为：

每月关税税额＝关税总额×（1/60）

每月进口环节代征税税额＝进口环节代征税总额×（1/60）

该暂时进出境货物在规定期限届满后不再复运出境或者复运进境的，纳税义务人应当在规定期限届满前向海关申报办理进出口及纳税手续，缴纳剩余税款。

暂时进出境货物未在规定期限内复运出境或者复运进境，且纳税义务人未在规定期限届满前向海关申报办理进出口及纳税手续的，海关除按照规定征收应缴纳的税款外，还应当自规定期限届满之日起至纳税义务人申报纳税之日止按日加收应缴纳税款万分之五的滞纳金。

例 9　2018 年 9 月 3 日，某单位以暂时进出口方式进口日本产推土机用于工程施工，经海关审核同意 6 个月内返回境外，货物于当日凭担保放行。因工程进度低于预期，经进口单位申请海关同意延期 6 个月。企业于 2019 年 7 月 20 日将原货物复运出境，2019 年 8 月 1 日，该企业凭施工机械复运出境报关单向海关申请核销担保。已知该机械税则号列为 8429.1110，总价为 CIF 3 万美元。假设 2018 年和 2019 年对应最惠国税率均为 7%，普通税率为 30%，无优惠税率设置，无贸易救济措施实施。货物放行时缴纳担保金为 30228 元人民币。2018 年 9 月汇率为 1 美元＝6.3683 元人民币，2019 年 7 月汇率为 1 美元＝6.5 元人民币，2019 年 8 月汇率为 1 美元＝6.6 元人民币。该进口单位是否应缴纳税款？如需缴纳，计算应缴金额。

计算方法：

本货物涉及《关税条例》第四十二条第一款之外的货物，应依规缴税。海关应按照审定进出口货物完税价格的有关规定和海关接受该货物申报进出境之日适用的计征汇率、税率，审核确定其完税价格、按月征收税款，或者在规定期限内货物复运出境或者复运进境时征收税款。

1. 确定完税价格：按照题干提示，完税价格为 30000 美元。

2. 确定商品归类：该货物归入税号 8429.1110。

3. 确定原产国：日本。

4. 确定税率：《关税条例》第四十二条第一款之外的暂时进出境货物，征税时按照接受货物申报进境之日的税率适用的规定，税率应适用 2018 年对应的 7% 税率。

5. 确定汇率：按照汇率应与税率适用日期一致的规定，适用 2018 年 9 月对应的汇率（1 美元＝6.3683 元人民币），30000×6.3683＝191049（元）。

6. 计算应征进口关税：企业于 2019 年 7 月 20 日将施工机械复运出境，在境内期间共使用 10 个月零 17 天，按照计算公式合 11 个月的计税期。

关税在境内 11 个月时间应纳税总额＝关税总额×时间（月）×（1/60）＝191049×7%×11×（1/60）＝2451.8（元）。

（三）减免税货物

减免税货物在监管期限内不能擅自出售、转让、移作他用，如果有特殊情况经海关批准可以出售转让，但需办理纳税手续。减免税货物征税时以原进口时的价格扣除折旧后作为完税价格，计算公式为：

$$完税价格 = \frac{海关审查确定的}{该货物原进口时的价格} \times \left[1 - \frac{补税时实际已进口的时间（月）}{监管年限 \times 12}\right]$$

上述计算公式中"补税时实际已进口的时间"按月计算，不足 1 个月但是超过 15 日的，按照 1 个月计算；不超过 15 日的，不予计算。

例10 某外商独资酿酒公司于2019年3月2日自法国进口酿酒设备1台,设备价格为CIF青岛30万欧元,进口时按照国家规定享受关税待遇,增值税照章征收。2020年2月26日,该企业以受新冠疫情影响转产原因申请将酿酒设备转让给国内不享受免税待遇的W公司。W公司于2020年2月28日向海关申报补税。请核算W公司在接收该酿酒设备时需要缴纳何种税款,应缴多少?(假设欧元汇率为1欧元=7.5元人民币)

计算方法:

根据题意分析W公司应缴纳该酿酒设备的关税,因增值税进口环节已经征收,不再缴纳。

1. 确定完税价格:该批酿酒设备进口时申报价格为CIF30万欧元,如经海关审核确认原申报价格属于成交价格,则该CIF30万欧元价格可作为原进口时价格;

补税时已进口时间(月):该批酿酒设备进口日期为2019年3月2日,申请补税时间为2020年2月28日,按照"补税时实际已进口的时间"按月计算,不足1个月但是超过15日的,按照1个月计算的规定,时间为12个月;

监管年限:3年;

完税价格=欧元完税价格×汇率×$\left[1-\dfrac{补税时实际已进口的时间(月)}{监管年限\times12}\right]$=300000×7.5×[1-12/(3×12)]=1500000(元)。

2. 确定商品归类:该酿酒设备商品归类为8438.4000。
3. 确定原产地:法国。
4. 确定税率:适用最惠国税率7%。
5. 计算应缴关税:应缴税款=关税完税价格×关税税率=1500000×7%=105000(元)。

(四)退运货物

因品质或者规格原因,出口货物自出口放行之日起1年内原状退货复运进境的,纳税义务人在办理进口申报手续时,应当按照规定提交有关单证和证明文件。经海关确认后,对复运进境的原出口货物不予征收进口关税和进口环节海关代征税。因品质或者规格原因,进口货物自进口放行之日起1年内原状退货复运出境的,纳税义务人在办理出口申报手续时,应当按照规定提交有关单证和证明文件。经海关确认后,对复运出境的原进口货物不予征收出口关税。

需要注意的是,退运货物只有因品质或规格原因退运的,退运方可免税进出口。

例11 某公司向海关以退运货物方式申报进口"瓶装清香剂"250000瓶,总价375000美元。提交资料包括:1年内的原出口报关单、外商公司面临破产无法销售的退运协议、进口装箱清单、发票等单证。

分析: 虽然该商品申报为退运货物,但提交的资料显示该商品非因品质或者规格原因而产生的退运,海关应当按一般贸易进口货物计征关税。

第二节　进口环节海关代征税的计算

进口货物除需征收进口关税外，还有进口环节海关代征税，包括进口环节消费税和进口环节增值税。因计税价格不同，应先计算进口关税，再计算进口环节消费税，最后计算进口环节增值税。

一、进口环节消费税的计算

目前，我国进口环节消费税主要有以下3种计征方式。

1. 实行从价定率办法计算纳税，采用价内税的计税方法，即计税价格的组成中包含消费税税额。其计算公式为：

进口环节消费税应纳税额＝消费税组成计税价格×消费税比例税率

其中：

消费税组成计税价格＝（进口关税完税价格+进口关税税额）÷（1−消费比例税率）

2. 从量征收的消费税的计算公式为：

进口环节消费税应纳税额＝应征消费税消费品数量×消费税单位税率

3. 实行从价定率和从量定额复合计税办法计算纳税的组成计税价格，其计算公式为：

进口环节消费税应纳税额＝消费税组成计税价格×消费税比例税率+应征消费税进口数量×消费税定额税率

例12　某公司进口德国原产雪茄（烟草制雪茄烟）一批，申报总价为200万元人民币，计算该批商品应缴纳的消费税。

计算方法：

1. 确定完税价格：2000000元。
2. 确定商品归类：归入税号2402.1000。
3. 确定原产国：德国。
4. 确定税率：适用最惠国税率25%，消费税税率36%。
5. 应征进口关税＝完税价格×关税税率＝2000000×25%＝500000（元）。
6. 应征进口环节消费税＝消费税组成计税价格×消费税税率＝（2000000+500000）÷（1−36%）×36%＝1406250（元）。

例13　某进出口公司进口丹麦产啤酒3800升（998升＝1吨），经海关审核其成交价格总值为CIF境内某口岸1672美元。其适用中国银行的外汇折算价为1美元＝7.0255元人民币，计算应征的进口环节消费税税款。

计算方法：

1. 确定税则归类，归入税号2203.0000。

2. 经查该产品消费税税为从量税，进口完税价格≥370 美元/吨的麦芽酿造啤酒，消费税税率为 250 元/吨；进口完税价格<370 美元/吨的消费税税率为 220 元/吨。

3. 计算完税价格：每吨完税价格 = 完税价格总值÷数量（吨）= 1672÷（3800÷998）= 439.12（美元/吨），进口完税价格>370 美元/吨，则消费税税率为 250 元/吨。

4. 应征进口环节消费税税额 = 应征消费税消费品数量×消费税单位税额 =（3800÷998）×250 = 951.9（元）。

二、进口环节增值税的计算

进口环节增值税的计算公式为：

进口环节增值税应纳税额 = 增值税组成计税价格×增值税税率

其中：

进口环节增值税组成计税价格 = 关税完税价格 + 关税税额 + 消费税税额

例 14 国内某公司进口货物一批，经海关审核其成交价格为 1239.50 美元，其报关时适用中国银行的外汇折算价为 1 美元 = 7.0255 元人民币。已知该批货物的关税税率为 12%，消费税税率为 10%，增值税税率为 13%。计算应征增值税税额。

计算方法：

首先计算关税税额，然后计算消费税税额，最后计算增值税税额。

1. 将完税价格折算成人民币计，即 1239.50×7.0255 = 8708.11（元）。

2. 应征关税税额 = 完税价格×关税税率 = 8708.11×12% = 1044.97（元）。

3. 应征消费税税额 =[（完税价格 + 关税税额）÷（1 - 消费税税率）]×消费税税率 =[（8708.11 + 1044.97）÷（1 - 10%）]×10% = 1083.68（元）。

4. 应征增值税税额 =（完税价格 + 关税税额 + 消费税税额）×增值税税率 =（8708.11 + 1044.97 + 1083.68）×13% = 1408.78（元）。

三、跨境电子商务零售进口商品税费的计算

根据《关于跨境电子商务零售进口税收政策的通知》，跨境电子商务零售进口商品的单次交易限值为人民币 2000 元，个人年度交易限值为人民币 20000 元。在限值以内进口的跨境电子商务零售进口商品，关税税率暂设为 0%；进口环节增值税、消费税取消免征税额，暂按法定应纳税额的 70% 征收。超过单次限值、累加后超过个人年度限值的单次交易，以及完税价格超过 2000 元限值的单个不可分割商品，均按照一般贸易方式全额征税。

例 15 李女士于 2018 年 7 月通过海淘方式从国外购买香水一瓶，申报价格 260 美元。按政策规定，香水的关税税率为 0%，进口环节增值税为 13%，消费税为 15%，计算其应缴纳的税款（1 美元 = 7.0255 元人民币）。

计算方法：

根据政策规定，跨境电子商务零售进口商品实际交易价格（包括货物零售价格、运费和保险费）作为完税价格，关税税率暂设为 0%；进口环节增值税、消费税暂按法

定应纳税额的70%征收。

1. 将完税价格折算成人民币计，即260×7.0255=1826.63（元）。
2. 消费税税额=1826.63÷（1-15%）×15%×70%=225.64（元）。
3. 增值税税额=（1826.63+225.64）×13%×70%=186.76（元）。
4. 应缴纳的税款=225.64+186.76=412.4（元）。

第三节 出口关税的计算

出口关税计算与进口关税计算基本相同。值得注意的有两点：首先，出口关税的完税价格是用成交价格扣除关税来计算的；其次，出口成交价格的审定是以FOB价格为基础的。

出口关税的计算公式为：

出口关税税额=［成交价格÷（1+出口关税税率）］×出口关税税率

例16 国内某公司出口德国非合金生铁（含磷量0.4%，非高纯生铁）150吨，CFR汉堡售价为400美元/吨，运费为900元人民币/吨，填发税款缴纳证之日的外汇牌价为1美元=7.0255元人民币。计算应征关税税款。

计算方法：

1. 确定成交价格：CFR汉堡售价为400美元/吨；

使用汇率将外币价格折算成人民币计：400×7.0255=2810.2（元/吨）；

FOB价格=CFR价格-运费=2810.2-900=1910.2（元/吨）；

数量为150吨，总价为1910.2×150=286530（元）。

2. 确定商品归类：归入税号7201.1000。
3. 确定税率：出口税率为20%。
4. 应征出口关税税额=［成交价格÷（1+出口关税税率）］×出口关税税率=［286530÷（1+20%）］×20%=47755（元）。

例17 某钢铁企业从天津港出口硅铁（含硅量88%）一批，申报价格为FOB天津港8705.50美元，其报关时适用中国银行的外汇折算价为1美元=7.0255元人民币，计算出口关税。

计算方法：

1. 确定成交价格：FOB价格为8705.50美元，使用汇率，将外币价格折算成人民币计：8705.50×7.0255=61160.49（元）。
2. 确定商品归类：该批硅铁归入税号7202.2100，附加码10。
3. 确定税率：经查，出口税率为25%，出口暂定税率为20%。按照税率适用的原则，选择出口暂定税率。
4. 应征出口关税税额=［成交价格÷（1+出口关税税率）］×出口关税税率=［61160.49÷（1+20%）］×20%=10193.42（元）。

第四节　滞报金的计算

一、滞报金征收的基本规定

进口货物收货人未按规定期限向海关申报产生滞报的，由海关按规定征收滞报金。具体包括以下情形。

（一）超过规定期限向海关申报产生滞报的

进口货物应自装载货物的运输工具申报进境之日起 14 日内向海关申报，未按规定期限向海关申报的，由海关征收滞报金。实际操作中，滞报金的征收，以自运输工具申报进境之日起第 15 日为起征日，以海关接受申报之日为截止日。规定的申报期限内含有的星期六、星期天或法定节假日不予扣除，规定的计征起征日如遇有休息日或者法定节假日，则顺延至其后第一个工作日。国务院临时调整休息日与工作日的，海关应当按照调整后的情况确定滞报金的起征日。进口货物滞报金按日计征，起征日和截止日均计入滞报期间。

（二）未按规定期限提交纸质单据，撤销后重新申报产生滞报的

进口货物收货人在向海关传送报关单电子数据申报后，未在规定期限或核准的期限内提交纸质报关单及随附单证，海关予以撤销报关单电子数据处理，进口货物收货人因此重新向海关申报，即产生滞报。滞报金的征收，以运输工具申报进境之日起第 15 日为起征日，以海关重新接受申报之日为截止日。

（三）未在规定期限内重新发送电子数据报关单，撤销后重新申报产生滞报的

海关已接受申报的报关单电子数据，人工审核确认需要退回修改的，进出口货物收发货人或受委托的报关企业应当在 10 日内完成修改并重新发送报关单电子数据。超过规定期限的，海关予以撤销报关单电子数据处理，进口货物收货人因此重新向海关申报产生滞报。滞报金的征收，以运输工具申报进境之日起第 15 日为起征日，以海关重新接受申报之日为截止日。

（四）按规定撤销原申报，重新申报产生滞报的

进口货物收货人申报后依法撤销原报关单电子数据重新申报，因删单重报产生滞报的，以撤销原报关单之日起第 15 日为起征日，以海关重新接受申报之日为截止日。

（五）超过规定期限未向海关申报，提取变卖发还余款的

进口货物因收货人在运输工具申报进境之日起超过 3 个月未向海关申报，被海关提取作变卖处理后，收货人申请发还余款的，滞报金的征收，以自运输工具申报进境之日起第 15 日为起征日，以该 3 个月期限的最后一日为截止日。

滞报金的日征收金额为进口货物完税价格的万分之五，以人民币"元"为计征单位。因完税价格调整等原因需补征滞报金的，滞报金金额应当按照调整后的完税价格重新计算，补征金额不足人民币 50 元的，免予征收。因不可抗力等特殊情况产生的滞报，可以向海关申请减免滞报金。

二、滞报金的计算举例

滞报金的计算公式如下：

滞报金金额＝进口货物完税价格×滞报天数×0.5‰

从公式可以看出，滞报金的计算需要重点掌握的是：滞报天数的计算。前文已经详细列举了不同情况下，起征日、截止日及顺延期间的确定办法，下面根据例题来进行具体计算。

例 18：某公司甲（买方）从韩国进口一批设备，以 CIF 秦皇岛 10000 美元成交。装载该货物的船舶于 2019 年 12 月 11 日（星期三）申报进境。同月 26 日，甲向海关申报，海关予以受理。经审核，该票货物适用成交价格法。假设 2019 年 11 月第三个星期三的汇率为 1 美元＝6.5 元人民币。

请问：甲的行为是否构成滞报？如果构成滞报，海关应征收多少滞报金？

计算方法：

1. 甲的行为已构成滞报：12 月 11 日运输工具申报进境，12 月 25 日前申报均不构成滞报。那么起征日为 12 月 26 日，截止日亦为 12 月 26 日，故滞报天数为 1 天。

2. 将完税价格折算成人民币计＝10000×6.5＝65000（元）。

3. 滞报金＝完税价格×滞报天数×0.5‰＝65000×1×0.5‰＝32.5（元）。

第五节　滞纳金的计算

一、滞纳金征收的基本规定

为保证海关作出的征税决定得到执行，保证税款及时入库，必须规定纳税义务人缴纳税款的时间限制，逾期缴纳即构成滞纳。《关税条例》第三十七条规定："纳税义务人应当自海关填发税款缴款书之日起 15 日内向指定银行缴纳税款"。逾期缴纳的，海关依法在原应纳税款的基础上，按日加收滞纳税款万分之五的滞纳金。

其具体包括以下情形。

（一）常规进出口货物超过规定缴款期限的

关税、进口环节增值税、进口环节消费税的纳税义务人，超过自海关填发税款缴款书之日起 15 日内向指定银行缴纳税款的规定期限，应自规定期限届满之日起至缴清之日止按日缴纳滞纳金。

(二) 特殊交易方式进出口货物违反规定程序的

1. 租赁进口货物分期支付租金的，纳税义务人应当在每次支付租金后的 15 日内向海关申报办理纳税手续，逾期办理申报手续的，海关除征收税款外，还应当自申报办理纳税手续期限届满之日起至纳税义务人申报纳税之日止，按日加收应缴纳税款万分之五的滞纳金。

租赁进口货物自租期届满之日起 30 日内，应向海关申请办结海关手续，逾期办理手续的，海关除按照审定进口货物完税价格的有关规定和租期届满后第 30 日该货物适用的计征汇率、税率，审核确定其完税价格，计征应缴纳的税款外，还应当自租赁期限届满后 30 日起至纳税义务人申报纳税之日止按日加收应缴纳税款万分之五的滞纳金。

2. 暂准进出境货物未在规定期限内复运出境或者复运进境，且纳税义务人未在规定期限届满前向海关申报办理进出口及纳税手续的，海关除按照规定征收应缴纳的税款外，还应当自规定期限届满之日起至纳税义务人申报纳税之日止按日加收应缴纳税款万分之五的滞纳金。

(三) 经批准延期缴税货物逾期缴纳税款的

纳税义务人经批准可以在最长 6 个月内延期缴纳税款，6 个月内未缴纳税款的，海关应按照规定征收滞纳金。

(四) 纳税义务人违反规定造成少征或者漏征税款的

1. 进出口货物放行后，海关发现因纳税义务人违反规定造成少征或者漏征税款的，可以自缴纳税款或货物放行之日起 3 年内追征税款，并从缴纳税款或货物放行之日起至海关发现之日止，按日加收少征或者漏征税款万分之五的滞纳金。

2. 因纳税义务人违反规定造成海关监管货物少征或者漏征税款的，海关应当自纳税义务人应缴纳税款之日起 3 年内追征税款，并自应缴纳税款之日起至海关发现违规行为之日止按日加收少征或者漏征税款万分之五的滞纳金。此处所述"应缴纳税款之日"，是指纳税义务人违反规定的行为发生之日。该行为发生之日不能确定的，应当以海关发现该行为之日作为应缴纳税款之日。

实际操作中，海关自滞纳金缴款期限届满之日次日起，至纳税义务人缴纳税款之日止计算滞纳期间。税款缴纳期限内含有的星期六、星期天或法定节假日不予扣除。缴纳期限届满日遇星期六、星期日等休息日或者法定节假日的，应当顺延至休息日或法定节假日之后的第一个工作日。国务院临时调整休息日与工作日的，则按照调整后的情况计算缴款期限。例如，缴款期限的最后一天是 9 月 30 日，该日恰好是星期日，国务院决定将 9 月 29 日、30 日与 10 月 4 日、5 日互相调换，即 9 月 29 日、30 日成为工作日，如果纳税义务人在 9 月 30 日仍未缴纳税款，则从 10 月 1 日开始即构成滞纳。

滞纳金按每票货物的关税、进口环节增值税和消费税单独计算，起征点为人民币 50 元，不足人民币 50 元的免予征收。海关对未履行税款给付义务的纳税义务人征收税款滞纳金。符合下列情形之一的，直属海关可以依法减免税款滞纳金：纳税义务人确因经营困难，自海关填发税款缴款书之日起在规定期限内难以缴纳税款，但在规定期限届满后 3 个月内补缴税款的；因不可抗力或者国家政策调整原因导致纳税义务人自海关填发税款缴款书之日起在规定期限内无法缴纳税款，但在相关情形解除后 3 个月内补缴税款的；货物放行后，纳税义务人通过自查发现少缴或漏缴税款并主动补缴的；经海关总署认可的其他特殊情形。

二、滞纳金的计算举例

滞纳金的相关计算公式如下：

关税滞纳金＝滞纳关税税额×滞纳天数×0.5‰

进口环节消费税滞纳金＝滞纳消费税税额×滞纳天数×0.5‰

进口环节增值税滞纳金＝滞纳增值税税额×滞纳天数×0.5‰

与滞报金一样，滞纳金的计算重点在于滞纳天数的确定。但值得注意的是：① 关税、进口环节消费税与增值税均存在滞纳金，并且分开计算，不足 50 元的免予征收；② 自海关填发税款缴款书之日起 15 日内是正常缴纳税款，自第 16 日开始计算滞纳天数。与滞报天数的规定有细微差别。

例 19 国内某公司从香港购进日本皇冠轿车 10 辆，已知该批货物应征关税税额为 352793.52 元人民币，应征进口环节消费税为 72860.70 元人民币，进口环节增值税税额为 247726.38 元人民币。海关于 2019 年 2 月 5 日填发"海关专用缴款书"，该公司于 2019 年 3 月 3 日缴纳税款。计算应征的滞纳金。

计算方法：

先确定滞纳天数，然后再分别计算应缴纳的关税、进口环节消费税和增值税的滞纳金，对其中滞纳金额超过起征点 50 元人民币的，予以征收。

1. 确定滞纳天数：2 月 5 日加 15 天得出税款缴纳的到期日为 2019 年 2 月 20 日（星期三），2 月 21 日至 3 月 3 日为滞纳期，共滞纳 11 天。

2. 关税滞纳金＝滞纳关税税额×滞纳天数×0.5‰＝352793.52×11×0.5‰＝1940.36（元）；

3. 进口环节消费税滞纳金＝进口环节消费税税额×滞纳天数×0.5‰＝72860.70×11×0.5‰＝400.73（元）；

4. 进口环节增值税滞纳金＝进口环节增值税税额×滞纳天数×0.5‰＝247726.38×11×0.5‰＝1362.50（元）。

第六节 担保资金的计算

一、海关事务担保的基本规定

根据《海关事务担保条例》，在进出口通关环节，进出口单位为申请提前放行货物及申请办理特定海关业务时可办理担保手续。

涉及范围主要有：海关尚未确定商品归类、完税价格、原产地等征税要件的；正在海关办理减免税审批手续的；申请延期缴纳税款的；暂时进出境的；进境修理和出境加工的；因残损、品质不良或者规格不符，纳税义务人申报进口或者出口无代价抵偿货物时，原进口货物尚未退运出境或者尚未放弃交由海关处理的，或者原出口货物尚未退运进境的等。上述海关事务担保可采取交付担保金或保函的形式，其金额不超过可能承担的最高税款总额。税款担保一般不超过 6 个月，特殊情况下经直属海关关长或授权的隶属海关关长批准可酌情延长。

国家对进出境货物、物品有限制性规定，应当提供许可证件而不能提供的，以及法律、行政法规规定不得担保的其他情形，海关不予办理担保放行。

二、担保资金的计算举例

从上述规定可以看出，担保金额由海关酌情确定，但一般不超过其可能承受的最高税款总额，故担保资金的计算公式、计算过程、注意事项同税款的计算一致。

例 20 国内某公司以暂准进境方式进口德国产电影拍摄设备一套，计划 3 个月返回。经海关审核，其成交价格总值为 CIF 境内某口岸 60000 美元。其适用的外汇折算价为 1 美元=7.0255 元人民币。计算应缴的担保金额。

计算方法：

1. 确定完税价格：60000 美元，使用汇率，将外币折算成人民币：60000×7.0255＝421530（元）。

2. 确定商品归类：按电影摄影机为基本特征归入税号 9007.1010。

3. 确定原产国：德国。

4. 确定税率：适用最惠国税率 12%，进口环节增值税 13%。

5. 计算应缴税款：进口关税＝完税价格×关税税率＝421530×12%＝50583.6（元）；

进口环节增值税＝增值税组成计税价格×增值税税率＝（421530+50583.6）×13%＝61374.77（元）；

应缴税款＝进口关税+进口关节增值税＝50583.6+61374.77＝111958.37（元）。

7. 确定担保资金：担保金额一般不超过 111958.37 元。

◇ 知识考查与技能训练

计算题：

1. 某公司进口货物一批，经海关审核其成交价格为 1200 美元，已知该货物的关税税率 12%，消费税税率 10%，增值税税率 13%，计算应征税款。（汇率为 1 美元＝7.0255 元人民币）

2. 某进出口公司于 7 月 11 日（周五）申报进口一批货物，海关于当日开出税款缴款书。其中，关税税款为人民币 24000 元，增值税税款为人民币 31500 元，消费税税款为人民币 8900 元。该公司实际缴纳税款日期为 8 月 20 日。计算该公司应缴纳的滞纳金。

附 录
FULU

中华人民共和国进出口关税条例

（国务院令第 392 号）

（2003 年 11 月 23 日中华人民共和国国务院令第 392 号公布；根据 2011 年 1 月 8 日《国务院关于废止和修改部分行政法规的决定》第一次修订，根据 2013 年 12 月 7 日《国务院关于修改部分行政法规的决定》第二次修订，根据 2016 年 2 月 6 日《国务院关于修改部分行政法规的决定》第三次修订，根据 2017 年 3 月 1 日《国务院关于修改和废止部分行政法规的决定》第四次修订）

第一章 总 则

第一条 为了贯彻对外开放政策，促进对外经济贸易和国民经济的发展，根据《中华人民共和国海关法》（以下简称《海关法》）的有关规定，制定本条例。

第二条 中华人民共和国准许进出口的货物、进境物品，除法律、行政法规另有规定外，海关依照本条例规定征收进出口关税。

第三条 国务院制定《中华人民共和国进出口税则》（以下简称《税则》）、《中华人民共和国进境物品进口税税率表》（以下简称《进境物品进口税税率表》），规定关税的税目、税则号列和税率，作为本条例的组成部分。

第四条 国务院设立关税税则委员会，负责《税则》和《进境物品进口税税率表》的税目、税则号列和税率的调整和解释，报国务院批准后执行；决定实行暂定税率的货物、税率和期限；决定关税配额税率；决定征收反倾销税、反补贴税、保障措施关税、报复性关税以及决定实施其他关税措施；决定特殊情况下税率的适用，以及履行国务院规定的其他职责。

第五条 进口货物的收货人、出口货物的发货人、进境物品的所有人，是关税的纳税义务人。

第六条 海关及其工作人员应当依照法定职权和法定程序履行关税征管职责，维护国家利益，保护纳税人合法权益，依法接受监督。

第七条 纳税义务人有权要求海关对其商业秘密予以保密，海关应当依法为纳税义务人保密。

第八条 海关对检举或者协助查获违反本条例行为的单位和个人，应当按照规定给予奖励，并负责保密。

第二章 进出口货物关税税率的设置和适用

第九条 进口关税设置最惠国税率、协定税率、特惠税率、普通税率、关税配额税率等税率。对进口货物在一定期限内可以实行暂定税率。

出口关税设置出口税率。对出口货物在一定期限内可以实行暂定税率。

第十条 原产于共同适用最惠国待遇条款的世界贸易组织成员的进口货物，原产于与中华人民共和国签订含有相互给予最惠国待遇条款的双边贸易协定的国家或者地区的进口货物，以及原产于中华人民共和国境内的进口货物，适用最惠国税率。

原产于与中华人民共和国签订含有关税优惠条款的区域性贸易协定的国家或者地区的进口货物，适用协定税率。

原产于与中华人民共和国签订含有特殊关税优惠条款的贸易协定的国家或者地区的进口货物，适用特惠税率。

原产于本条第一款、第二款和第三款所列以外国家或者地区的进口货物，以及原产地不明的进口货物，适用普通税率。

第十一条 适用最惠国税率的进口货物有暂定税率的，应当适用暂定税率；适用协定税率、特惠税率的进口货物有暂定税率的，应当从低适用税率；适用普通税率的进口货物，不适用暂定税率。

适用出口税率的出口货物有暂定税率的，应当适用暂定税率。

第十二条 按照国家规定实行关税配额管理的进口货物，关税配额内的，适用关税配额税率；关税配额外的，其税率的适用按照本条例第十条、第十一条的规定执行。

第十三条 按照有关法律、行政法规的规定对进口货物采取反倾销、反补贴、保障措施的，其税率的适用按照《中华人民共和国反倾销条例》、《中华人民共和国反补贴条例》和《中华人民共和国保障措施条例》的有关规定执行。

第十四条 任何国家或者地区违反与中华人民共和国签订或者共同参加的贸易协定及相关协定，对中华人民共和国在贸易方面采取禁止、限制、加征关税或者其他影响正常贸易的措施的，对原产于该国家或者地区的进口货物可以征收报复性关税，适用报复性关税税率。

征收报复性关税的货物、适用国别、税率、期限和征收办法，由国务院关税税则委员会决定并公布。

第十五条 进出口货物，应当适用海关接受该货物申报进口或者出口之日实施的税率。

进口货物到达前，经海关核准先行申报的，应当适用装载该货物的运输工具申报进境之日实施的税率。

转关运输货物税率的适用日期，由海关总署另行规定。

第十六条 有下列情形之一，需缴纳税款的，应当适用海关接受申报办理纳税手续之日实施的税率：

（一）保税货物经批准不复运出境的；

（二）减免税货物经批准转让或者移作他用的；

（三）暂时进境货物经批准不复运出境，以及暂时出境货物经批准不复运进境的；

（四）租赁进口货物，分期缴纳税款的。

第十七条 补征和退还进出口货物关税，应当按照本条例第十五条或者第十六条的规定确定适用的税率。

因纳税义务人违反规定需要追征税款的，应当适用该行为发生之日实施的税率；行为发生之日不能确定的，适用海关发现该行为之日实施的税率。

第三章 进出口货物完税价格的确定

第十八条 进口货物的完税价格由海关以符合本条第三款所列条件的成交价格以及该货物运抵中华人民共和国境内输入地点起卸前的运输及其相关费用、保险费为基础审查确定。

进口货物的成交价格，是指卖方向中华人民共和国境内销售该货物时买方为进口该货物向卖方实付、应付的，并按照本条例第十九条、第二十条规定调整后的价款总额，包括直接支付的价款和间接支付的价款。

进口货物的成交价格应当符合下列条件：

（一）对买方处置或者使用该货物不予限制，但法律、行政法规规定实施的限制、对货物转售地域的限制和对货物价格无实质性影响的限制除外；

（二）该货物的成交价格没有因搭售或者其他因素的影响而无法确定；

（三）卖方不得从买方直接或者间接获得因该货物进口后转售、处置或者使用而产生的任何收益，或者虽有收益但能够按照本条例第十九条、第二十条的规定进行调整；

（四）买卖双方没有特殊关系，或者虽有特殊关系但未对成交价格产生影响。

第十九条 进口货物的下列费用应当计入完税价格：

（一）由买方负担的购货佣金以外的佣金和经纪费；

（二）由买方负担的在审查确定完税价格时与该货物视为一体的容器的费用；

（三）由买方负担的包装材料费用和包装劳务费用；

（四）与该货物的生产和向中华人民共和国境内销售有关的，由买方以免费或者以低于成本的方式提供并可以按适当比例分摊的料件、工具、模具、消耗材料及类似货物的价款，以及在境外开发、设计等相关服务的费用；

（五）作为该货物向中华人民共和国境内销售的条件，买方必须支付的、与该货物有关的特许权使用费；

（六）卖方直接或者间接从买方获得的该货物进口后转售、处置或者使用的收益。

第二十条 进口时在货物的价款中列明的下列税收、费用，不计入该货物的完税价格：

（一）厂房、机械、设备等货物进口后进行建设、安装、装配、维修和技术服务的费用；

（二）进口货物运抵境内输入地点起卸后的运输及其相关费用、保险费；

（三）进口关税及国内税收。

第二十一条 进口货物的成交价格不符合本条例第十八条第三款规定条件的，或者成交价格不能确定的，海关经了解有关情况，并与纳税义务人进行价格磋商后，依次以下列价格估定该货物的完税价格：

（一）与该货物同时或者大约同时向中华人民共和国境内销售的相同货物的成交价格。

（二）与该货物同时或者大约同时向中华人民共和国境内销售的类似货物的成交价格。

（三）与该货物进口的同时或者大约同时，将该进口货物、相同或者类似进口货物在第一级销售环节销售给无特殊关系买方最大销售总量的单位价格，但应当扣除本条例第二十二条规定的项目。

（四）按照下列各项总和计算的价格：生产该货物所使用的料件成本和加工费用，向中华人民共和国境内销售同等级或者同种类货物通常的利润和一般费用，该货物运抵境内输入地点起卸前的运输及其相关费用、保险费。

（五）以合理方法估定的价格。

纳税义务人向海关提供有关资料后，可以提出申请，颠倒前款第（三）项和第（四）项的适用次序。

第二十二条 按照本条例第二十一条第一款第（三）项规定估定完税价格，应当扣除的项目是指：

（一）同等级或者同种类货物在中华人民共和国境内第一级销售环节销售时通常的利润和一般费用以及通常支付的佣金；

（二）进口货物运抵境内输入地点起卸后的运输及其相关费用、保险费；

（三）进口关税及国内税收。

第二十三条 以租赁方式进口的货物，以海关审查确定的该货物的租金作为完税价格。

纳税义务人要求一次性缴纳税款的，纳税义务人可以选择按照本条例第二十一条的规定估定完税价格，或者按照海关审查确定的租金总额作为完税价格。

第二十四条 运往境外加工的货物，出境时已向海关报明并在海关规定的期限内复运进境的，应当以境外加工费和料件费以及复运进境的运输及其相关费用和保险费审查确定完税价格。

第二十五条 运往境外修理的机械器具、运输工具或者其他货物，出境时已向海关报明并在海关规定的期限内复运进境的，应当以境外修理费和料件费审查确定完税价格。

第二十六条 出口货物的完税价格由海关以该货物的成交价格以及该货物运至中华人民共和国境内输出地点装载前的运输及其相关费用、保险费为基础审查确定。

出口货物的成交价格，是指该货物出口时卖方为出口该货物应当向买方直接收取和间接收取的价款总额。

出口关税不计入完税价格。

第二十七条 出口货物的成交价格不能确定的，海关经了解有关情况，并与纳税义务人进行价格磋商后，依次以下列价格估定该货物的完税价格：

（一）与该货物同时或者大约同时向同一国家或者地区出口的相同货物的成交价格。

（二）与该货物同时或者大约同时向同一国家或者地区出口的类似货物的成交价格。

（三）按照下列各项总和计算的价格：境内生产相同或者类似货物的料件成本、加工费用，通常的利润和一般费用，境内发生的运输及其相关费用、保险费。

（四）以合理方法估定的价格。

第二十八条 按照本条例规定计入或者不计入完税价格的成本、费用、税收，应当以客观、可量化的数据为依据。

第四章　进出口货物关税的征收

第二十九条　进口货物的纳税义务人应当自运输工具申报进境之日起 14 日内，出口货物的纳税义务人除海关特准的外，应当在货物运抵海关监管区后、装货的 24 小时以前，向货物的进出境地海关申报。进出口货物转关运输的，按照海关总署的规定执行。

进口货物到达前，纳税义务人经海关核准可以先行申报。具体办法由海关总署另行规定。

第三十条　纳税义务人应当依法如实向海关申报，并按照海关的规定提供有关确定完税价格、进行商品归类、确定原产地以及采取反倾销、反补贴或者保障措施等所需的资料；必要时，海关可以要求纳税义务人补充申报。

第三十一条　纳税义务人应当按照《税则》规定的目录条文和归类总规则、类注、章注、子目注释以及其他归类注释，对其申报的进出口货物进行商品归类，并归入相应的税则号列；海关应当依法审核确定该货物的商品归类。

第三十二条　海关可以要求纳税义务人提供确定商品归类所需的有关资料；必要时，海关可以组织化验、检验，并将海关认定的化验、检验结果作为商品归类的依据。

第三十三条　海关为审查申报价格的真实性和准确性，可以查阅、复制与进出口货物有关的合同、发票、账册、结付汇凭证、单据、业务函电、录音录像制品和其他反映买卖双方关系及交易活动的资料。

海关对纳税义务人申报的价格有怀疑并且所涉关税数额较大的，经直属海关关长或者其授权的隶属海关关长批准，凭海关总署统一格式的协助查询账户通知书及有关工作人员的工作证件，可以查询纳税义务人在银行或者其他金融机构开立的单位账户的资金往来情况，并向银行业监督管理机构通报有关情况。

第三十四条　海关对纳税义务人申报的价格有怀疑的，应当将怀疑的理由书面告知纳税义务人，要求其在规定的期限内书面作出说明、提供有关资料。

纳税义务人在规定的期限内未作说明、未提供有关资料的，或者海关仍有理由怀疑申报价格的真实性和准确性的，海关可以不接受纳税义务人申报的价格，并按照本条例第三章的规定估定完税价格。

第三十五条　海关审查确定进出口货物的完税价格后，纳税义务人可以以书面形式要求海关就如何确定其进出口货物的完税价格作出书面说明，海关应当向纳税义务人作出书面说明。

第三十六条　进出口货物关税，以从价计征、从量计征或者国家规定的其他方式征收。

从价计征的计算公式为：应纳税额＝完税价格×关税税率

从量计征的计算公式为：应纳税额＝货物数量×单位税额

第三十七条　纳税义务人应当自海关填发税款缴款书之日起 15 日内向指定银行缴纳税款。纳税义务人未按期缴纳税款的，从滞纳税款之日起，按日加收滞纳税款万分之五的滞纳金。

海关可以对纳税义务人欠缴税款的情况予以公告。

海关征收关税、滞纳金等，应当制发缴款凭证，缴款凭证格式由海关总署规定。

第三十八条 海关征收关税、滞纳金等，应当按人民币计征。

进出口货物的成交价格以及有关费用以外币计价的，以中国人民银行公布的基准汇率折合为人民币计算完税价格；以基准汇率币种以外的外币计价的，按照国家有关规定套算为人民币计算完税价格。适用汇率的日期由海关总署规定。

第三十九条 纳税义务人因不可抗力或者在国家税收政策调整的情形下，不能按期缴纳税款的，经依法提供税款担保后，可以延期缴纳税款，但是最长不得超过6个月。

第四十条 进出口货物的纳税义务人在规定的纳税期限内有明显的转移、藏匿其应税货物以及其他财产迹象的，海关可以责令纳税义务人提供担保；纳税义务人不能提供担保的，海关可以按照《海关法》第六十一条的规定采取税收保全措施。

纳税义务人、担保人自缴纳税款期限届满之日起超过3个月仍未缴纳税款的，海关可以按照《海关法》第六十条的规定采取强制措施。

第四十一条 加工贸易的进口料件按照国家规定保税进口的，其制成品或者进口料件未在规定的期限内出口的，海关按照规定征收进口关税。

加工贸易的进口料件进境时按照国家规定征收进口关税的，其制成品或者进口料件在规定的期限内出口的，海关按照有关规定退还进境时已征收的关税税款。

第四十二条 暂时进境或者暂时出境的下列货物，在进境或者出境时纳税义务人向海关缴纳相当于应纳税款的保证金或者提供其他担保的，可以暂不缴纳关税，并应当自进境或者出境之日起6个月内复运出境或者复运进境；需要延长复运出境或者复运进境期限的，纳税义务人应当根据海关总署的规定向海关办理延期手续：

（一）在展览会、交易会、会议及类似活动中展示或者使用的货物；

（二）文化、体育交流活动中使用的表演、比赛用品；

（三）进行新闻报道或者摄制电影、电视节目使用的仪器、设备及用品；

（四）开展科研、教学、医疗活动使用的仪器、设备及用品；

（五）在本款第（一）项至第（四）项所列活动中使用的交通工具及特种车辆；

（六）货样；

（七）供安装、调试、检测设备时使用的仪器、工具；

（八）盛装货物的容器；

（九）其他用于非商业目的的货物。

第一款所列暂时进境货物在规定的期限内未复运出境的，或者暂时出境货物在规定的期限内未复运进境的，海关应当依法征收关税。

第一款所列可以暂时免征关税范围以外的其他暂时进境货物，应当按照该货物的完税价格和其在境内滞留时间与折旧时间的比例计算征收进口关税。具体办法由海关总署规定。

第四十三条 因品质或者规格原因，出口货物自出口之日起1年内原状复运进境的，不征收进口关税。

因品质或者规格原因，进口货物自进口之日起1年内原状复运出境的，不征收出口关税。

第四十四条 因残损、短少、品质不良或者规格不符原因，由进出口货物的发货人、承运人或者保险公司免费补偿或者更换的相同货物，进出口时不征收关税。被免费更换的原进口货物不退运出境或者原出口货物不退运进境的，海关应当对原进出口货物重新按照规定征收关税。

第四十五条 下列进出口货物，免征关税：
（一）关税税额在人民币 50 元以下的一票货物；
（二）无商业价值的广告品和货样；
（三）外国政府、国际组织无偿赠送的物资；
（四）在海关放行前损失的货物；
（五）进出境运输工具装载的途中必需的燃料、物料和饮食用品。
在海关放行前遭受损坏的货物，可以根据海关认定的受损程度减征关税。
法律规定的其他免征或者减征关税的货物，海关根据规定予以免征或者减征。

第四十六条 特定地区、特定企业或者有特定用途的进出口货物减征或者免征关税，以及临时减征或者免征关税，按照国务院的有关规定执行。

第四十七条 进口货物减征或者免征进口环节海关代征税，按照有关法律、行政法规的规定执行。

第四十八条 纳税义务人进出口减免税货物的，除另有规定外，应当在进出口该货物之前，按照规定持有关文件向海关办理减免税审批手续。经海关审查符合规定的，予以减征或者免征关税。

第四十九条 需由海关监管使用的减免税进口货物，在监管年限内转让或者移作他用需要补税的，海关应当根据该货物进口时间折旧估价，补征进口关税。
特定减免税进口货物的监管年限由海关总署规定。

第五十条 有下列情形之一的，纳税义务人自缴纳税款之日起 1 年内，可以申请退还关税，并应当以书面形式向海关说明理由，提供原缴款凭证及相关资料：
（一）已征进口关税的货物，因品质或者规格原因，原状退货复运出境的；
（二）已征出口关税的货物，因品质或者规格原因，原状退货复运进境，并已重新缴纳因出口而退还的国内环节有关税收的；
（三）已征出口关税的货物，因故未装运出口，申报退关的。
海关应当自受理退税申请之日起 30 日内查实并通知纳税义务人办理退还手续。纳税义务人应当自收到通知之日起 3 个月内办理有关退税手续。
按照其他有关法律、行政法规规定应当退还关税的，海关应当按照有关法律、行政法规的规定退税。

第五十一条 进出口货物放行后，海关发现少征或者漏征税款的，应当自缴纳税款或者货物放行之日起 1 年内，向纳税义务人补征税款。但因纳税义务人违反规定造成少征或者漏征税款的，海关可以自缴纳税款或者货物放行之日起 3 年内追征税款，并从缴纳税款或者货物放行之日起按日加收少征或者漏征税款万分之五的滞纳金。
海关发现海关监管货物因纳税义务人违反规定造成少征或者漏征税款的，应当自纳税义务人应缴纳税款之日起 3 年内追征税款，并从应缴纳税款之日起按日加收少征或者漏征税款万分之五的滞纳金。

第五十二条　海关发现多征税款的，应当立即通知纳税义务人办理退还手续。

纳税义务人发现多缴税款的，自缴纳税款之日起1年内，可以以书面形式要求海关退还多缴的税款并加算银行同期活期存款利息；海关应当自受理退税申请之日起30日内查实并通知纳税义务人办理退还手续。

纳税义务人应当自收到通知之日起3个月内办理有关退税手续。

第五十三条　按照本条例第五十条、第五十二条的规定退还税款、利息涉及从国库中退库的，按照法律、行政法规有关国库管理的规定执行。

第五十四条　报关企业接受纳税义务人的委托，以纳税义务人的名义办理报关纳税手续，因报关企业违反规定而造成海关少征、漏征税款的，报关企业对少征或者漏征的税款、滞纳金与纳税义务人承担纳税的连带责任。

报关企业接受纳税义务人的委托，以报关企业的名义办理报关纳税手续的，报关企业与纳税义务人承担纳税的连带责任。

除不可抗力外，在保管海关监管货物期间，海关监管货物损毁或者灭失的，对海关监管货物负有保管义务的人应当承担相应的纳税责任。

第五十五条　欠税的纳税义务人，有合并、分立情形的，在合并、分立前，应当向海关报告，依法缴清税款。纳税义务人合并时未缴清税款的，由合并后的法人或者其他组织继续履行未履行的纳税义务；纳税义务人分立时未缴清税款的，分立后的法人或者其他组织对未履行的纳税义务承担连带责任。

纳税义务人在减免税货物、保税货物监管期间，有合并、分立或者其他资产重组情形的，应当向海关报告。按照规定需要缴税的，应当依法缴清税款；按照规定可以继续享受减免税、保税待遇的，应当到海关办理变更纳税义务人的手续。

纳税义务人欠税或者在减免税货物、保税货物监管期间，有撤销、解散、破产或者其他依法终止经营情形的，应当在清算前向海关报告。海关应当依法对纳税义务人的应缴税款予以清缴。

第五章　进境物品进口税的征收

第五十六条　进境物品的关税以及进口环节海关代征税合并为进口税，由海关依法征收。

第五十七条　海关总署规定数额以内的个人自用进境物品，免征进口税。

超过海关总署规定数额但仍在合理数量以内的个人自用进境物品，由进境物品的纳税义务人在进境物品放行前按照规定缴纳进口税。

超过合理、自用数量的进境物品应当按照进口货物依法办理相关手续。

国务院关税税则委员会规定按货物征税的进境物品，按照本条例第二章至第四章的规定征收关税。

第五十八条　进境物品的纳税义务人是指，携带物品进境的入境人员、进境邮递物品的收件人以及以其他方式进口物品的收件人。

第五十九条　进境物品的纳税义务人可以自行办理纳税手续，也可以委托他人办理纳税手续。接受委托的人应当遵守本章对纳税义务人的各项规定。

第六十条 进口税从价计征。

进口税的计算公式为：进口税税额=完税价格×进口税税率

第六十一条 海关应当按照《进境物品进口税税率表》及海关总署制定的《中华人民共和国进境物品归类表》、《中华人民共和国进境物品完税价格表》对进境物品进行归类、确定完税价格和确定适用税率。

第六十二条 进境物品，适用海关填发税款缴款书之日实施的税率和完税价格。

第六十三条 进口税的减征、免征、补征、追征、退还以及对暂准进境物品征收进口税参照本条例对货物征收进口关税的有关规定执行。

第六章 附 则

第六十四条 纳税义务人、担保人对海关确定纳税义务人、确定完税价格、商品归类、确定原产地、适用税率或者汇率、减征或者免征税款、补税、退税、征收滞纳金、确定计征方式以及确定纳税地点有异议的，应当缴纳税款，并可以依法向上一级海关申请复议。对复议决定不服的，可以依法向人民法院提起诉讼。

第六十五条 进口环节海关代征税的征收管理，适用关税征收管理的规定。

第六十六条 有违反本条例规定行为的，按照《海关法》、《中华人民共和国海关行政处罚实施条例》和其他有关法律、行政法规的规定处罚。

第六十七条 本条例自2004年1月1日起施行。1992年3月18日国务院修订发布的《中华人民共和国进出口关税条例》同时废止。

中华人民共和国海关审定进出口货物完税价格办法

（海关总署令第213号）

（2013年12月9日海关总署署务会议审议通过，自2014年2月1日起施行）

第一章 总 则

第一条 为了正确审查确定进出口货物的完税价格，根据《中华人民共和国海关法》（以下简称《海关法》）、《中华人民共和国进出口关税条例》的规定，制定本办法。

第二条 海关审查确定进出口货物的完税价格，应当遵循客观、公平、统一的原则。

第三条 海关审查确定进出口货物的完税价格，适用本办法。

内销保税货物完税价格的确定，准许进口的进境旅客行李物品、个人邮递物品以及其他个人自用物品的完税价格的确定，涉嫌走私的进出口货物、物品的计税价格的核定，不适用本办法。

第四条 海关应当按照国家有关规定，妥善保管纳税义务人提供的涉及商业秘密的资料，除法律、行政法规另有规定外，不得对外提供。

纳税义务人可以书面向海关提出为其保守商业秘密的要求，并且具体列明需要保密的内容，但是不得以商业秘密为理由拒绝向海关提供有关资料。

第二章 进口货物的完税价格

第一节 进口货物完税价格确定方法

第五条 进口货物的完税价格，由海关以该货物的成交价格为基础审查确定，并且应当包括货物运抵中华人民共和国境内输入地点起卸前的运输及其相关费用、保险费。

第六条 进口货物的成交价格不符合本章第二节规定的，或者成交价格不能确定的，海关经了解有关情况，并且与纳税义务人进行价格磋商后，依次以下列方法审查确定该货物的完税价格：

（一）相同货物成交价格估价方法；

（二）类似货物成交价格估价方法；

（三）倒扣价格估价方法；

（四）计算价格估价方法；

（五）合理方法。

纳税义务人向海关提供有关资料后，可以提出申请，颠倒前款第三项和第四项的适用次序。

第二节 成交价格估价方法

第七条 进口货物的成交价格，是指卖方向中华人民共和国境内销售该货物时买方为进口该货物向卖方实付、应付的，并且按照本章第三节的规定调整后的价款总额，包括直接支付的价款和间接支付的价款。

第八条 进口货物的成交价格应当符合下列条件：

（一）对买方处置或者使用进口货物不予限制，但是法律、行政法规规定实施的限制、对货物销售地域的限制和对货物价格无实质性影响的限制除外；

（二）进口货物的价格不得受到使该货物成交价格无法确定的条件或者因素的影响；

（三）卖方不得直接或者间接获得因买方销售、处置或者使用进口货物而产生的任何收益，或者虽然有收益但是能够按照本办法第十一条第一款第四项的规定做出调整；

（四）买卖双方之间没有特殊关系，或者虽然有特殊关系但是按照本办法第十七条、第十八条的规定未对成交价格产生影响。

第九条 有下列情形之一的，应当视为对买方处置或者使用进口货物进行了限制：

（一）进口货物只能用于展示或者免费赠送的；

（二）进口货物只能销售给指定第三方的；

（三）进口货物加工为成品后只能销售给卖方或者指定第三方的；

（四）其他经海关审查，认定买方对进口货物的处置或者使用受到限制的。

第十条 有下列情形之一的，应当视为进口货物的价格受到了使该货物成交价格无法确定的条件或者因素的影响：

（一）进口货物的价格是以买方向卖方购买一定数量的其他货物为条件而确定的；

（二）进口货物的价格是以买方向卖方销售其他货物为条件而确定的；

（三）其他经海关审查，认定货物的价格受到使该货物成交价格无法确定的条件或者因素影响的。

第三节 成交价格的调整项目

第十一条 以成交价格为基础审查确定进口货物的完税价格时，未包括在该货物实付、应付价格中的下列费用或者价值应当计入完税价格：

（一）由买方负担的下列费用：

1. 除购货佣金以外的佣金和经纪费；
2. 与该货物视为一体的容器费用；
3. 包装材料费用和包装劳务费用。

（二）与进口货物的生产和向中华人民共和国境内销售有关的，由买方以免费或者以低于成本的方式提供，并且可以按适当比例分摊的下列货物或者服务的价值：

1. 进口货物包含的材料、部件、零件和类似货物；
2. 在生产进口货物过程中使用的工具、模具和类似货物；
3. 在生产进口货物过程中消耗的材料；
4. 在境外进行的为生产进口货物所需的工程设计、技术研发、工艺及制图等相关服务。

（三）买方需向卖方或者有关方直接或者间接支付的特许权使用费，但是符合下列情形之一的除外：

1. 特许权使用费与该货物无关；
2. 特许权使用费的支付不构成该货物向中华人民共和国境内销售的条件。

（四）卖方直接或者间接从买方对该货物进口后销售、处置或者使用所得中获得的收益。

纳税义务人应当向海关提供本条所述费用或者价值的客观量化数据资料。纳税义务人不能提供的，海关与纳税义务人进行价格磋商后，按照本办法第六条列明的方法审查确定完税价格。

第十二条 在根据本办法第十一条第一款第二项确定应当计入进口货物完税价格的货物价值时，应当按照下列方法计算有关费用：

（一）由买方从与其无特殊关系的第三方购买的，应当计入的价值为购入价格；

（二）由买方自行生产或者从有特殊关系的第三方获得的，应当计入的价值为生产成本；

（三）由买方租赁获得的，应当计入的价值为买方承担的租赁成本；

（四）生产进口货物过程中使用的工具、模具和类似货物的价值，应当包括其工程设计、技术研发、工艺及制图等费用。

如果货物在被提供给卖方前已经被买方使用过，应当计入的价值为根据国内公认的会计原则对其进行折旧后的价值。

第十三条　符合下列条件之一的特许权使用费，应当视为与进口货物有关：

（一）特许权使用费是用于支付专利权或者专有技术使用权，且进口货物属于下列情形之一的：

1. 含有专利或者专有技术的；
2. 用专利方法或者专有技术生产的；
3. 为实施专利或者专有技术而专门设计或者制造的。

（二）特许权使用费是用于支付商标权，且进口货物属于下列情形之一的：

1. 附有商标的；
2. 进口后附上商标直接可以销售的；
3. 进口时已含有商标权，经过轻度加工后附上商标即可以销售的。

（三）特许权使用费是用于支付著作权，且进口货物属于下列情形之一的：

1. 含有软件、文字、乐曲、图片、图像或者其他类似内容的进口货物，包括磁带、磁盘、光盘或者其他类似载体的形式；
2. 含有其他享有著作权内容的进口货物。

（四）特许权使用费是用于支付分销权、销售权或者其他类似权利，且进口货物属于下列情形之一的：

1. 进口后可以直接销售的；
2. 经过轻度加工即可以销售的。

第十四条　买方不支付特许权使用费则不能购得进口货物，或者买方不支付特许权使用费则该货物不能以合同议定的条件成交的，应当视为特许权使用费的支付构成进口货物向中华人民共和国境内销售的条件。

第十五条　进口货物的价款中单独列明的下列税收、费用，不计入该货物的完税价格：

（一）厂房、机械或者设备等货物进口后发生的建设、安装、装配、维修或者技术援助费用，但是保修费用除外；

（二）进口货物运抵中华人民共和国境内输入地点起卸后发生的运输及其相关费用、保险费；

（三）进口关税、进口环节海关代征税及其他国内税；

（四）为在境内复制进口货物而支付的费用；

（五）境内外技术培训及境外考察费用。

同时符合下列条件的利息费用不计入完税价格：

（一）利息费用是买方为购买进口货物而融资所产生的；

（二）有书面的融资协议的；

（三）利息费用单独列明的；

（四）纳税义务人可以证明有关利率不高于在融资当时当地此类交易通常应当具有的利率水平，且没有融资安排的相同或者类似进口货物的价格与进口货物的实付、应付价格非常接近的。

第四节 特殊关系

第十六条 有下列情形之一的，应当认为买卖双方存在特殊关系：

（一）买卖双方为同一家族成员的；

（二）买卖双方互为商业上的高级职员或者董事的；

（三）一方直接或者间接地受另一方控制的；

（四）买卖双方都直接或者间接地受第三方控制的；

（五）买卖双方共同直接或者间接地控制第三方的；

（六）一方直接或者间接地拥有、控制或者持有对方5%以上（含5%）公开发行的有表决权的股票或者股份的；

（七）一方是另一方的雇员、高级职员或者董事的；

（八）买卖双方是同一合伙的成员的。

买卖双方在经营上相互有联系，一方是另一方的独家代理、独家经销或者独家受让人，如果符合前款的规定，也应当视为存在特殊关系。

第十七条 买卖双方之间存在特殊关系，但是纳税义务人能证明其成交价格与同时或者大约同时发生的下列任何一款价格相近的，应当视为特殊关系未对进口货物的成交价格产生影响：

（一）向境内无特殊关系的买方出售的相同或者类似进口货物的成交价格；

（二）按照本办法第二十三条的规定所确定的相同或者类似进口货物的完税价格；

（三）按照本办法第二十五条的规定所确定的相同或者类似进口货物的完税价格。

海关在使用上述价格进行比较时，应当考虑商业水平和进口数量的不同，以及买卖双方有无特殊关系造成的费用差异。

第十八条 海关经对与货物销售有关的情况进行审查，认为符合一般商业惯例的，可以确定特殊关系未对进口货物的成交价格产生影响。

第五节 除成交价格估价方法以外的其他估价方法

第十九条 相同货物成交价格估价方法，是指海关以与进口货物同时或者大约同时向中华人民共和国境内销售的相同货物的成交价格为基础，审查确定进口货物的完税价格的估价方法。

第二十条 类似货物成交价格估价方法，是指海关以与进口货物同时或者大约同时向中华人民共和国境内销售的类似货物的成交价格为基础，审查确定进口货物的完税价格的估价方法。

第二十一条 按照相同或者类似货物成交价格估价方法的规定审查确定进口货物的完税价格时，应当使用与该货物具有相同商业水平且进口数量基本一致的相同或者类似货物的成交价格。使用上述价格时，应当以客观量化的数据资料，对该货物与相同或者类似货物之间由于运输距离和运输方式不同而在成本和其他费用方面产生的差异进行调整。

在没有前款所述的相同或者类似货物的成交价格的情况下，可以使用不同商业水平或者不同进口数量的相同或者类似货物的成交价格。使用上述价格时，应当以客观量化的数据资料，对因商业水平、进口数量、运输距离和运输方式不同而在价格、成本和其他费用方面产生的差异做出调整。

第二十二条 按照相同或者类似货物成交价格估价方法审查确定进口货物的完税价格时，应当首先使用同一生产商生产的相同或者类似货物的成交价格。

没有同一生产商生产的相同或者类似货物的成交价格的，可以使用同一生产国或者地区其他生产商生产的相同或者类似货物的成交价格。

如果有多个相同或者类似货物的成交价格，应当以最低的成交价格为基础审查确定进口货物的完税价格。

第二十三条 倒扣价格估价方法，是指海关以进口货物、相同或者类似进口货物在境内的销售价格为基础，扣除境内发生的有关费用后，审查确定进口货物完税价格的估价方法。该销售价格应当同时符合下列条件：

（一）是在该货物进口的同时或者大约同时，将该货物、相同或者类似进口货物在境内销售的价格；

（二）是按照货物进口时的状态销售的价格；

（三）是在境内第一销售环节销售的价格；

（四）是向境内无特殊关系方销售的价格；

（五）按照该价格销售的货物合计销售总量最大。

第二十四条 按照倒扣价格估价方法审查确定进口货物完税价格的，下列各项应当扣除：

（一）同等级或者同种类货物在境内第一销售环节销售时，通常的利润和一般费用（包括直接费用和间接费用）以及通常支付的佣金；

（二）货物运抵境内输入地点起卸后的运输及其相关费用、保险费；

（三）进口关税、进口环节海关代征税及其他国内税。

如果该货物、相同或者类似货物没有按照进口时的状态在境内销售，应纳税义务人要求，可以在符合本办法第二十三条规定的其他条件的情形下，使用经进一步加工后的货物的销售价格审查确定完税价格，但是应当同时扣除加工增值额。

前款所述的加工增值额应当依据与加工成本有关的客观量化数据资料、该行业公认的标准、计算方法及其他的行业惯例计算。

按照本条的规定确定扣除的项目时，应当使用与国内公认的会计原则相一致的原则和方法。

第二十五条 计算价格估价方法，是指海关以下列各项的总和为基础，审查确定进口货物完税价格的估价方法：

（一）生产该货物所使用的料件成本和加工费用；

（二）向境内销售同等级或者同种类货物通常的利润和一般费用（包括直接费用和间接费用）；

（三）该货物运抵境内输入地点起卸前的运输及相关费用、保险费。

按照前款的规定审查确定进口货物的完税价格时，海关在征得境外生产商同意并且提前通知有关国家或者地区政府后，可以在境外核实该企业提供的有关资料。

按照本条第一款的规定确定有关价值或者费用时，应当使用与生产国或者地区公认的会计原则相一致的原则和方法。

第二十六条 合理方法，是指当海关不能根据成交价格估价方法、相同货物成交价格估价方法、类似货物成交价格估价方法、倒扣价格估价方法和计算价格估价方法确定完税价格时，海关根据本办法第二条规定的原则，以客观量化的数据资料为基础审查确定进口货物完税价格的估价方法。

第二十七条 海关在采用合理方法确定进口货物的完税价格时，不得使用以下价格：

（一）境内生产的货物在境内的销售价格；

（二）可供选择的价格中较高的价格；

（三）货物在出口地市场的销售价格；

（四）以本办法第二十五条规定之外的价值或者费用计算的相同或者类似货物的价格；

（五）出口到第三国或者地区的货物的销售价格；

（六）最低限价或者武断、虚构的价格。

第三章 特殊进口货物的完税价格

第二十八条 运往境外修理的机械器具、运输工具或者其他货物，出境时已向海关报明，并且在海关规定的期限内复运进境的，应当以境外修理费和料件费为基础审查确定完税价格。

出境修理货物复运进境超过海关规定期限的，由海关按照本办法第二章的规定审查确定完税价格。

第二十九条 运往境外加工的货物，出境时已向海关报明，并且在海关规定期限内复运进境的，应当以境外加工费和料件费以及该货物复运进境的运输及其相关费用、保险费为基础审查确定完税价格。

出境加工货物复运进境超过海关规定期限的，由海关按照本办法第二章的规定审查确定完税价格。

第三十条 经海关批准的暂时进境货物，应当缴纳税款的，由海关按照本办法第二章的规定审查确定完税价格。经海关批准留购的暂时进境货物，以海关审查确定的留购价格作为完税价格。

第三十一条 租赁方式进口的货物，按照下列方法审查确定完税价格：

（一）以租金方式对外支付的租赁货物，在租赁期间以海关审查确定的租金作为完税价格，利息应当予以计入；

（二）留购的租赁货物以海关审查确定的留购价格作为完税价格；

（三）纳税义务人申请一次性缴纳税款的，可以选择申请按照本办法第六条列明的方法确定完税价格，或者按照海关审查确定的租金总额作为完税价格。

第三十二条 减税或者免税进口的货物应当补税时，应当以海关审查确定的该货物原进口时的价格，扣除折旧部分价值作为完税价格，其计算公式如下：

$$完税价格 = 海关审查确定的该货物原进口时的价格 \times \left[1 - \frac{补税时实际已进口的时间（月）}{监管年限 \times 12} \right]$$

上述计算公式中"补税时实际已进口的时间"按月计算，不足1个月但是超过15日的，按照1个月计算；不超过15日的，不予计算。

第三十三条　易货贸易、寄售、捐赠、赠送等不存在成交价格的进口货物，海关与纳税义务人进行价格磋商后，按照本办法第六条列明的方法审查确定完税价格。

第三十四条　进口载有专供数据处理设备用软件的介质，具有下列情形之一的，应当以介质本身的价值或者成本为基础审查确定完税价格：

（一）介质本身的价值或者成本与所载软件的价值分列；

（二）介质本身的价值或者成本与所载软件的价值虽未分列，但是纳税义务人能够提供介质本身的价值或者成本的证明文件，或者能提供所载软件价值的证明文件。

含有美术、摄影、声音、图像、影视、游戏、电子出版物的介质不适用前款规定。

第四章　进口货物完税价格中的运输及其相关费用、保险费的计算

第三十五条　进口货物的运输及其相关费用，应当按照由买方实际支付或者应当支付的费用计算。如果进口货物的运输及其相关费用无法确定的，海关应当按照该货物进口同期的正常运输成本审查确定。

运输工具作为进口货物，利用自身动力进境的，海关在审查确定完税价格时，不再另行计入运输及其相关费用。

第三十六条　进口货物的保险费，应当按照实际支付的费用计算。如果进口货物的保险费无法确定或者未实际发生，海关应当按照"货价加运费"两者总额的3‰计算保险费，其计算公式如下：

保险费＝（货价＋运费）×3‰

第三十七条　邮运进口的货物，应当以邮费作为运输及其相关费用、保险费。

第五章　出口货物的完税价格

第三十八条　出口货物的完税价格由海关以该货物的成交价格为基础审查确定，并且应当包括货物运至中华人民共和国境内输出地点装载前的运输及其相关费用、保险费。

第三十九条　出口货物的成交价格，是指该货物出口销售时，卖方为出口该货物应当向买方直接收取和间接收取的价款总额。

第四十条　下列税收、费用不计入出口货物的完税价格：

（一）出口关税；

（二）在货物价款中单独列明的货物运至中华人民共和国境内输出地点装载后的运输及其相关费用、保险费。

第四十一条　出口货物的成交价格不能确定的，海关经了解有关情况，并且与纳税义务人进行价格磋商后，依次以下列价格审查确定该货物的完税价格：

（一）同时或者大约同时向同一国家或者地区出口的相同货物的成交价格；

（二）同时或者大约同时向同一国家或者地区出口的类似货物的成交价格；

（三）根据境内生产相同或者类似货物的成本、利润和一般费用（包括直接费用和

间接费用）、境内发生的运输及其相关费用、保险费计算所得的价格；

（四）按照合理方法估定的价格。

第六章　完税价格的审查确定

第四十二条　纳税义务人向海关申报时，应当按照本办法的有关规定，如实向海关提供发票、合同、提单、装箱清单等单证。

根据海关要求，纳税义务人还应当如实提供与货物买卖有关的支付凭证以及证明申报价格真实、准确的其他商业单证、书面资料和电子数据。

货物买卖中发生本办法第二章第三节所列的价格调整项目的，或者发生本办法三十五条所列的运输及其相关费用的，纳税义务人应当如实向海关申报。

前款规定的价格调整项目或者运输及其相关费用如果需要分摊计算的，纳税义务人应当根据客观量化的标准进行分摊，并且同时向海关提供分摊的依据。

第四十三条　海关为审查申报价格的真实性、准确性，可以行使下列职权进行价格核查：

（一）查阅、复制与进出口货物有关的合同、发票、账册、结付汇凭证、单据、业务函电、录音录像制品和其他反映买卖双方关系及交易活动的商业单证、书面资料和电子数据；

（二）向进出口货物的纳税义务人及与其有资金往来或者有其他业务往来的公民、法人或者其他组织调查与进出口货物价格有关的问题；

（三）对进出口货物进行查验或者提取货样进行检验或者化验；

（四）进入纳税义务人的生产经营场所、货物存放场所，检查与进出口活动有关的货物和生产经营情况；

（五）经直属海关关长或者其授权的隶属海关关长批准，凭《中华人民共和国海关账户查询通知书》（见附件1）及有关海关工作人员的工作证件，可以查询纳税义务人在银行或者其他金融机构开立的单位账户的资金往来情况，并且向银行业监督管理机构通报有关情况；

（六）向税务部门查询了解与进出口货物有关的缴纳国内税情况。

海关在行使前款规定的各项职权时，纳税义务人及有关公民、法人或者其他组织应当如实反映情况，提供有关书面资料和电子数据，不得拒绝、拖延和隐瞒。

第四十四条　海关对申报价格的真实性、准确性有疑问时，或者认为买卖双方之间的特殊关系影响成交价格时，应当制发《中华人民共和国海关价格质疑通知书》（以下简称价格质疑通知书，见附件2），将质疑的理由书面告知纳税义务人或者其代理人，纳税义务人或者其代理人应当自收到价格质疑通知书之日起5个工作日内，以书面形式提供相关资料或者其他证据，证明其申报价格真实、准确或者双方之间的特殊关系未影响成交价格。

纳税义务人或者其代理人确有正当理由无法在规定时间内提供前款资料的，可以在规定期限届满前以书面形式向海关申请延期。

除特殊情况外，延期不得超过10个工作日。

第四十五条　海关制发价格质疑通知书后，有下列情形之一的，海关与纳税义务人进行价格磋商后，按照本办法第六条或者第四十一条列明的方法审查确定进出口货物的完税价格：

（一）纳税义务人或者其代理人在海关规定期限内，未能提供进一步说明的；

（二）纳税义务人或者其代理人提供有关资料、证据后，海关经审核其所提供的资料、证据，仍然有理由怀疑申报价格的真实性、准确性的；

（三）纳税义务人或者其代理人提供有关资料、证据后，海关经审核其所提供的资料、证据，仍然有理由认为买卖双方之间的特殊关系影响成交价格的。

第四十六条 海关经过审查认为进口货物无成交价格的，可以不进行价格质疑，经与纳税义务人进行价格磋商后，按照本办法第六条列明的方法审查确定完税价格。

海关经过审查认为出口货物无成交价格的，可以不进行价格质疑，经与纳税义务人进行价格磋商后，按照本办法第四十一条列明的方法审查确定完税价格。

第四十七条 按照本办法规定需要价格磋商的，海关应当依法向纳税义务人制发《中华人民共和国海关价格磋商通知书》（见附件3）。纳税义务人应当自收到通知之日起5个工作日内与海关进行价格磋商。纳税义务人在海关规定期限内与海关进行价格磋商的，海关应当制作《中华人民共和国海关价格磋商纪录表》（见附件4）。

纳税义务人未在通知规定的时限内与海关进行磋商的，视为其放弃价格磋商的权利，海关可以直接使用本办法第六条或者第四十一条列明的方法审查确定进出口货物的完税价格。

第四十八条 对符合下列情形之一的，经纳税义务人书面申请，海关可以不进行价格质疑以及价格磋商，按照本办法第六条或者第四十一条列明的方法审查确定进出口货物的完税价格：

（一）同一合同项下分批进出口的货物，海关对其中一批货物已经实施估价的；

（二）进出口货物的完税价格在人民币10万元以下或者关税及进口环节海关代征税总额在人民币2万元以下的；

（三）进出口货物属于危险品、鲜活品、易腐品、易失效品、废品、旧品等的。

第四十九条 海关审查确定进出口货物的完税价格期间，纳税义务人可以在依法向海关提供担保后，先行提取货物。

第五十条 海关审查确定进出口货物的完税价格后，纳税义务人可以提出书面申请，要求海关就如何确定其进出口货物的完税价格做出书面说明。海关应当根据要求出具《中华人民共和国海关估价告知书》（见附件5）。

第七章　附　则

第五十一条 本办法中下列用语的含义：

境内，是指中华人民共和国海关关境内。

完税价格，是指海关在计征关税时使用的计税价格。

买方，是指通过履行付款义务，购入货物，并且为此承担风险，享有收益的自然人、法人或者其他组织。其中进口货物的买方是指向中华人民共和国境内购入进口货物的买方。

卖方，是指销售货物的自然人、法人或者其他组织。其中进口货物的卖方是指向中华人民共和国境内销售进口货物的卖方。

向中华人民共和国境内销售,是指将进口货物实际运入中华人民共和国境内,货物的所有权和风险由卖方转移给买方,买方为此向卖方支付价款的行为。

实付、应付价格,是指买方为购买进口货物而直接或者间接支付的价款总额,即作为卖方销售进口货物的条件,由买方向卖方或者为履行卖方义务向第三方已经支付或者将要支付的全部款项。

间接支付,是指买方根据卖方的要求,将货款全部或者部分支付给第三方,或者冲抵买卖双方之间的其他资金往来的付款方式。

购货佣金,是指买方为购买进口货物向自己的采购代理人支付的劳务费用。

经纪费,是指买方为购买进口货物向代表买卖双方利益的经纪人支付的劳务费用。

相同货物,是指与进口货物在同一国家或者地区生产的,在物理性质、质量和信誉等所有方面都相同的货物,但是表面的微小差异允许存在。

类似货物,是指与进口货物在同一国家或者地区生产的,虽然不是在所有方面都相同,但是却具有相似的特征,相似的组成材料,相同的功能,并且在商业中可以互换的货物。

大约同时,是指海关接受货物申报之日的大约同时,最长不应当超过前后45日。按照倒扣价格法审查确定进口货物的完税价格时,如果进口货物、相同或者类似货物没有在海关接受进口货物申报之日前后45日内在境内销售,可以将在境内销售的时间延长至接受货物申报之日前后90日内。

公认的会计原则,是指在有关国家或者地区会计核算工作中普遍遵循的原则性规范和会计核算业务的处理方法。包括对货物价值认定有关的权责发生制原则、配比原则、历史成本原则、划分收益性与资本性支出原则等。

特许权使用费,是指进口货物的买方为取得知识产权权利人及权利人有效授权人关于专利权、商标权、专有技术、著作权、分销权或者销售权的许可或者转让而支付的费用。

技术培训费用,是指基于卖方或者与卖方有关的第三方对买方派出的技术人员进行与进口货物有关的技术指导,进口货物的买方支付的培训师资及人员的教学、食宿、交通、医疗保险等其他费用。

软件,是指《计算机软件保护条例》规定的用于数据处理设备的程序和文档。

专有技术,是指以图纸、模型、技术资料和规范等形式体现的尚未公开的工艺流程、配方、产品设计、质量控制、检测以及营销管理等方面的知识、经验、方法和诀窍等。

轻度加工,是指稀释、混合、分类、简单装配、再包装或者其他类似加工。

同等级或者同种类货物,是指由特定产业或者产业部门生产的一组或者一系列货物中的货物,包括相同货物或者类似货物。

介质,是指磁带、磁盘、光盘。

价格核查,是指海关为确定进出口货物的完税价格,依法行使本办法第四十三条规定的职权,通过审查单证、核实数据、核对实物及相关账册等方法,对进出口货物申报成交价格的真实性、准确性以及买卖双方之间是否存在特殊关系影响成交价格进行的审查。

价格磋商,是指海关在使用除成交价格以外的估价方法时,在保守商业秘密的基础上,与纳税义务人交换彼此掌握的用于确定完税价格的数据资料的行为。

起卸前,是指货物起卸行为开始之前。

装载前,是指货物装载行为开始之前。

第五十二条 纳税义务人对海关确定完税价格有异议的,应当按照海关作出的相关行政决定依法缴纳税款,并且可以依法向上一级海关申请复议。对复议决定不服的,可以依法向人民法院提起行政诉讼。

第五十三条 违反本办法规定,构成走私行为、违反海关监管规定行为或者其他违反《海关法》行为的,由海关依照《海关法》和《中华人民共和国海关行政处罚实施条例》的有关规定予以处理;构成犯罪的,依法追究刑事责任。

第五十四条 本办法由海关总署负责解释。

第五十五条 本办法自 2014 年 2 月 1 日起施行。2006 年 3 月 28 日海关总署令第 148 号发布的《中华人民共和国海关审定进出口货物完税价格办法》同时废止。

中华人民共和国海关审定内销保税货物完税价格办法

(海关总署令第 211 号)

(2013 年 12 月 9 日海关总署署务会议审议通过,自 2014 年 2 月 1 日起施行)

第一条 为了正确审查确定内销保税货物的完税价格,根据《中华人民共和国海关法》、《中华人民共和国进出口关税条例》及其他有关法律、行政法规的规定,制定本办法。

第二条 海关审查确定内销保税货物完税价格,适用本办法。涉嫌走私的内销保税货物计税价格的核定,不适用本办法。

第三条 内销保税货物的完税价格,由海关以该货物的成交价格为基础审查确定。

第四条 进料加工进口料件或者其制成品(包括残次品)内销时,海关以料件原进口成交价格为基础审查确定完税价格。

属于料件分批进口,并且内销时不能确定料件原进口一一对应批次的,海关可按照同项号、同品名和同税号的原则,以其合同有效期内或电子账册核销周期内已进口料件的成交价格计算所得的加权平均价为基础审查确定完税价格。

合同有效期内或电子账册核销周期内已进口料件的成交价格加权平均价难以计算或者难以确定的,海关以客观可量化的当期进口料件成交价格的加权平均价为基础审查确定完税价格。

第五条 来料加工进口料件或者其制成品(包括残次品)内销时,海关以接受内销申报的同时或者大约同时进口的与料件相同或者类似的保税货物的进口成交价格为基础审查确定完税价格。

第六条 加工企业内销的加工过程中产生的边角料或者副产品，以其内销价格为基础审查确定完税价格。

副产品并非全部使用保税料件生产所得的，海关以保税料件在投入成本核算中所占比重计算结果为基础审查确定完税价格。

按照规定需要以残留价值征税的受灾保税货物，海关以其内销价格为基础审查确定完税价格。按照规定应折算成料件征税的，海关以各项保税料件占构成制成品（包括残次品）全部料件的价值比重计算结果为基础审查确定完税价格。

边角料、副产品和按照规定需要以残留价值征税的受灾保税货物经海关允许采用拍卖方式内销时，海关以其拍卖价格为基础审查确定完税价格。

第七条 深加工结转货物内销时，海关以该结转货物的结转价格为基础审查确定完税价格。

第八条 保税区内企业内销的保税加工进口料件或者其制成品，海关以其内销价格为基础审查确定完税价格。

保税区内企业内销的保税加工制成品中，如果含有从境内采购的料件，海关以制成品所含从境外购入料件的原进口成交价格为基础审查确定完税价格。

保税区内企业内销的保税加工进口料件或者其制成品的完税价格依据本条前两款规定不能确定的，海关以接受内销申报的同时或者大约同时内销的相同或者类似的保税货物的内销价格为基础审查确定完税价格。

第九条 除保税区以外的海关特殊监管区域内企业内销的保税加工料件或者其制成品，以其内销价格为基础审查确定完税价格。

除保税区以外的海关特殊监管区域内企业内销的保税加工料件或者其制成品的内销价格不能确定的，海关以接受内销申报的同时或者大约同时内销的相同或者类似的保税货物的内销价格为基础审查确定完税价格。

除保税区以外的海关特殊监管区域内企业内销的保税加工制成品、相同或者类似的保税货物的内销价格不能确定的，海关以生产该货物的成本、利润和一般费用计算所得的价格为基础审查确定完税价格。

第十条 海关特殊监管区域内企业内销的保税加工过程中产生的边角料、废品、残次品和副产品，以其内销价格为基础审查确定完税价格。

海关特殊监管区域内企业经海关允许采用拍卖方式内销的边角料、废品、残次品和副产品，海关以其拍卖价格为基础审查确定完税价格。

第十一条 海关特殊监管区域、保税监管场所内企业内销的保税物流货物，海关以该货物运出海关特殊监管区域、保税监管场所时的内销价格为基础审查确定完税价格；该内销价格包含的能够单独列明的海关特殊监管区域、保税监管场所内发生的保险费、仓储费和运输及其相关费用，不计入完税价格。

第十二条 海关特殊监管区域内企业内销的研发货物，海关依据本办法第八条、第九条、第十条的规定审查确定完税价格。海关特殊监管区域内企业内销的检测、展示货物，海关依据本办法第十一条的规定审查确定完税价格。

第十三条 内销保税货物的完税价格不能依据本办法第四至十二条规定确定的，

海关依次以下列价格估定该货物的完税价格：

（一）与该货物同时或者大约同时向中华人民共和国境内销售的相同货物的成交价格；

（二）与该货物同时或者大约同时向中华人民共和国境内销售的类似货物的成交价格；

（三）与该货物进口的同时或者大约同时，将该进口货物、相同或者类似进口货物在第一级销售环节销售给无特殊关系买方最大销售总量的单位价格，但应当扣除以下项目：

1. 同等级或者同种类货物在中华人民共和国境内第一级销售环节销售时通常的利润和一般费用以及通常支付的佣金；

2. 进口货物运抵境内输入地点起卸后的运输及其相关费用、保险费；

3. 进口关税及国内税收。

（四）按照下列各项总和计算的价格：生产该货物所使用的料件成本和加工费用，向中华人民共和国境内销售同等级或者同种类货物通常的利润和一般费用，该货物运抵境内输入地点起卸前的运输及其相关费用、保险费；

（五）以合理方法估定的价格。

纳税义务人向海关提供有关资料后，可以提出申请，颠倒前款第三项和第四项的适用次序。

第十四条　本办法中下列用语的含义：

内销保税货物，包括因故转为内销需要征税的加工贸易货物、海关特殊监管区域内货物、保税监管场所内货物和因其他原因需要按照内销征税办理的保税货物，但不包括以下项目：

（一）海关特殊监管区域、保税监管场所内生产性的基础设施建设项目所需的机器、设备和建设所需的基建物资；

（二）海关特殊监管区域、保税监管场所内企业开展生产或综合物流服务所需的机器、设备、模具及其维修用零配件；

（三）海关特殊监管区域、保税监管场所内企业和行政管理机构自用的办公用品、生活消费用品和交通运输工具。

内销价格，是指向国内企业销售保税货物时买卖双方订立的价格，是国内企业为购买保税货物而向卖方（保税企业）实际支付或者应当支付的全部价款，但不包括关税和进口环节海关代征税。

拍卖价格，是指国家注册的拍卖机构对海关核准参与交易的保税货物履行合法有效的拍卖程序，竞买人依拍卖规定获得拍卖标的物的价格。

结转价格，是指深加工结转企业间买卖加工贸易货物时双方订立的价格，是深加工结转转入企业为购买加工贸易货物而向深加工结转转出企业实际支付或者应当支付的全部价款。

第十五条　纳税义务人对海关确定完税价格有异议的，应当按照海关作出的相关行政决定缴纳税款，并可以依法向上一级海关申请复议。对复议决定不服的，可以依法向人民法院提起行政诉讼。

第十六条 违反本办法规定,构成走私或者违反海关监管规定行为的,由海关依照《中华人民共和国海关法》和《中华人民共和国海关行政处罚实施条例》的有关规定予以处理;构成犯罪的,依法追究刑事责任。

第十七条 本办法由海关总署负责解释。

第十八条 本办法自2014年2月1日起施行。

中华人民共和国进出口货物原产地条例

(国务院令第416号)

(2004年8月18日国务院第61次常务会议通过,2004年9月3日国务院令第416号公布,自2005年1月1日起施行)

第一条 为了正确确定进出口货物的原产地,有效实施各项贸易措施,促进对外贸易发展,制定本条例。

第二条 本条例适用于实施最惠国待遇、反倾销和反补贴、保障措施、原产地标记管理、国别数量限制、关税配额等非优惠性贸易措施以及进行政府采购、贸易统计等活动对进出口货物原产地的确定。

实施优惠性贸易措施对进出口货物原产地的确定,不适用本条例。具体办法依照中华人民共和国缔结或者参加的国际条约、协定的有关规定另行制定。

第三条 完全在一个国家(地区)获得的货物,以该国(地区)为原产地;两个以上国家(地区)参与生产的货物,以最后完成实质性改变的国家(地区)为原产地。

第四条 本条例第三条所称完全在一个国家(地区)获得的货物,是指:

(一)在该国(地区)出生并饲养的活的动物;

(二)在该国(地区)野外捕捉、捕捞、搜集的动物;

(三)从该国(地区)的活的动物获得的未经加工的物品;

(四)在该国(地区)收获的植物和植物产品;

(五)在该国(地区)采掘的矿物;

(六)在该国(地区)获得的除本条第(一)项至第(五)项范围之外的其他天然生成的物品;

(七)在该国(地区)生产过程中产生的只能弃置或者回收用作材料的废碎料;

(八)在该国(地区)收集的不能修复或者修理的物品,或者从该物品中回收的零件或者材料;

(九)由合法悬挂该国旗帜的船舶从其领海以外海域获得的海洋捕捞物和其他物品;

(十)在合法悬挂该国旗帜的加工船上加工本条第(九)项所列物品获得的产品;

(十一)从该国领海以外享有专有开采权的海床或者海床底土获得的物品;

（十二）在该国（地区）完全从本条第（一）项至第（十一）项所列物品中生产的产品。

第五条 在确定货物是否在一个国家（地区）完全获得时，不考虑下列微小加工或者处理：

（一）为运输、贮存期间保存货物而作的加工或者处理；

（二）为货物便于装卸而作的加工或者处理；

（三）为货物销售而作的包装等加工或者处理。

第六条 本条例第三条规定的实质性改变的确定标准，以税则归类改变为基本标准；税则归类改变不能反映实质性改变的，以从价百分比、制造或者加工工序等为补充标准。具体标准由海关总署会同商务部、国家质量监督检验检疫总局制定。

本条第一款所称税则归类改变，是指在某一国家（地区）对非该国（地区）原产材料进行制造、加工后，所得货物在《中华人民共和国进出口税则》中某一级的税目归类发生了变化。

本条第一款所称从价百分比，是指在某一国家（地区）对非该国（地区）原产材料进行制造、加工后的增值部分，超过所得货物价值一定的百分比。

本条第一款所称制造或者加工工序，是指在某一国家（地区）进行的赋予制造、加工后所得货物基本特征的主要工序。

世界贸易组织《协调非优惠原产地规则》实施前，确定进出口货物原产地实质性改变的具体标准，由海关总署会同商务部、国家质量监督检验检疫总局根据实际情况另行制定。

第七条 货物生产过程中使用的能源、厂房、设备、机器和工具的原产地，以及未构成货物物质成分或者组成部件的材料的原产地，不影响该货物原产地的确定。

第八条 随所装货物进出口的包装、包装材料和容器，在《中华人民共和国进出口税则》中与该货物一并归类的，该包装、包装材料和容器的原产地不影响所装货物原产地的确定；对该包装、包装材料和容器的原产地不再单独确定，所装货物的原产地即为该包装、包装材料和容器的原产地。

随所装货物进出口的包装、包装材料和容器，在《中华人民共和国进出口税则》中与该货物不一并归类的，依照本条例的规定确定该包装、包装材料和容器的原产地。

第九条 按正常配备的种类和数量随货物进出口的附件、备件、工具和介绍说明性资料，在《中华人民共和国进出口税则》中与该货物一并归类的，该附件、备件、工具和介绍说明性资料的原产地不影响该货物原产地的确定；对该附件、备件、工具和介绍说明性资料的原产地不再单独确定，该货物的原产地即为该附件、备件、工具和介绍说明性资料的原产地。

随货物进出口的附件、备件、工具和介绍说明性资料在《中华人民共和国进出口税则》中虽与该货物一并归类，但超出正常配备的种类和数量的，以及在《中华人民共和国进出口税则》中与该货物不一并归类的，依照本条例的规定确定该附件、备件、工具和介绍说明性资料的原产地。

第十条 对货物所进行的任何加工或者处理，是为了规避中华人民共和国关于反倾销、反补贴和保障措施等有关规定的，海关在确定该货物的原产地时可以不考虑这类加工和处理。

第十一条 进口货物的收货人按照《中华人民共和国海关法》及有关规定办理进口货物的海关申报手续时，应当依照本条例规定的原产地确定标准如实申报进口货物的原产地；同一批货物的原产地不同的，应当分别申报原产地。

第十二条 进口货物进口前，进口货物的收货人或者与进口货物直接相关的其他当事人，在有正当理由的情况下，可以书面申请海关对将要进口的货物的原产地作出预确定决定；申请人应当按照规定向海关提供作出原产地预确定决定所需的资料。

海关应当在收到原产地预确定书面申请及全部必要资料之日起150天内，依照本条例的规定对该进口货物作出原产地预确定决定，并对外公布。

第十三条 海关接受申报后，应当按照本条例的规定审核确定进口货物的原产地。

已作出原产地预确定决定的货物，自预确定决定作出之日起3年内实际进口时，经海关审核其实际进口的货物与预确定决定所述货物相符，且本条例规定的原产地确定标准未发生变化的，海关不再重新确定该进口货物的原产地；经海关审核其实际进口的货物与预确定决定所述货物不相符的，海关应当按照本条例的规定重新审核确定该进口货物的原产地。

第十四条 海关在审核确定进口货物原产地时，可以要求进口货物的收货人提交该进口货物的原产地证书，并予以审验；必要时，可以请求该货物出口国（地区）的有关机构对该货物的原产地进行核查。

第十五条 根据对外贸易经营者提出的书面申请，海关可以依照《中华人民共和国海关法》第四十三条的规定，对将要进口的货物的原产地预先作出确定原产地的行政裁定，并对外公布。

进口相同的货物，应当适用相同的行政裁定。

第十六条 国家对原产地标记实施管理。货物或者其包装上标有原产地标记的，其原产地标记所标明的原产地应当与依照本条例所确定的原产地相一致。

第十七条 出口货物发货人可以向国家质量监督检验检疫总局所属的各地出入境检验检疫机构、中国国际贸易促进委员会及其地方分会（以下简称签证机构），申请领取出口货物原产地证书。

第十八条 出口货物发货人申请领取出口货物原产地证书，应当在签证机构办理注册登记手续，按照规定如实申报出口货物的原产地，并向签证机构提供签发出口货物原产地证书所需的资料。

第十九条 签证机构接受出口货物发货人的申请后，应当按照规定审查确定出口货物的原产地，签发出口货物原产地证书；对不属于原产于中华人民共和国境内的出口货物，应当拒绝签发出口货物原产地证书。

出口货物原产地证书签发管理的具体办法，由国家质量监督检验检疫总局会同国务院其他有关部门、机构另行制定。

第二十条 应出口货物进口国（地区）有关机构的请求，海关、签证机构可以对出口货物的原产地情况进行核查，并及时将核查情况反馈进口国（地区）有关机构。

第二十一条 用于确定货物原产地的资料和信息，除按有关规定可以提供或者经提供该资料和信息的单位、个人的允许，海关、签证机构应当对该资料和信息予以保密。

第二十二条 违反本条例规定申报进口货物原产地的，依照《中华人民共和国对外贸易法》《中华人民共和国海关法》和《中华人民共和国海关行政处罚实施条例》的有关规定进行处罚。

第二十三条 提供虚假材料骗取出口货物原产地证书或者伪造、变造、买卖或者盗窃出口货物原产地证书的，由出入境检验检疫机构、海关处5000元以上10万元以下的罚款；骗取、伪造、变造、买卖或者盗窃作为海关放行凭证的出口货物原产地证书的，处货值金额等值以下的罚款，但货值金额低于5000元的，处5000元罚款。有违法所得的，由出入境检验检疫机构、海关没收违法所得。构成犯罪的，依法追究刑事责任。

第二十四条 进口货物的原产地标记与依照本条例所确定的原产地不一致的，由海关责令改正。

出口货物的原产地标记与依照本条例所确定的原产地不一致的，由海关、出入境检验检疫机构责令改正。

第二十五条 确定进出口货物原产地的工作人员违反本条例规定的程序确定原产地的，或者泄露所知悉的商业秘密的，或者滥用职权、玩忽职守、徇私舞弊的，依法给予行政处分；有违法所得的，没收违法所得；构成犯罪的，依法追究刑事责任。

第二十六条 本条例下列用语的含义：

获得，是指捕捉、捕捞、搜集、收获、采掘、加工或者生产等。

货物原产地，是指依照本条例确定的获得某一货物的国家（地区）。

原产地证书，是指出口国（地区）根据原产地规则和有关要求签发的，明确指出该证中所列货物原产于某一特定国家（地区）的书面文件。

原产地标记，是指在货物或者包装上用来表明该货物原产地的文字和图形。

第二十七条 本条例自2005年1月1日起施行。1992年3月8日国务院发布的《中华人民共和国出口货物原产地规则》、1986年12月6日海关总署发布的《中华人民共和国海关关于进口货物原产地的暂行规定》同时废止。

中华人民共和国海关进出口货物优惠原产地管理规定

（海关总署令第181号）

（2008年12月25日海关总署署务会议审议通过，自2009年3月1日起施行）

第一条 为了正确确定优惠贸易协定项下进出口货物的原产地，规范海关对优惠贸易协定项下进出口货物原产地管理，根据《中华人民共和国海关法》（以下简称《海关法》）、《中华人民共和国进出口关税条例》、《中华人民共和国进出口货物原产地条例》，制定本规定。

第二条　本规定适用于海关对优惠贸易协定项下进出口货物原产地管理。

第三条　从优惠贸易协定成员国或者地区（以下简称成员国或者地区）直接运输进口的货物，符合下列情形之一的，其原产地为该成员国或者地区，适用《中华人民共和国进出口税则》中相应优惠贸易协定对应的协定税率或者特惠税率（以下简称协定税率或者特惠税率）：

（一）完全在该成员国或者地区获得或者生产的；

（二）非完全在该成员国或者地区获得或者生产，但符合本规定第五条、第六条规定的。

第四条　本规定第三条第（一）项所称的"完全在该成员国或者地区获得或者生产"的货物是指：

（一）在该成员国或者地区境内收获、采摘或者采集的植物产品；

（二）在该成员国或者地区境内出生并饲养的活动物；

（三）在该成员国或者地区领土或者领海开采、提取的矿产品；

（四）其他符合相应优惠贸易协定项下完全获得标准的货物。

第五条　本规定第三条第（二）项中，"非完全在该成员国或者地区获得或者生产"的货物，按照相应优惠贸易协定规定的税则归类改变标准、区域价值成分标准、制造加工工序标准或者其他标准确定其原产地。

（一）税则归类改变标准，是指原产于非成员国或者地区的材料在出口成员国或者地区境内进行制造、加工后，所得货物在《商品名称及编码协调制度》中税则归类发生了变化。

（二）区域价值成分标准，是指出口货物船上交货价格（FOB）扣除该货物生产过程中该成员国或者地区非原产材料价格后，所余价款在出口货物船上交货价格（FOB）中所占的百分比。

（三）制造加工工序标准，是指赋予加工后所得货物基本特征的主要工序。

（四）其他标准，是指除上述标准之外，成员国或者地区一致同意采用的确定货物原产地的其他标准。

第六条　原产于优惠贸易协定某一成员国或者地区的货物或者材料在同一优惠贸易协定另一成员国或者地区境内用于生产另一货物，并构成另一货物组成部分的，该货物或者材料应当视为原产于另一成员国或者地区境内。

第七条　为便于装载、运输、储存、销售进行的加工、包装、展示等微小加工或者处理，不影响货物原产地确定。

第八条　运输期间用于保护货物的包装材料及容器不影响货物原产地确定。

第九条　在货物生产过程中使用，本身不构成货物物质成分，也不成为货物组成部件的材料或者物品，其原产地不影响货物原产地确定。

第十条　本规定第三条所称的"直接运输"是指优惠贸易协定项下进口货物从该协定成员国或者地区直接运输至中国境内，途中未经过该协定成员国或者地区以外的其他国家或者地区（以下简称其他国家或者地区）。

原产于优惠贸易协定成员国或者地区的货物，经过其他国家或者地区运输至中国境内，不论在运输途中是否转换运输工具或者作临时储存，同时符合下列条件的，应当视为"直接运输"：

（一）该货物在经过其他国家或者地区时，未做除使货物保持良好状态所必须处理以外的其他处理；

（二）该货物在其他国家或者地区停留的时间未超过相应优惠贸易协定规定的期限；

（三）该货物在其他国家或者地区作临时储存时，处于该国家或者地区海关监管之下。

第十一条　法律、行政法规规定的有权签发出口货物原产地证书的机构（以下简称签证机构）可以签发优惠贸易协定项下出口货物原产地证书。

第十二条　签证机构应依据本规定以及相应优惠贸易协定项下所确定的原产地规则签发出口货物原产地证书。

第十三条　海关总署应当对签证机构是否依照本规定第十二条规定签发优惠贸易协定项下出口货物原产地证书进行监督和检查。

签证机构应当定期向海关总署报送依据本规定第十二条规定签发优惠贸易协定项下出口货物原产地证书的有关情况。

第十四条　货物申报进口时，进口货物收货人或者其代理人应当按照海关的申报规定填制《中华人民共和国海关进口货物报关单》，申明适用协定税率或者特惠税率，并同时提交下列单证：

（一）货物的有效原产地证书正本，或者相关优惠贸易协定规定的原产地声明文件；

（二）货物的商业发票正本、运输单证等其他商业单证。

货物经过其他国家或者地区运输至中国境内，应当提交证明符合本规定第十条第二款规定的联运提单等证明文件；在其他国家或者地区临时储存的，还应当提交该国家或者地区海关出具的证明符合本规定第十条第二款规定的其他文件。

第十五条　进口货物收货人或者其代理人向海关提交的原产地证书应当同时符合下列要求：

（一）符合相应优惠贸易协定关于证书格式、填制内容、签章、提交期限等规定；

（二）与商业发票、报关单等单证的内容相符。

第十六条　原产地申报为优惠贸易协定成员国或者地区的货物，进口货物收货人及其代理人未依照本规定第十四条规定提交原产地证书、原产地声明的，应当在申报进口时就进口货物是否具备相应优惠贸易协定成员国或者地区原产资格向海关进行补充申报（格式见附件）。

第十七条　进口货物收货人或者其代理人依照本规定第十六条规定进行补充申报的，海关可以根据进口货物收货人或者其代理人的申请，按照协定税率或者特惠税率收取等值保证金后放行货物，并按照规定办理进口手续、进行海关统计。

海关认为需要对进口货物收货人或者其代理人提交的原产地证书的真实性、货物是否原产于优惠贸易协定成员国或者地区进行核查的，应当按照该货物适用的最惠国税率、普通税率或者其他税率收取相当于应缴税款的等值保证金后放行货物，并按照规定办理进口手续、进行海关统计。

第十八条　出口货物申报时，出口货物发货人应当按照海关的申报规定填制《中华人民共和国海关出口货物报关单》，并向海关提交原产地证书电子数据或者原产地证书正本的复印件。

第十九条　为确定货物原产地是否与进出口货物收发货人提交的原产地证书及其他申报单证相符，海关可以对进出口货物进行查验，具体程序按照《中华人民共和国海关进出口货物查验管理办法》有关规定办理。

第二十条　优惠贸易协定项下进出口货物及其包装上标有原产地标记的，其原产地标记所标明的原产地应当与依照本规定确定的货物原产地一致。

第二十一条　有下列情形之一的，进口货物不适用协定税率或者特惠税率：

（一）进口货物收货人或者其代理人在货物申报进口时没有提交符合规定的原产地证书、原产地声明，也未就进口货物是否具备原产资格进行补充申报的；

（二）进口货物收货人或者其代理人未提供商业发票、运输单证等其他商业单证，也未提交其他证明符合本规定第十四条规定的文件的；

（三）经查验或者核查，确认货物原产地与申报内容不符，或者无法确定货物真实原产地的；

（四）其他不符合本规定及相应优惠贸易协定规定的情形。

第二十二条　海关认为必要时，可以请求出口成员国或者地区主管机构对优惠贸易协定项下进口货物原产地进行核查。

海关也可以依据相应优惠贸易协定的规定就货物原产地开展核查访问。

第二十三条　海关认为必要时，可以对优惠贸易协定项下出口货物原产地进行核查，以确定其原产地。

应优惠贸易协定成员国或者地区要求，海关可以对出口货物原产地证书或者原产地进行核查，并应当在相应优惠贸易协定规定的期限内反馈核查结果。

第二十四条　进出口货物收发货人可以依照《中华人民共和国海关行政裁定管理暂行办法》有关规定，向海关申请原产地行政裁定。

第二十五条　海关总署可以依据有关法律、行政法规、海关规章的规定，对进出口货物作出具有普遍约束力的原产地决定。

第二十六条　海关对依照本规定获得的商业秘密依法负有保密义务。未经进出口货物收发货人同意，海关不得泄露或者用于其他用途，但是法律、行政法规及相关司法解释另有规定的除外。

第二十七条　违反本规定，构成走私行为、违反海关监管规定行为或者其他违反《海关法》行为的，由海关依照《海关法》、《中华人民共和国海关行政处罚实施条例》的有关规定予以处罚；构成犯罪的，依法追究刑事责任。

第二十八条　本规定下列用语的含义：

"生产"，是指获得货物的方法，包括货物的种植、饲养、开采、收获、捕捞、耕种、诱捕、狩猎、捕获、采集、收集、养殖、提取、制造、加工或者装配；

"非原产材料"，是指用于货物生产中的非优惠贸易协定成员国或者地区原产的材料，以及不明原产地的材料。

第二十九条　海关保税监管转内销货物享受协定税率或者特惠税率的具体实施办

法由海关总署另行规定。

第三十条 本规定由海关总署负责解释。

第三十一条 本规定自2009年3月1日起施行。

中华人民共和国海关进出口货物征税管理办法

（2005年1月4日海关总署令第124号公布，自2005年3月1日起施行，根据海关总署令第198号和第218号修改）

第一章 总 则

第一条 为了保证国家税收政策的贯彻实施，加强海关税收管理，确保依法征税，保障国家税收，维护纳税义务人的合法权益，根据《中华人民共和国海关法》（以下简称《海关法》）、《中华人民共和国进出口关税条例》（以下简称《关税条例》）及其他有关法律、行政法规的规定，制定本办法。

第二条 海关征税工作，应当遵循准确归类、正确估价、依率计征、依法减免、严肃退补、及时入库的原则。

第三条 进出口关税、进口环节海关代征税的征收管理适用本办法。

进境物品进口税和船舶吨税的征收管理按照有关法律、行政法规和部门规章的规定执行，有关法律、行政法规、部门规章未作规定的，适用本办法。

第四条 海关应当按照国家有关规定承担保密义务，妥善保管纳税义务人提供的涉及商业秘密的资料，除法律、行政法规另有规定外，不得对外提供。

纳税义务人可以书面向海关提出为其保守商业秘密的要求，并具体列明需要保密的内容，但不得以商业秘密为理由拒绝向海关提供有关资料。

第二章 进出口货物税款的征收

第一节 申报与审核

第五条 纳税义务人进出口货物时应当依法向海关办理申报手续，按照规定提交有关单证。海关认为必要时，纳税义务人还应当提供确定商品归类、完税价格、原产地等所需的相关资料。提供的资料为外文的，海关需要时，纳税义务人应当提供中文译文并对译文内容负责。

进出口减免税货物的，纳税义务人还应当提交主管海关签发的《进出口货物征免税证明》（以下简称《征免税证明》），但本办法第七十二条所列减免税货物除外。

第六条 纳税义务人应当按照法律、行政法规和海关规章关于商品归类、审定完税价格和原产地管理的有关规定，如实申报进出口货物的商品名称、税则号列（商品编号）、规格型号、价格、运保费及其他相关费用、原产地、数量等。

第七条 为审核确定进出口货物的商品归类、完税价格、原产地等，海关可以要求纳税义务人按照有关规定进行补充申报。纳税义务人认为必要时，也可以主动要求进行补充申报。

第八条 海关应当按照法律、行政法规和海关规章的规定，对纳税义务人申报的进出口货物商品名称、规格型号、税则号列、原产地、价格、成交条件、数量等进行审核。

海关可以根据口岸通关和货物进出口的具体情况，在货物通关环节仅对申报内容作程序性审核，在货物放行后再进行申报价格、商品归类、原产地等是否真实、正确的实质性核查。

第九条 海关为审核确定进出口货物的商品归类、完税价格及原产地等，可以对进出口货物进行查验，组织化验、检验或者对相关企业进行核查。

经审核，海关发现纳税义务人申报的进出口货物税则号列有误的，应当按照商品归类的有关规则和规定予以重新确定。

经审核，海关发现纳税义务人申报的进出口货物价格不符合成交价格条件，或者成交价格不能确定的，应当按照审定进出口货物完税价格的有关规定另行估价。

经审核，海关发现纳税义务人申报的进出口货物原产地有误的，应当通过审核纳税义务人提供的原产地证明、对货物进行实际查验或者审核其他相关单证等方法，按照海关原产地管理的有关规定予以确定。

经审核，海关发现纳税义务人提交的减免税申请或者所申报的内容不符合有关减免税规定的，应当按照规定计征税款。

纳税义务人违反海关规定，涉嫌伪报、瞒报的，应当按照规定移交海关调查或者缉私部门处理。

第十条 纳税义务人在货物实际进出口前，可以按照有关规定向海关申请对进出口货物进行商品预归类、价格预审核或者原产地预确定。海关审核确定后，应当书面通知纳税义务人，并在货物实际进出口时予以认可。

第二节 税款的征收

第十一条 海关应当根据进出口货物的税则号列、完税价格、原产地、适用的税率和汇率计征税款。

第十二条 海关应当按照《关税条例》有关适用最惠国税率、协定税率、特惠税率、普通税率、出口税率、关税配额税率或者暂定税率，以及实施反倾销措施、反补贴措施、保障措施或者征收报复性关税等适用税率的规定，确定进出口货物适用的税率。

第十三条 进出口货物，应当适用海关接受该货物申报进口或者出口之日实施的税率。

进口货物到达前，经海关核准先行申报的，应当适用装载该货物的运输工具申报进境之日实施的税率。

进口转关运输货物，应当适用指运地海关接受该货物申报进口之日实施的税率；货物运抵指运地前，经海关核准先行申报的，应当适用装载该货物的运输工具抵达指运地之日实施的税率。

出口转关运输货物，应当适用起运地海关接受该货物申报出口之日实施的税率。

经海关批准，实行集中申报的进出口货物，应当适用每次货物进出口时海关接受该货物申报之日实施的税率。

因超过规定期限未申报而由海关依法变卖的进口货物，其税款计征应当适用装载该货物的运输工具申报进境之日实施的税率。

因纳税义务人违反规定需要追征税款的进出口货物，应当适用违反规定的行为发生之日实施的税率；行为发生之日不能确定的，适用海关发现该行为之日实施的税率。

第十四条 已申报进境并放行的保税货物、减免税货物、租赁货物或者已申报进出境并放行的暂时进出境货物，有下列情形之一需缴纳税款的，应当适用海关接受纳税义务人再次填写报关单申报办理纳税及有关手续之日实施的税率：

（一）保税货物经批准不复运出境的；
（二）保税仓储货物转入国内市场销售的；
（三）减免税货物经批准转让或者移作他用的；
（四）可暂不缴纳税款的暂时进出境货物，不复运出境或者进境的；
（五）租赁进口货物，分期缴纳税款的。

第十五条 补征或者退还进出口货物税款，应当按照本办法第十三条和第十四条的规定确定适用的税率。

第十六条 进出口货物的价格及有关费用以外币计价的，海关按照该货物适用税率之日所适用的计征汇率折合为人民币计算完税价格。完税价格采用四舍五入法计算至分。

海关每月使用的计征汇率为上一个月第三个星期三（第三个星期三为法定节假日的，顺延采用第四个星期三）中国人民银行公布的外币对人民币的基准汇率；以基准汇率币种以外的外币计价的，采用同一时间中国银行公布的现汇买入价和现汇卖出价的中间值（人民币元后采用四舍五入法保留4位小数）。如果上述汇率发生重大波动，海关总署认为必要时，可另行规定计征汇率，并对外公布。

第十七条 海关应当按照《关税条例》的规定，以从价、从量或者国家规定的其他方式对进出口货物征收关税。

海关应当按照有关法律、行政法规规定的适用税种、税目、税率和计算公式对进口货物计征进口环节海关代征税。

除另有规定外，关税和进口环节海关代征税按照下述计算公式计征：

从价计征关税的计算公式为：应纳税额＝完税价格×关税税率

从量计征关税的计算公式为：应纳税额＝货物数量×单位关税税额

计征进口环节增值税的计算公式为：应纳税额＝（完税价格＋实征关税税额＋实征消费税税额）×增值税税率

从价计征进口环节消费税的计算公式为：应纳税额＝［（完税价格＋实征关税税额）/（1－消费税税率）］×消费税税率

从量计征进口环节消费税的计算公式为：应纳税额＝货物数量×单位消费税税额

第十八条 除另有规定外，海关应当在货物实际进境，并完成海关现场接单审核工作之后及时填发税款缴款书。需要通过对货物进行查验确定商品归类、完税价格、原产地的，应当在查验核实之后填发或者更改税款缴款书。

纳税义务人收到税款缴款书后应当办理签收手续。

第十九条 海关税款缴款书一式六联，第一联（收据）由银行收款签章后交缴款单位或者纳税义务人；第二联（付款凭证）由缴款单位开户银行作为付出凭证；第三联（收款凭证）由收款国库作为收入凭证；第四联（回执）由国库盖章后退回海关财务部门；第五联（报查）国库收款后，关税专用缴款书退回海关，海关代征税专用缴款书送当地税务机关；第六联（存根）由填发单位存查。

第二十条 纳税义务人应当自海关填发税款缴款书之日起 15 日内向指定银行缴纳税款。逾期缴纳税款的，由海关自缴款期限届满之日起至缴清税款之日止，按日加收滞纳税款万分之五的滞纳金。纳税义务人应当自海关填发滞纳金缴款书之日起 15 日内向指定银行缴纳滞纳金。滞纳金缴款书的格式与税款缴款书相同。

缴款期限届满日遇星期六、星期日等休息日或者法定节假日的，应当顺延至休息日或者法定节假日之后的第一个工作日。国务院临时调整休息日与工作日的，海关应当按照调整后的情况计算缴款期限。

第二十一条 关税、进口环节海关代征税、滞纳金等，应当按人民币计征，采用四舍五入法计算至分。

滞纳金的起征点为 50 元。

第二十二条 银行收讫税款日为纳税义务人缴清税款之日。纳税义务人向银行缴纳税款后，应当及时将盖有证明银行已收讫税款的业务印章的税款缴款书送交填发海关验核，海关据此办理核注手续。

海关发现银行未按照规定及时将税款足额划转国库的，应当将有关情况通知国库。

第二十三条 纳税义务人缴纳税款前不慎遗失税款缴款书的，可以向填发海关提出补发税款缴款书的书面申请。海关应当自接到纳税义务人的申请之日起 2 个工作日内审核确认并重新予以补发。海关补发的税款缴款书内容应当与原税款缴款书完全一致。

纳税义务人缴纳税款后遗失税款缴款书的，可以自缴纳税款之日起 1 年内向填发海关提出确认其已缴清税款的书面申请，海关经审查核实后，应当予以确认，但不再补发税款缴款书。

第二十四条 纳税义务人因不可抗力或者国家税收政策调整不能按期缴纳税款的，依法提供税款担保后，可以向海关办理延期缴纳税款手续。

第二十五条 散装进出口货物发生溢短装的，按照以下规定办理：

（一）溢装数量在合同、发票标明数量 3% 以内的，或者短装的，海关应当根据审定的货物单价，按照合同、发票标明数量计征税款。

（二）溢装数量超过合同、发票标明数量 3% 的，海关应当根据审定的货物单价，按照实际进出口数量计征税款。

第二十六条 纳税义务人、担保人自缴款期限届满之日起超过 3 个月仍未缴纳税款或者滞纳金的，海关可以按照《海关法》第六十条的规定采取强制措施。

纳税义务人在规定的缴纳税款期限内有明显的转移、藏匿其应税货物以及其他财产迹象的，海关可以责令纳税义务人向海关提供税款担保。纳税义务人不能提供税款担保的，海关可以按照《海关法》第六十一条的规定采取税收保全措施。

采取强制措施和税收保全措施的具体办法另行规定。

第三章　特殊进出口货物税款的征收

第一节　无代价抵偿货物

第二十七条　进口无代价抵偿货物，不征收进口关税和进口环节海关代征税；出口无代价抵偿货物，不征收出口关税。

前款所称无代价抵偿货物是指进出口货物在海关放行后，因残损、短少、品质不良或者规格不符原因，由进出口货物的发货人、承运人或者保险公司免费补偿或者更换的与原货物相同或者与合同规定相符的货物。

第二十八条　纳税义务人应当在原进出口合同规定的索赔期内且不超过原货物进出口之日起3年，向海关申报办理无代价抵偿货物的进出口手续。

第二十九条　纳税义务人申报进口无代价抵偿货物，应当提交下列单证：

（一）原进口货物报关单；

（二）原进口货物退运出境的出口报关单或者原进口货物交由海关处理的货物放弃处理证明；

（三）原进口货物税款缴款书或者《征免税证明》；

（四）买卖双方签订的索赔协议。

因原进口货物短少而进口无代价抵偿货物，不需要提交前款第（二）项所列单证。

海关认为需要时，纳税义务人还应当提交具有资质的商品检验机构出具的原进口货物残损、短少、品质不良或者规格不符的检验证明书或者其他有关证明文件。

第三十条　纳税义务人申报出口无代价抵偿货物，应当提交下列单证：

（一）原出口货物报关单；

（二）原出口货物退运进境的进口货物报关单；

（三）原出口货物税款缴款书或者《征免税证明》；

（四）买卖双方签订的索赔协议。

因原出口货物短少而出口无代价抵偿货物，不需要提交前款第（二）项所列单证。

海关认为需要时，纳税义务人还应当提交具有资质的商品检验机构出具的原出口货物残损、短少、品质不良或者规格不符的检验证明书或者其他有关证明文件。

第三十一条　纳税义务人申报进出口的无代价抵偿货物，与退运出境或者退运进境的原货物不完全相同或者与合同规定不完全相符的，应当向海关说明原因。

海关经审核认为理由正当，且其税则号列未发生改变的，应当按照审定进出口货物完税价格的有关规定和原进出口货物适用的计征汇率、税率，审核确定其完税价格、计算应征税款。应征税款高于原进出口货物已征税款的，应当补征税款的差额部分。应征税款低于原进出口货物已征税款，且原进出口货物的发货人、承运人或者保险公司同时补偿货款的，海关应当退还补偿货款部分的相应税款；未补偿货款的，税款的差额部分不予退还。

纳税义务人申报进出口的免费补偿或者更换的货物，其税则号列与原货物的税则号列不一致的，不适用无代价抵偿货物的有关规定，海关应当按照一般进出口货物的有关规定征收税款。

第三十二条　纳税义务人申报进出口无代价抵偿货物，被更换的原进口货物不退运出境且不放弃交由海关处理的，或者被更换的原出口货物不退运进境的，海关应当按照接受无代价抵偿货物申报进出口之日适用的税率、计征汇率和有关规定对原进出口货物重新估价征税。

第三十三条　被更换的原进口货物退运出境时不征收出口关税。

被更换的原出口货物退运进境时不征收进口关税和进口环节海关代征税。

第二节　租赁进口货物

第三十四条　纳税义务人进口租赁货物，除另有规定外，应当向其所在地海关办理申报进口及申报纳税手续。

纳税义务人申报进口租赁货物，应当向海关提交租赁合同及其他有关文件。海关认为必要时，纳税义务人应当提供税款担保。

第三十五条　租赁进口货物自进境之日起至租赁结束办结海关手续之日止，应当接受海关监管。

一次性支付租金的，纳税义务人应当在申报租赁货物进口时办理纳税手续，缴纳税款。

分期支付租金的，纳税义务人应当在申报租赁货物进口时，按照第一期应当支付的租金办理纳税手续，缴纳相应税款；在其后分期支付租金时，纳税义务人向海关申报办理纳税手续应当不迟于每次支付租金后的第 15 日。纳税义务人未在规定期限内申报纳税的，海关按照纳税义务人每次支付租金后第 15 日该货物适用的税率、计征汇率征收相应税款，并自本款规定的申报办理纳税手续期限届满之日起至纳税义务人申报纳税之日止按日加收应缴纳税款万分之五的滞纳金。

第三十六条　海关应当对租赁进口货物进行跟踪管理，督促纳税义务人按期向海关申报纳税，确保税款及时足额入库。

第三十七条　纳税义务人应当自租赁进口货物租期届满之日起 30 日内，向海关申请办结监管手续，将租赁进口货物复运出境。需留购、续租租赁进口货物的，纳税义务人向海关申报办理相关手续应当不迟于租赁进口货物租期届满后的第 30 日。

海关对留购的租赁进口货物，按照审定进口货物完税价格的有关规定和海关接受申报办理留购的相关手续之日该货物适用的计征汇率、税率，审核确定其完税价格、计征应缴纳的税款。

续租租赁进口货物的，纳税义务人应当向海关提交续租合同，并按照本办法第三十四条和第三十五条的有关规定办理申报纳税手续。

第三十八条　纳税义务人未在本办法第三十九条第一款规定的期限内向海关申报办理留购租赁进口货物的相关手续的，海关除按照审定进口货物完税价格的有关规定和租期届满后第 30 日该货物适用的计征汇率、税率，审核确定其完税价格、计征应缴纳的税款外，还应当自租赁期限届满后 30 日起至纳税义务人申报纳税之日止按日加收应缴纳税款万分之五的滞纳金。

纳税义务人未在本办法第三十七条第一款规定的期限内向海关申报办理续租租赁进口货物的相关手续的，海关除按照本办法第三十五条的规定征收续租租赁进口货物应缴纳的税款外，还应当自租赁期限届满后30日起至纳税义务人申报纳税之日止按日加收应缴纳税款万分之五的滞纳金。

第三十九条 租赁进口货物租赁期未满终止租赁的，其租期届满之日为租赁终止日。

第三节 暂时进出境货物

第四十条 暂时进境或者暂时出境的货物，海关按照有关规定实施管理。

第四十一条 《关税条例》第四十二条第一款所列的暂时进出境货物，在海关规定期限内，可以暂不缴纳税款。

前款所述暂时进出境货物在规定期限届满后不再复运出境或者复运进境的，纳税义务人应当在规定期限届满前向海关申报办理进出口及纳税手续。海关按照有关规定征收税款。

第四十二条 《关税条例》第四十二条第一款所列范围以外的其他暂时进出境货物，海关按照审定进出口货物完税价格的有关规定和海关接受该货物申报进出境之日适用的计征汇率、税率，审核确定其完税价格、按月征收税款，或者在规定期限内货物复运出境或者复运进境时征收税款。

计征税款的期限为60个月。不足一个月但超过15天的，按一个月计征；不超过15天的，免予计征。计征税款的期限自货物放行之日起计算。

按月征收税款的计算公式为：

每月关税税额＝关税总额×（1/60）

每月进口环节代征税税额＝进口环节代征税总额×（1/60）

本条第一款所述暂时进出境货物在规定期限届满后不再复运出境或者复运进境的，纳税义务人应当在规定期限届满前向海关申报办理进出口及纳税手续，缴纳剩余税款。

第四十三条 暂时进出境货物未在规定期限内复运出境或者复运进境，且纳税义务人未在规定期限届满前向海关申报办理进出口及纳税手续的，海关除按照规定征收应缴纳的税款外，还应当自规定期限届满之日起至纳税义务人申报纳税之日止按日加收应缴纳税款万分之五的滞纳金。

第四十四条 本办法第四十一条至第四十三条中所称"规定期限"均包括暂时进出境货物延长复运出境或者复运进境的期限。

第四节 进出境修理货物和出境加工货物

第四十五条 纳税义务人在办理进境修理货物的进口申报手续时，应当向海关提交该货物的维修合同（或者含有保修条款的原出口合同），并向海关提供进口税款担保或者由海关按照保税货物实施管理。进境修理货物应当在海关规定的期限内复运出境。

进境修理货物需要进口原材料、零部件的，纳税义务人在办理原材料、零部件进口申报手续时，应当向海关提交进境修理货物的维修合同（或者含有保修条款的原出口合同）、进境修理货物的进口货物报关单（与进境修理货物同时申报进口的除外），并向海关提供进口税款担保或者由海关按照保税货物实施管理。进口原材料、零部件只限用于进境修理货物的修理，修理剩余的原材料、零部件应当随进境修理货物一同复运出境。

第四十六条 纳税义务人在办理进境修理货物及剩余进境原材料、零部件复运出境的出口申报手续时，应当向海关提交该货物及进境原材料、零部件的原进口货物报关单和维修合同（或者含有保修条款的原出口合同）等单证。海关凭此办理解除修理货物及原材料、零部件进境时纳税义务人提供税款担保的相关手续；由海关按照保税货物实施管理的，按照有关保税货物的管理规定办理。

因正当理由不能在海关规定期限内将进境修理货物复运出境的，纳税义务人应当在规定期限届满前向海关说明情况，申请延期复运出境。

第四十七条 进境修理货物未在海关允许期限（包括延长期，下同）内复运出境的，海关对其按照一般进出口货物的征税管理规定实施管理，将该货物进境时纳税义务人提供的税款担保转为税款。

第四十八条 纳税义务人在办理出境修理货物的出口申报手续时，应当向海关提交该货物的维修合同（或者含有保修条款的原进口合同）。出境修理货物应当在海关规定的期限内复运进境。

第四十九条 纳税义务人在办理出境修理货物复运进境的进口申报手续时，应当向海关提交该货物的原出口报关单和维修合同（或者含有保修条款的原进口合同）、维修发票等单证。

海关按照审定进口货物完税价格的有关规定和海关接受该货物申报复运进境之日适用的计征汇率、税率，审核确定其完税价格、计征进口税款。

因正当理由不能在海关规定期限内将出境修理货物复运进境的，纳税义务人应当在规定期限届满前向海关说明情况，申请延期复运进境。

第五十条 出境修理货物超过海关允许期限复运进境的，海关对其按照一般进口货物的征税管理规定征收进口税款。

第五十一条 纳税义务人在办理出境加工货物的出口申报手续时，应当向海关提交该货物的委托加工合同；出境加工货物属于征收出口关税的商品的，纳税义务人应当向海关提供出口税款担保。出境加工货物应当在海关规定的期限内复运进境。

第五十二条 纳税义务人在办理出境加工货物复运进境的进口申报手续时，应当向海关提交该货物的原出口报关单和委托加工合同、加工发票等单证。

海关按照审定进口货物完税价格的有关规定和海关接受该货物申报复运进境之日适用的计征汇率、税率，审核确定其完税价格、计征进口税款，同时办理解除该货物出境时纳税义务人提供税款担保的相关手续。

因正当理由不能在海关规定期限内将出境加工货物复运进境的，纳税义务人应当在规定期限届满前向海关说明情况，申请延期复运进境。

第五十三条 出境加工货物未在海关允许期限内复运进境的，海关对其按照一般进出口货物的征税管理规定实施管理，将该货物出境时纳税义务人提供的税款担保转为税款；出境加工货物复运进境时，海关按照一般进口货物的征税管理规定征收进口税款。

第五十四条 本办法第四十七条至第五十五条中所称"海关规定期限"和"海关允许期限"，由海关根据进出境修理货物、出境加工货物的有关合同规定以及具体实际情况予以确定。

第五节　退运货物

第五十五条 因品质或者规格原因，出口货物自出口放行之日起1年内原状退货复运进境的，纳税义务人在办理进口申报手续时，应当按照规定提交有关单证和证明文件。经海关确认后，对复运进境的原出口货物不予征收进口关税和进口环节海关代征税。

第五十六条 因品质或者规格原因，进口货物自进口放行之日起1年内原状退货复运出境的，纳税义务人在办理出口申报手续时，应当按照规定提交有关单证和证明文件。经海关确认后，对复运出境的原进口货物不予征收出口关税。

第四章　进出口货物税款的退还与补征

第五十七条 海关发现多征税款的，应当立即通知纳税义务人办理退税手续。纳税义务人应当自收到海关通知之日起3个月内办理有关退税手续。

第五十八条 纳税义务人发现多缴纳税款的，自缴纳税款之日起1年内，可以向海关申请退还多缴的税款并加算银行同期活期存款利息。

纳税义务人向海关申请退还税款及利息时，应当提交下列材料：

（一）《退税申请书》；

（二）原税款缴款书和可以证明应予退税的材料。

第五十九条 已缴纳税款的进口货物，因品质或者规格原因原状退货复运出境的，纳税义务人自缴纳税款之日起1年内，可以向海关申请退税。

纳税义务人向海关申请退税时，应当提交下列材料：

（一）《退税申请书》；

（二）原进口货物报关单、税款缴款书、发票；

（三）货物复运出境的出口报关单；

（四）收发货人双方关于退货的协议。

第六十条 已缴纳出口关税的出口货物，因品质或者规格原因原状退货复运进境，并已重新缴纳因出口而退还的国内环节有关税收的，纳税义务人自缴纳税款之日起1年内，可以向海关申请退税。

纳税义务人向海关申请退税时，应当提交下列材料：

（一）《退税申请书》；

（二）原出口报关单、税款缴款书、发票；

（三）货物复运进境的进口货物报关单；

（四）收发货人双方关于退货的协议和税务机关重新征收国内环节税的证明。

第六十一条 已缴纳出口关税的货物，因故未装运出口申报退关的，纳税义务人自缴纳税款之日起1年内，可以向海关申请退税。

纳税义务人向海关申请退税时，应当提交下列材料：

（一）《退税申请书》；

（二）原出口报关单和税款缴款书。

第六十二条 散装进出口货物发生短装并已征税放行的，如果该货物的发货人、承运人或者保险公司已对短装部分退还或者赔偿相应货款，纳税义务人自缴纳税款之日起1年内，可以向海关申请退还进口或者出口短装部分的相应税款。

纳税义务人向海关申请退税时，应当提交下列材料：

（一）《退税申请书》；

（二）原进口或者出口报关单、税款缴款书、发票；

（三）具有资质的商品检验机构出具的相关检验证明书；

（四）已经退款或者赔款的证明文件。

第六十三条 进出口货物因残损、品质不良、规格不符原因，或者发生本办法第六十四条规定以外的货物短少的情形，由进出口货物的发货人、承运人或者保险公司赔偿相应货款的，纳税义务人自缴纳税款之日起1年内，可以向海关申请退还赔偿货款部分的相应税款。

纳税义务人向海关申请退税时，应当提交下列材料：

（一）《退税申请书》；

（二）原进口或者出口报关单、税款缴款书、发票；

（三）已经赔偿货款的证明文件。

第六十四条 海关收到纳税义务人的退税申请后应当进行审核。纳税义务人提交的申请材料齐全且符合规定形式的，海关应当予以受理，并以海关收到申请材料之日作为受理之日；纳税义务人提交的申请材料不全或者不符合规定形式的，海关应当在收到申请材料之日起5个工作日内一次告知纳税义务人需要补正的全部内容，并以海关收到全部补正申请材料之日为海关受理退税申请之日。

纳税义务人按照本办法第六十一条、第六十二条或者第六十五条的规定申请退税的，海关认为需要时，可以要求纳税义务人提供具有资质的商品检验机构出具的原进口或者出口货物品质不良、规格不符或者残损、短少的检验证明书或者其他有关证明文件。

海关应当自受理退税申请之日起30日内查实并通知纳税义务人办理退税手续或者不予退税的决定。纳税义务人应当自收到海关准予退税的通知之日起3个月内办理有关退税手续。

第六十五条 海关办理退税手续时，应当填发收入退还书，并按照以下规定办理：

（一）按照本办法第五十八条规定应当同时退还多征税款部分所产生的利息的，应退利息按照海关填发收入退还书之日中国人民银行规定的活期储蓄存款利息率计算。计算应退利息的期限自纳税义务人缴纳税款之日起至海关填发收入退还书之日止。

（二）进口环节增值税已予抵扣的，该项增值税不予退还，但国家另有规定的除外。

（三）已征收的滞纳金不予退还。

退还税款、利息涉及从国库中退库的，按照法律、行政法规有关国库管理的规定以及有关规章规定的具体实施办法执行。

第六十六条 进出口货物放行后，海关发现少征税款的，应当自缴纳税款之日起 1 年内，向纳税义务人补征税款；海关发现漏征税款的，应当自货物放行之日起 1 年内，向纳税义务人补征税款。

第六十七条 因纳税义务人违反规定造成少征税款的，海关应当自缴纳税款之日起 3 年内追征税款；因纳税义务人违反规定造成漏征税款的，海关应当自货物放行之日起 3 年内追征税款。海关除依法追征税款外，还应当自缴纳税款或者货物放行之日起至海关发现违规行为之日止按日加收少征或者漏征税款万分之五的滞纳金。

因纳税义务人违反规定造成海关监管货物少征或者漏征税款的，海关应当自纳税义务人应缴纳税款之日起 3 年内追征税款，并自应缴纳税款之日起至海关发现违规行为之日止按日加收少征或者漏征税款万分之五的滞纳金。

前款所称"应缴纳税款之日"是指纳税义务人违反规定的行为发生之日；该行为发生之日不能确定的，应当以海关发现该行为之日作为应缴纳税款之日。

第六十八条 海关补征或者追征税款，应当制发《海关补征税款告知书》。纳税义务人应当自收到《海关补征税款告知书》之日起 15 日内到海关办理补缴税款的手续。

纳税义务人未在前款规定期限内办理补税手续的，海关应当在规定期限届满之日填发税款缴款书。

第六十九条 根据本办法第三十五、三十八、四十三、六十七条的有关规定，因纳税义务人违反规定需在征收税款的同时加收滞纳金的，如果纳税义务人未在规定的 15 天缴款期限内缴纳税款，海关依照本办法第二十条的规定另行加收自缴款期限届满之日起至缴清税款之日止滞纳税款的滞纳金。

第五章 进出口货物税款的减征与免征

第七十条 纳税义务人进出口减免税货物，应当在货物进出口前，按照规定凭有关文件向海关办理减免税审核确认。下列减免税进出口货物无需办理减免税审核确认手续：

（一）关税、进口环节增值税或者消费税税额在人民币 50 元以下的一票货物；
（二）无商业价值的广告品和货样；
（三）在海关放行前遭受损坏或者损失的货物；
（四）进出境运输工具装载的途中必需的燃料、物料和饮食用品；
（五）其他无需办理减免税审批手续的减征或者免征税款的货物。

第七十一条 对于本办法第七十条第（三）项所列货物，纳税义务人应当在申报时或者自海关放行货物之日起 15 日内书面向海关说明情况，提供相关证明材料。海关认为需要时，可以要求纳税义务人提供具有资质的商品检验机构出具的货物受损程度的检验证明书。海关根据实际受损程度予以减征或者免征税款。

第七十二条 除另有规定外，纳税义务人应当向其主管海关申请办理减免税审核确认手续。海关按照有关规定予以审核，并签发《征免税证明》。

第七十三条 特定地区、特定企业或者有特定用途的特定减免税进口货物，应当接受海关监管。

特定减免税进口货物的监管年限为：

（一）船舶、飞机：8年；

（二）机动车辆：6年；

（三）其他货物：3年。

监管年限自货物进口放行之日起计算。

第七十四条 在特定减免税进口货物的监管年限内，纳税义务人应当自减免税货物放行之日起每年一次向主管海关报告减免税货物的状况；除经海关批准转让给其他享受同等税收优惠待遇的项目单位外，纳税义务人在补缴税款并办理解除监管手续后，方可转让或者进行其他处置。

特定减免税进口货物监管年限届满时，自动解除海关监管。纳税义务人需要解除监管证明的，可以自监管年限届满之日起1年内，凭有关单证向海关申请领取解除监管证明。海关应当自接到纳税义务人的申请之日起20日内核实情况，并填发解除监管证明。

第六章　进出口货物的税款担保

第七十五条 有下列情形之一，纳税义务人要求海关先放行货物的，应当按照海关初步确定的应缴税款向海关提供足额税款担保：

（一）海关尚未确定商品归类、完税价格、原产地等征税要件的；

（二）正在海关办理减免税审核确认手续的；

（三）正在海关办理延期缴纳税款手续的；

（四）暂时进出境的；

（五）进境修理和出境加工的，按保税货物实施管理的除外；

（六）因残损、品质不良或者规格不符，纳税义务人申报进口或者出口无代价抵偿货物时，原进口货物尚未退运出境或者尚未放弃交由海关处理的，或者原出口货物尚未退运进境的；

（七）其他按照有关规定需要提供税款担保的。

第七十六条 除另有规定外，税款担保期限一般不超过6个月，特殊情况需要延期的，应当经主管海关核准。

税款担保一般应为保证金、银行或者非银行金融机构的保函，但另有规定的除外。

银行或者非银行金融机构的税款保函，其保证方式应当是连带责任保证。税款保函明确规定保证期间的，保证期间应当不短于海关批准的担保期限。

第七十七条 在海关批准的担保期限内，纳税义务人履行纳税义务的，海关应当自纳税义务人履行纳税义务之日起5个工作日内办结解除税款担保的相关手续。

在海关批准的担保期限内，纳税义务人未履行纳税义务，对收取税款保证金的，海关应当自担保期限届满之日起5个工作日内完成保证金转为税款的相关手续；对银行或者非银行金融机构提供税款保函的，海关应当自担保期限届满之日起6个月内或者在税款保函规定的保证期间内要求担保人履行相应的纳税义务。

第七章　附　则

第七十八条　纳税义务人、担保人对海关确定纳税义务人、确定完税价格、商品归类、确定原产地、适用税率或者计征汇率、减征或者免征税款、补税、退税、征收滞纳金、确定计征方式以及确定纳税地点有异议的，应当按照海关作出的相关行政决定依法缴纳税款，并可以依照《中华人民共和国行政复议法》和《中华人民共和国海关实施〈行政复议法〉办法》向上一级海关申请复议。对复议决定不服的，可以依法向人民法院提起诉讼。

第七十九条　违反本办法规定，构成违反海关监管规定行为、走私行为的，按照《海关法》《中华人民共和国海关行政处罚实施条例》和其他有关法律、行政法规的规定处罚。构成犯罪的，依法追究刑事责任。

第八十条　保税货物和进出保税区、出口加工区、保税仓库及类似的保税监管场所的货物的税收管理，按照本办法规定执行。本办法未作规定的，按照有关法律、行政法规和海关规章的规定执行。

第八十二条　本办法所规定的文书由海关总署另行制定并且发布。（海关总署公告 2018 年第 15 号，关于公布《中华人民共和国海关进出口货物征税管理办法》涉及法律文书格式的公告）

第八十三条　通过电子数据交换方式申报纳税和缴纳税款的管理办法，另行制定。

第八十四条　本办法由海关总署负责解释。

第八十五条　本办法自 2005 年 3 月 1 日起施行。1986 年 9 月 30 日由中华人民共和国海关总署发布的《海关征税管理办法》同时废止。

参考文献

1. 谷儒堂、陈鸣鸣．进出口税费核算实务．中国海关出版社，2014
2. 海关总署关税征管司．中华人民共和国进出口税则（2020年）．中国海关出版社，2020
3. 张援越、毛小小．进出口商品归类实务．中国海关出版社．2017
4. 报关职业能力训练及水平测试系列教材编委会．报关业务技能（2019年版），中国海关出版社，2019
5. 报关职业能力训练及水平测试系列教材编委会．报关基础知识（2019年版），中国海关出版社，2019
6. 报关水平测试教程编委会．进出口商品编码查询手册（2019年版），中国海关出版社，2019
7. 曲如晓．报关实务（第三版）．机械工业出版社，2019
8. 报关职业全国统一教材编写组．报关职业全国统一教材．中国海关出版社，2016
9. 海关总署报关员资格考试教材编写委员会．2013年报关员资格全国统一考试教材．中国海关出版社，2013
10. 郑俊田．中国海关通关实务．中国商务出版社，2017
11. 孙丽萍．进出口报关实务．中国商务出版社，2016
12. 俞学伟．报关实务与操作．化学工业出版社，2016
13. 聂相玲．报关实务与操作．中国财政经济出版社，2015
14. 孙金彦．彻底搞懂关税．中国海关出版社，2017
15. 李齐．现代关税实务．中国海关出版社，2012
16. 张卉、王振涛．报关实务．西北大学出版社，2015
17. 钟昌远．进出口商品归类教程．格致出版社，2015
18. 海关总署网站 www.customs.gov.cn/
19. 一张图读懂"自报自缴"［EB/OL］．http：//www.oujian.net/Article/ytddzbzj.html
20. 解读"自主申报、自行缴税"改革试点11问［EB/OL］．http：//www.customs.gov.cn/publish/portal0/tab71386/